JOHN LYONS
und Sinclair Browning

PFERDETRAINING
ohne Zwang

JOHN LYONS

und Sinclair Browning

PFERDETRAINING
ohne Zwang

Das System der kleinen Schritte
von John Lyons

sicher · schonend · tausendfach bewährt

Titel der amerikanischen Originalausgabe:
LYONS ON HORSES

Erschienen bei: DOUBLEDAY
a division of Bantam Doubleday
Dell Publishing Group, Inc.
1540 Broadway, New York,
New York 10036

Copyright © 1991 by John Lyons and
Sinclair Browning

Die Deutsche Bibliothek – CIP-Einheitsaufnahme

Lyons, John:
Pferdetraining ohne Zwang : das System der
kleinen Schritte von John Lyons ; sicher,
schonend, tausendfach bewährt / John Lyons
mit Sinclair Browning. [Übers. und Grafik:
Kerstin Diacont]. –
München ; Wien ; Zürich : BLV, 1999
    Einheitssacht.: Lyons on horses <dt.>
    ISBN 3 405-15489-8

Übersetzung und Grafik: Kerstin Diacont

BLV Verlagsgesellschaft mbH,
München Wien Zürich
80797 München

Deutschsprachige Ausgabe:
© 1999 BLV Verlagsgesellschaft mbH,
München

Einbandgestaltung: Sander & Krause
Werbeagentur, München
Titelfoto: G. Boiselle
Einklinker: Don O'Connor

DTP: Satz+Layout Fruth GmbH, München
Druck und Bindung: Bosch Druck, Landshut

Gedruckt auf chlorfrei gebleichtem Papier

Printed in Germany · ISBN 3-405-15489-8

Inhaltsverzeichnis

Einführung

John Lyons glaubt bei der Ausbildung von Pferden weder an Wunder noch an Pferde-Gurus. Er will auch keinen Psychiater beschäftigen, der ihm sagt, was sein Pferd vielleicht denken könnte. Woran er glaubt, ist vielmehr eine durchdachte, logische und dem Pferd angemessene Annäherung beim Training. Er ist der Meinung, dass das Pferd ein Tier mit bedingten (und antrainierbaren) Reflexen ist, und baut in seiner Arbeit auf gesunden Menschenverstand und Logik.

Johns Trainingsmethode hat sich in vielen Jahren und aus unzähligen Kursen, die er in den Vereinigten Staaten und Australien gab, herauskristallisiert. Die Kurse waren immer auf zehn Teilnehmer begrenzt, jedoch offen für alle Rassen, alle Reitstile und jede Art von Problempferd.

Die Pferdebesitzer erklärten ihm vor Kursbeginn, welches Problem gelöst werden sollte, und John sicherte ihnen zu die Schwierigkeiten zu beheben – andernfalls war der Kurs für den jeweiligen Teilnehmer kostenlos. Nie wies er ein Pferd oder einen Reiter ab.

Da John in den Kursen immer in einem eng begrenzten Zeitrahmen und mit Pferden, die er noch nie zuvor gesehen hatte, arbeiten musste, war er ständig auf der Suche nach besseren Trainingsmethoden und schnelleren Lösungen. Seine Erfahrungen mit über zweitausend Pferden haben sein einzigartiges Trainingsprogramm geprägt. Johns heutige Lehrtätigkeit spielt sich meist vor größerem Publikum ab (50 bis 300 Teilnehmer), welches das Einreiten eines einzigen Pferdes verfolgt.

Ich habe John zum ersten Mal bei einem Kurs in Tucson, Arizona, vor einigen Jahren gesehen. Mit dem ihm eigenen Humor gratulierte er uns allen als erstes dazu, an einem solch kalten Morgen aus unseren Betten gekrochen zu sein um zu hören, was ein »Landei aus Colorado« zu sagen hätte.

Landei sah ich an diesem Morgen zwar

keins, aber dafür bekam ich Einblick in eine Philosophie im Umgang mit Pferden, die mich extrem beeindruckt und meine eigene Arbeit mit Pferden nachhaltig verändert hat.

John hört es nicht gerne, wenn man sagt, er sei etwas Besonderes. Doch er ist es tatsächlich. Wenn Sie John mit Pferden arbeiten sehen, dann spüren Sie, dass sich etwas Außergewöhnliches zwischen ihm und dem Pferd abspielt. Und, ebenfalls enorm wichtig: John ist ein begnadeter Lehrer.

Der Titel dieses Buches könnte auch lauten: »Der freundliche Lyons«, denn es ist eine Anleitung Pferde freundlich zu dem zu überreden, was man von ihnen will. John wendet bei seinen Methoden keinerlei Zwang an.

Aber ich schweife ab.

Ich kam also zu dem Kurs und war fasziniert. Besonders als John mit seinem Hengst Zip ohne Zaumzeug mit einer jungen, ungerittenen und zudem noch rossigen Mustangstute arbeitete. Zip ignorierte trotz fehlenden Zaumzeugs die Angebote der Stute und innerhalb von zwei Stunden ritt John auf ihr.

Ich kam nach Hause zurück und spielte ein wenig mit meinen eigenen Pferden. Dabei probierte ich einige von Johns Trainingsvorschlägen aus. Und ich hielt Ausschau nach dem nächsten Kurs mit John Lyons in Tucson. Ein Jahr später war ich wieder dabei.

Nachdem ich den zweiten Kurs besucht hatte, war mir klar, dass ich einen Roundpen brauchte, denn dieser war ein wichtiger Bestandteil von Johns Arbeit, speziell beim Anreiten von jungen Pferden. Ich ließ mir also einen Roundpen bauen und begann meine eigenen Pferde darin zu arbeiten.

Nach einigen Wochen kam ich auf die Idee Johns Methode auszutesten, die er auf wild aufgewachsene Pferde anwandte. Ich wollte sehen, ob es auch bei anderen Personen funktionierte.

Ich suchte also ein Wildpferd und hatte innerhalb einer Woche eine ungebärdige, wild aufgewachsene Dreijährige in meinem Roundpen.

Nun wurde die Sache spannend. Ohne viel Zeit zu verlieren, begann ich mit der Arbeit in der Reihenfolge, die John in seinen Kursen demonstriert hatte. Einige alte Cowboy-Freunde boten scheinheilig ihre Hilfe an.

»Wir halten sie für dich, damit du ein Halfter draufkriegst...« »Wo ist dein Snubbing Post? Den brauchst du unbedingt!«

Die Kommentare nahmen kein Ende. Meine Stute und ich ignorierten sie und setzten unsere Arbeit fort.

Nun sollte ich erwähnen, dass ich vor einigen Jahren schon mit einem Wildpferd gearbeitet hatte. Ich hatte es auf die langwierige, freundliche Art probiert. Ich lockte es mit Äpfeln und Karotten und saß tagelang im Auslauf, bis sich das Pferd dazu entschloss, auch nur in meine Nähe zu kommen. Ich sprach mit ihm, sang ihm etwas vor, pfiff und bettelte und ich brauchte trotzdem Wochen, bis es nicht davonstob, wenn ich näher als 3 Meter herankam.

Jetzt aber, wo ich den Arbeitsschritten von John Lyons folgte, konnte ich die Stute nach drei Stunden am ganzen Körper berühren. Und die Cowboys kratzten sich am Kopf und sagten: »Erzähl uns mehr von diesem Typ aus Colorado.«

Inspiriert von meinem Erfolg mit der Dreijährigen, schlug ich John vor ein Buch zusammen zu schreiben. Ich wusste, wenn ich Erfolg mit dieser Trainingsmethode hatte, würden es andere ebenfalls haben. Und Sie natürlich auch, wenn Sie sich an die Prinzipien und Lektionen, die in diesem Buch aufgeführt sind, halten. So einfach ist das.

Das Aufregende an Johns Trainingsmethode ist, dass sie mit allen Pferden und Mulis funktioniert: unabhängig von Rasse, Alter, Geschlecht, Temperament und Vorgeschichte.

In den letzten Jahren hat er mit wilden Mustangs gearbeitet, aber auch mit olympischen Dressurpferden, fünfgängigen Saddlebreds, Jagdpferden, Springpferden, Peruanischen Pasos, Vollblütern, Mulis, Curlys, Australian Stock Horses und fast jeder bekannten Rasse. Ob Western, klassische Dressur oder Springen – seine Methode funktioniert immer.

Wir haben alle schon Bücher gelesen, in denen ein kompliziertes System für das Training von Pferden beschrieben war. Ehrlich gesagt: Ich habe immer Schwierigkeiten mir das alles zu merken. Es war für mich eine große Erleichterung zu hören, dass John mit seiner K.I.S.S.-Methode (Keep it simple, stupid! = Mach es möglichst einfach!) einen ganz unkomplizierten Weg vorschlug.

Dieses Buch beschreibt ein progressives Trainingsprogramm, in dem Sie immer erst eine Stufe wirklich meistern müssen, bevor Sie zur nächsten kommen.

John zerlegt komplizierte Zusammenhänge in Einzelteile, in Teilziele, wie er sie nennt, und gibt uns damit die Möglichkeit die Kunst des Pferdetrainings zu begreifen. Realistisch betrachtet werden viele von Ihnen dieses Buch durchblättern und sich nur das herauspicken, was Sie gerade speziell interessiert. Einverstanden – mit einer Ausnahme jedoch: dem Anreiten von jungen Pferden.

Trainer zu finden, die junge Pferde anreiten, wird immer schwieriger. Mit den Lektionen in diesem Buch können Sie Ihr junges Pferd selbst anreiten. Für Ihre Sicherheit bei der Arbeit mit einem ungerittenen Pferd ist es jedoch notwendig, die Instruktionen in den Kapiteln »Die Arbeit im Roundpen«, »Angstüberwindung«, »Das Aussacken« und »Das erste Satteln« zu befolgen, bevor Sie das erste Mal auf Ihr Pferd steigen.

Während wir das Buch schrieben, haben wir die Lektionen behandelt wie Kochrezepte. Alle Lektionen sind getestet – nicht in der Testküche, sondern an Pferden. Von mir. Dass John es konnte, war klar – es ist sein Trainingsprogramm. Wir dachten aber, wenn ich alles nach dem beschriebenen »Rezept« ausprobieren würde, dann würde uns auffallen, wo die Beschreibung Lücken aufwies, wo Erklärungen zusätzlich gebraucht wurden oder wo eine Anweisung nicht völlig klar war.

Um Ihnen ein Beispiel aus unserer »Testküche« zu geben, erzähle ich Ihnen die folgende Geschichte: Nachdem wir das Kapitel übers Verladen geschrieben hatten, benutzte ich Johns System um ein Pferd zu verladen, das dafür bekannt war, schlecht in den Hänger zu gehen. Ich war so damit beschäftigt, das Pferd hinein- und wieder hinauszuschicken, dass ich keine Aufmerksamkeit auf unsere sechs Füße verschwendete – was damit endete, dass mir das Pferd schließlich auf dem Fuß stand und meine große Zehe einen Gips brauchte. Nun haben wir einen Zusatz in diesem Kapitel, der Sie darauf aufmerksam macht, nicht nur auf die Füße Ihres Pferdes zu achten, sondern auch auf Ihre eigenen.

Wir wollen, dass Sie dieses Buch als Arbeitsbuch benutzen: Unterstreichen Sie die Passagen, die Sie für besonders hilfreich halten. Rufen Sie sich die drei Trainingsregeln von John (siehe S. 14 ff.) immer wieder ins Gedächtnis, denn Sie werden Ihnen dienlich sein um jede Trainingsmethode auszuwerten und zu beurteilen. Nehmen Sie das Buch mit in den Roundpen oder die Reitbahn und benutzen Sie es zum schnellen Nachschlagen beim Training.

Zum Schluss möchte ich noch eine Geschichte über John zum Besten geben. Ich besuchte eines schönen Tages mit ihm zusammen ein Turnier und er verkehrte meine Sichtweise des Geschehens um 180°. Früher fragte ich mich auf Turnieren immer: »Was will der Reiter von seinem Pferd – was soll das Pferd tun?«

Nachdem ich eine Weile John zugehört hatte, wurde mir klar, dass er das Turniergeschehen etwas anders sah. Die Frage, die er stellte, war: »Was will das Pferd seinem Reiter sagen?«

Die Teilnehmer aus diesem Blickwinkel zu sehen, öffnete mir im wahrsten Sinne des Wortes die Augen. Pferde mit weit aufgerissenen Mäulern sagten: »Zerr mir nicht so im Maul herum!«

Das Pferd, welches um seinen Besitzer herumzappelte, der verzweifelt versuchte es still zu halten, sagte: »Muss ich wirklich hier stehen und das aushalten?«

Ein Grand-Prix-Dressurpferd mit gebogenem Hals und starker Aufrichtung bat: »Gib mir doch etwas mehr Zügel!« John meinte, dass dieses spezielle Pferd wahrscheinlich ursprünglich in der Westernreitweise trainiert wurde. Wohin man blickte, haperte es an der Verständigung.

Ich habe weiter vorn behauptet, dass John ein außerordentlich begnadeter Lehrer sei. Er ist es auch: Während der Lektionen in diesem Buch lehrt uns John, Pferde mit anderen Augen zu sehen und unsere Ausbildungsmethoden in einem neuen Licht zu betrachten. Mit seinen Anweisungen werden wir ruhiger und sicherer beim Training sein. Wir werden nicht nur besser mit unseren Pferden kommunizieren können, wir werden ihnen auch besser zuhören können.

Ich denke, ich kann für alle Leser dieses Buches sprechen, wenn ich zu John sage: »Danke, dass du dein Wissen mit uns teilst!«

Sinclair Browning
Tucson, Arizona

KAPITEL 1

Meine Philosophie
über Pferde

Ich möchte, dass das Pferd mein Partner ist. Das bedeutet für mich: Jemand, der mir hilft, der meine Arbeit leichter macht und der keine Belastung darstellt. Jemand, der mir vertraut und dem ich vertrauen kann. Jemand, den ich nicht dazu zwingen muss, etwas zu tun.

Damit ich einen wirklichen Partner bekomme, muss ich ihn selbständig etwas tun lassen und ihm vertrauen. Dabei muss ich damit rechnen, dass er Fehler macht. Für diese Fehler sollte ich ihn nicht zur Rechenschaft ziehen. Stattdessen muss ich ihm zeigen, warum ich bestimmte Dinge von ihm verlange. Ich bin mir sicher, wenn ich Kämpfe mit ihm vermeiden kann, bekomme ich letztendlich einen besseren und verlässlicheren Partner.

Pferdeerziehung und Kindererziehung ähneln sich in vielen Bereichen. Es gibt viele Situationen, in denen man sie einfach »machen lassen« muss um ihnen etwas beizubringen.

Ein Beispiel zur Erläuterung: Viele Leute wollen, dass ihr Pferd ruhig neben ihnen steht oder ihnen folgt. Aber sie lassen nie die Zügel los. Wenn sie es dann doch tun und das Pferd läuft weg, denken sie meist: »So ein blödes Pferd – es muss angebunden werden.« Wenn ich mein Pferd gehen lasse und es läuft davon, so denke ich: »Ich bin ein lausiger Lehrer.« Sein Weglaufen zeigt mir, dass ich es auf eine andere (bessere) Weise lehren muss bei mir zu bleiben.

Wenn ich ein Problem mit meinem Pferd nicht lösen kann, liegt es daran, dass ich zu wenig weiß. Es ist nicht der Fehler des Pferdes. Wenn ich es nicht dazu bringe, in einen Hänger einzusteigen, so liegt das nicht daran, dass es schlecht sieht, einen schlechten Tag hat, dass seine Mutter ein Appaloosa war oder sonst eine fadenscheinige Ausrede, sondern es liegt schlicht und einfach daran, dass ich es ihm nicht vernünftig beigebracht habe.

Wenn Sie bei einem Pferd ein Problem erkennen oder einen Trainingsbereich, in dem es eine Verbesserung nötig hätte, so ignorieren Sie dies nicht. Wenn Sie z. B. ein kopfscheues Pferd besitzen, so müssen Sie wissen, dass dieses Problem zuerst behoben werden muss, bevor Sie versuchen sich draufzusetzen. Wenn Sie dieses Problem nicht zuerst lösen, laufen Sie Gefahr verletzt oder gar getötet zu werden, wenn Sie zufällig in die Nähe des Kopfes geraten. In solchen Fällen brauchen Sie eigentlich nur auf Ihre innere warnende Stimme zu hören um zu entscheiden, welches Trainingsproblem zuerst angegangen werden muss.

Wenn sich das Pferd davor fürchtet, angebunden zu sein, sollten Sie sich dieses Problems annehmen, bevor Sie ihm z. B. ein Hinterbein hochbinden oder es hobbeln. Wenn Sie es auf ein Turnier mitnehmen, kann es Ihnen sonst passieren, dass irgendjemand, der nichts von dem Problem weiß, Ihr Pferd anbindet – und während Sie Ihre Schleife abholen, verursacht Ihr Pferd eine mittlere Katastrophe. Plötzlich werden Dinge, die Sie für unwichtig gehalten haben, schrecklich wichtig.

Die Vorgeschichte des Pferdes ist für mich unbedeutend. Hier und jetzt müssen wir mit ihm klarkommen. Wir können es nicht mehr ändern, dass vielleicht jemand das Pferd dauernd am Kopf geschlagen hat oder dass Kinder Steine nach ihm geworfen haben. Wir haben keine Möglichkeit das Geschehene rückgängig zu machen – so ist es müßig, einen Gedanken an frühere Erfahrungen des Pferdes zu verschwenden. Sein jetziges Problem ist wichtig, nicht die Vorgeschichte seines Problems. Wir sind manchmal so beschäftigt mit der Ergründung seiner Vergangenheit, dass wir uns nicht auf die Lösung des vorhandenen Problems konzentrieren können.

Die Vergangenheit kann uns auch insofern negativ beeinflussen, als wir immer eine Entschuldigung für unser Pferd finden, statt dass wir von ihm verlangen sein schlechtes Benehmen zu ändern.

Das Pferd ist sehr anpassungsfähig. Es ist durchaus in der Lage seine Verhaltensmuster zu ändern – besonders, wenn man ihm genug Zeit lässt seine eigenen Entscheidungen zu treffen.

Ich persönlich glaube nicht daran, dass es ein Pferd gibt, das von Natur aus bösartig ist oder sich nicht trainieren lässt. Pferde sind nie zu alt um zu lernen und sich schlechte Manieren abzugewöhnen. Das Gute an einem Pferd ist, dass wir jede Verhaltensweise, die wir ändern wollen, auch ändern können. Wir sind nicht gezwungen irgendeine Angewohnheit des Pferdes, die wir nicht leiden können, zu akzeptieren. Wir müssen uns nur doppelt so stark auf das Training dessen, was wir von ihm wollen, konzentrieren um eine Änderung zu bewirken.

Eine Frau kam zu einem meiner Kurse und erzählte, sie habe zwei Jahre gewartet, bis sie daran ging, das Benehmen ihres Pferdes zu korrigieren – sie habe Angst gehabt das Falsche zu tun. Haben Sie keine Angst das Falsche zu tun! Das tun wir alle hin und wieder – und es schadet nicht viel. Viel schlimmer ist es, weiterhin nichts zu tun.

Das Schlechte an einem Pferd ist, dass alles, was ich heute an ihm schätze, unter Umständen nicht immer da sein wird – es sei denn, ich sorge dafür, dass das Pferd nichts von dem vergisst, was ich an seinem Verhalten mag. Ich darf nie aus den Augen verlieren, dass mein Pferd immer weiter lernt.

Sie müssen entscheiden, was Ihr Pferd tun und lernen soll. Natürlich ist es so, dass manche Rassen manche Aufgaben etwas besser bewältigen können als andere. Ein Vollblüter kann einen Sliding Stop (einen Stopp mit tief gesenkter, »schlitternder« Hinterhand) ausführen, aber er wird nie so leicht und lang sliden können wie ein Pferd, das genau dafür gezüchtet wurde. Ich sehe es allerdings so, dass jedes Pferd bis zu einem gewissen Grad in der Lage ist zu springen, zu sliden, Trails oder Barrelraces (Rennen um Tonnen) zu absolvieren oder jede sonstige Aufgabe zu erfüllen, die Sie mit ihm zusammen erledigen wollen.

Vorurteile – ein scheußliches Denkmuster

Vorurteile sind in jeder Form hässlich. Es gibt keine Rasse, die besser als alle anderen ist, und mit Sicherheit keine Super-Rasse. Jede Zuchtauswahl hat bestimmte Merkmale herausgearbeitet. Ein Paso Fino ist nicht dafür gedacht, einen schweren Wagen zu ziehen. Wenige Fahrpferde können im Calf Roping (dem Einfangen von Kälbern mit dem Lasso) bestehen und ein Quarter Horse ist nicht dafür gezüchtet, ein Hundert-Meilen-Rennen zu bestreiten. Aber oft gibt es innerhalb einer einzigen Rasse mehr Unterschiede als zwischen den Rassen. Ein guter Freund von mir, Tom McNeil, erteilte mir eine wertvolle Lektion in Sachen Vorurteil. Er sagte nie ein schlechtes Wort über irgendein Pferd, von wem auch immer – selbst wenn er ausdrücklich um seine Meinung gebeten wurde. Nachdem ich Zip gekauft hatte, rief ich Tom an. Ich erzählte ihm, dass ich einen Zuchthengst gekauft hätte. Er war ganz aufgeregt und fand es toll.

Dann sagte ich ihm, Zip sei ein Appaloosa – Totenstille am anderen Ende der Leitung. Ich wartete einige Zeit. Schließlich kam mit schwacher Stimme die Antwort: »Na schön – ich habe zwei gute Appaloosas gekannt.«

Er musste tief in seinem Gedächtnis graben. Und obwohl er Appaloosas nicht leiden konnte, würde er nichts Schlechtes über sie sagen. Daran sollten wir uns alle ein Beispiel nehmen.

Athleten in Aktion

Ein Pferd ist extrem vielseitig. Es ist fähig über 108 verschiedene Bewegungen auszuführen. Doch selbst der beste Trainer auf dem bestausgebildeten Pferd wird kaum mehr als 30 Prozent von dessen Fähigkeiten abrufbar machen können.

Kann ein Pferd rückwärts galoppieren? Ein Mann namens Blackburn hat um 1860 sein Pferd dazu gebracht, genau das zu tun – und auch noch auf der korrekten Hand. Können Sie Ihr Pferd auf Kommando dazu bringen, mit dem Schweif zu schlagen, sich am Ohr zu kratzen, zu flehmen oder sich zu wälzen? Vermutlich nicht – aber das Pferd macht alle diese Bewegungen mühelos. Trainer lehren die Pferde keinen Sliding Stop oder Roll back. Dies zu behaupten, wäre lächerlich. Pferde können schon alles, was wir von ihnen wollen. Jedes zwei Tage alte Fohlen kann stoppen und einen Roll back ausführen. In unserem Training versuchen wir nur das Pferd daran zu erinnern.

Ein Tier mit bedingten Reflexen

Meine Trainingsmethode basiert darauf, Kontrolle über das Pferd zu bekommen, indem ich mich mit ihm auseinander setze. Und ich will die Kontrolle zu 100 Prozent haben.

Das Pferd ist ein Tier mit antrainierbaren, bedingten Reflexen. Wir schaffen eine Bedingung, eine Voraussetzung (z. B. einen Druck mit dem rechten Schenkel) und wir bekommen eine Antwort (z. B. springt es im Galopp links an). Wenn wir die gleiche Bedingung oft genug schaffen und immer die gleiche Antwort darauf erhalten, dann wird die Bedingung zum Stichwort, zum Signal für eine bestimmte, erwünschte Reaktion oder Antwort. (Sie wird zur Hilfe.) Das ist eine Grundlage meines Trainingsprogrammes und wird in diesem Buch noch öfter wiederholt werden.

Wir müssen uns darüber im Klaren sein, dass das Pferd nicht weiß, was richtig oder falsch ist. Oft höre ich jemanden sagen: »Das Pferd ist im falschen Galopp.« Das Pferd weiß nicht, dass es »falsch« galoppiert.

Neunzig Prozent des Erfolgs beim Training von Pferden beruhen darauf, ein Problem korrekt zu definieren. Wenn wir dieses Problem dann bewältigen wollen, spalten wir es in kleine, handliche Teilschritte auf. Meine eigene Ungeduld hat mich gelehrt solche Stufen in den Trainingsfortschritt einzubauen. Die meisten von uns haben auch in Stufen schreiben gelernt, z. B. den Buchstaben A. Wir bekamen beigebracht zuerst eine schräge Linie zu zeichnen, dann eine weitere geneigte Linie und schließlich die Querlinie dazwischen. Das ganze A auf einmal zu schreiben, wäre zu viel für ein kleines Kind gewesen. Das Gleiche gilt für die Ausbildung des Pferdes. Wenn Sie sich durch dieses Buch arbeiten, so werden Sie viele kleine Einzelschritte finden, die sich

schließlich zusammenfügen, um unser erklärtes Ziel zu erreichen.

Während des Trainings sollten wir nie den Fehler begehen zu denken, wir wären zäher oder stärker als unser Pferd. Selbst das zierlichste 350-Kilo-Pferdchen kann Sie ins Krankenhaus oder gar auf den Friedhof bringen, wenn es Sie an die Wand quetscht oder auf andere Weise seine Stärke ausspielt. Während des Trainings sollten wir also einen sicheren Weg finden dem Pferd etwas beizubringen.

Die drei Trainingsregeln

Da es so viele Trainingsmethoden wie Trainer gibt, habe ich die drei folgenden Regeln aufgestellt um jeden Trainingsfortschritt zu bewerten.

Ich würde Ihnen dringend raten sie auf jede Trainingsmethode anzuwenden – ob das nun meine oder irgendeine andere ist, nach der Sie Ihr Pferd ausbilden wollen.

1. Unsere eigene Sicherheit muss beim Training gewährleistet sein.

Ein Trainingsfortschritt ist zu nichts nütze, wenn Sie oder ich danach im Krankenhaus liegen. Wir sind wichtiger als jedes Pferd. Das Pferd will Sie vielleicht gar nicht unbedingt verletzen, aber es ist so groß und stark, dass es einfach manchmal passiert, wenn Sie nicht aufpassen.

Ich sage mir immer, dass das Pferd, mit dem ich gerade arbeite, nicht mehr wert ist als jedes andere Pferd. Ein Pferd, das man geschenkt bekommen hat, und ein Rennpferd im Wert von einer Million Dollar werden exakt gleich behandelt. Und sie können den gleichen Schaden anrichten. Ihr oder mein kleiner Finger ist wichtiger als das teure Rennpferd –

deswegen müssen die Trainingstechniken, die wir benutzen, unsere eigene Sicherheit gewährleisten. Unfälle werden immer passieren – doch wir müssen und können die Gefahr minimieren. Wir sollten hin und wieder in uns hineinhorchen und uns daran erinnern, dass wir immer dann einen Fehler machen, wenn wir uns in Gefahr begeben.

2. Die Sicherheit des Pferdes muss beim Training gewährleistet sein.

Was habe ich davon, ein Pferd irgendwie in den Hänger zu prügeln, wenn ich hinterher einen Tierarzt brauche um es wieder zusammenzuflicken. Die Methode ist ziemlich nutzlos, wenn das Pferd nachher am Kopf genäht werden muss oder ein Bein gebrochen hat. Wir sollten also so viele Vorsichtsmaßnahmen wie möglich treffen – sowohl für uns als auch für unser Pferd.

3. Das Pferd muss nach der Arbeit ruhiger sein als vorher.

Damit sagt es uns, dass es verstanden hat und dass es sich wohl fühlt mit dem, was wir es zu lehren versuchen. Es ist wichtig, dass das Pferd während des Trainingsprozesses ruhig bleibt. Schmerz verwirrt es und lenkt es ab. Je mehr Schmerz Sie Ihrem Pferd zufügen, umso weniger kann es sich auf das konzentrieren, was Sie ihm beibringen wollen. Könnten Sie sich auf die Aufgabe konzentrieren, wenn ich Sie auffordern würde ein mathematisches Problem zu lösen, und dabei mit einem Lineal auf Ihre Fingerknöchel einschlüge? Dasselbe gilt für ein Pferd, welches mit Sporen traktiert wird. Schmerz steht dem Lernen im Weg und sollte vermieden werden. Wenn das Pferd nervös ist, vermittelt es uns, dass es nicht versteht, was wir von ihm erwarten.

Ein ruhiges, kooperatives Pferd ist der beste Beweis für den Erfolg unseres Trainings – besser als eine Wand voller Schleifen. Das Verhalten eines Pferdes auf einem Turnier enthüllt nur, wie gut der Reiter seinen Job macht. Wenn das Pferd seine Sache gut macht, dann zeigt es, dass es seine Lektionen verstanden hat und sich wohl fühlt bei dem, was der Reiter von ihm verlangt.

Die grundlegenden Eigenschaften eines Pferdes

Während wir unserem Pferd etwas beibringen wollen, dürfen wir nie die vier grundlegenden Eigenschaften des Pferdes außer Acht lassen. Denn diese beeinflussen nicht nur sein Verhalten, sondern auch unsere Lehrmethoden. Nachfolgend sind sie nach ihrer Wichtigkeit aufgelistet.

1. Die Angst und der Fluchtinstinkt

Das Pferd ist kein Raubtier. Sein natürlicher Instinkt ist wegzulaufen statt zu kämpfen. Das bedeutet, wenn es erschrickt oder sich fürchtet, wird es höchstwahrscheinlich davonlaufen um der Ursache seines Erschreckens zu entkommen. Seine Angst ist stärker als alles andere. Wir sollten das nachvollziehen können, denn wenn wir uns fürchten, wollen wir uns auch möglichst schnell vom Auslöser unserer Angst entfernen.

Da wir unser Pferd nicht an alle Eventualitäten gewöhnen können, müssen wir seine Angst als gegeben hinnehmen und ihm beibringen, wie es damit umgehen soll. Wir können ihm nicht erzählen, dass es sich nicht fürchten soll, denn diese Forderung ist unlogisch. Wir können ihm jedoch beibringen, dass es trotzdem tut, was wir möchten.

Wenn ein Pferd eine Angstreaktion zeigt, dann sollten wir es genauso behandeln wie ein fünfjähriges Mädchen, welches wir weinend und hilflos an einer Straßenecke in einer großen Stadt gefunden haben. Würden wir sie anschreien, damit sie mit der Heulerei aufhört? Ihr sagen, sie soll doch nun endlich still sein?

Sicher nicht. Wir würden versuchen sie zu beruhigen und ihr versichern, dass alles gut wird. Genauso sollten wir auch mit dem Pferd umgehen, wenn es Angst hat.

Das gilt für das imaginäre Ungeheuer genauso wie für Dinge, die das Pferd durchaus fürchten sollte, es aber manchmal nicht tut.

2. Die Rangordnung

Die soziale Ordnung ist unter Pferden genau strukturiert. Pferde sind Herdentiere. Die Herde beeinflusst das Leben des Pferdes extrem stark. Ihr Einfluss beginnt sofort nach der Geburt.

Wenn wir Pferde in freier Wildbahn beobachten, können wir sehen, dass ein dominantes Tier ein anderes herumscheucht. Das getriebene Tier würde vielleicht gerne stehen bleiben, doch das treibende, dominante Tier lässt das nicht zu.

So wie jedes Pferd seinen Platz in der Herde hat, so haben Sie als Trainer einen Platz in der sozialen Ordnung Ihres Pferdes. Für das Pferd sind Sie nicht ein Mensch, sondern ein zweibeiniges Tier. Wenn Ihr Pferd Sie beißt, dann sagt es Ihnen damit, dass Sie in der Rangordnung unter ihm stehen. Ob das Pferd beißt oder nicht, hängt davon ab, wo es uns in der sozialen Hierarchie der Herde einordnet. Genauso, wie es das eine Pferd beißt und das andere nicht, so wird es auch eine Person

beißen und sich diese Frechheit bei einer anderen nicht herausnehmen.

Es gibt noch andere Zeichen, die Ihnen zeigen, dass das Pferd Sie für rangniedriger hält: Es überrennt Sie, wenn Sie es führen wollen, oder drängelt sich an Ihnen vorbei, es drückt Sie an die Wand, es läuft davon, wenn Sie es satteln wollen, legt die Ohren an, winkt mit dem Hinterbein oder schaut sich desinteressiert die Landschaft an, wenn Sie seine Aufmerksamkeit wollen.

Machen Sie sich keine Gedanken, wie Sie die Dominanz über Ihr Pferd erreichen – versichern Sie sich nur, dass Sie die richtigen Antworten bekommen auf die Fragen/Anforderungen, die Sie an das Pferd stellen. Das Wichtigste ist nicht, dass wir denken, wir stünden in der Rangordnung über dem Pferd, sondern dass es das Pferd denkt.

Ein Beispiel: Wenn uns das Pferd auf den Fuß tritt, geben wir ihm einen energischen Klaps und machen einen größeren Wirbel um die Sache, so dass der Vorfall für das Pferd ebenfalls unangenehm wird. Wenn Sie etwas wichtig finden, dann wird es automatisch wichtig für Ihr Pferd. Wenn es für Sie belanglos ist, wird es auch das Pferd immer für unwichtig halten.

Wir müssen uns in das Bewusstsein des Pferdes hineinversetzen um ihm zu vermitteln, dass wir höher in der Rangordnung sind. Wir können durch die Beobachtung von Pferden in freier Wildbahn lernen, wie sie ihre Rangordnung festlegen.

Wenn wir zehn unbekannte Pferde auf eine große Koppel lassen, können wir schnell erkennen, welches Pferd das ranghöchste ist: Wir stellen einen Eimer Hafer hin und beobachten, welches Pferd diese Portion schließlich frisst. Die meisten Pferde bilden innerhalb der

Herde Paare. Innerhalb des Paares wird eins der Pferde die Führung übernehmen. Es ist äußerst unwahrscheinlich, dass sich das ranghöchste Pferd in der Herde mit dem zweitrangigen anfreundet. Viel wahrscheinlicher ist es, dass sich das erstrangige Pferd z. B. mit dem fünftrangigen zu einem Paar zusammenschließt. Mit dem zweitrangigen wird es jedoch nicht gerade freundlich umgehen.

Wenn das erstrangige Pferd zum Futter geht, wird das zweitrangige das Feld räumen nach dem Motto: »O je, wenn der kommt, verschwinde ich lieber.« Wenn das zweitrangige Pferd geht, was denkt wohl das erstrangige Pferd? Etwa dies: »Ha, ich bin der Allergrößte. Ich kann jedes andere Pferd hier kontrollieren – ich bin der Herdenchef.« Beide Reaktionen bestätigen die jeweilige Position des Pferdes in der Herde.

Wenn neue Pferde zusammengewürfelt werden, dann gibt es erst mal ein großes Tohuwabohu mit vielen angelegten Ohren, viel Geschrei, Gequieke, Getrete usw. Doch nachdem die Rangordnung aufgebaut ist und funktioniert, hat es das ranghöchste Pferd nicht mehr nötig, seine Herrschaft mit Gewalt auszuüben.

Wir legen nun also eine Portion Hafer in den Auslauf; das ranghöchste Pferd kommt um das zweitrangige zu vertreiben und wir stehen zweiterem im Weg. Was passiert?

Wenn das zweitrangige Pferd denkt, wir stünden in der Rangordnung unter ihm, so kann es gut sein, dass es uns überrennt, nach uns tritt oder uns auf andere, nicht besonders freundliche Weise zu verstehen gibt, dass wir uns aus dem Weg scheren sollen. Wenn es jedoch der Meinung ist, wir seien ranghöher, dann wird es stattdessen uns aus dem Weg

gehen und uns damit den nötigen Respekt erweisen.

Da das Pferd immer weiter lernt, müssen wir uns bewusst sein, was wir ihm mit unseren Aktionen vermitteln. Ich füttere beispielsweise mein Pferd. Es befindet sich am anderen Ende des Auslaufs, wenn ich hineinkomme. Ich gehe in die Mitte des Auslaufs und lege dort mein Futterbündel ab. Dann drehe ich mich um und gehe zurück zum Eingang. Das Pferd setzt sich Richtung Futter in Bewegung, während ich gleichzeitig auf dem Rückzug bin. Was vermittle ich ihm mit dieser Handlung? Denkt es: »Hier kommt der alte John. Netter Typ – er bringt mir Futter.« Oder denkt es, dass ich verschwinde, weil es ranghöher ist und es mich vom Futter vertreiben kann. Wenn ich vermeiden will, dass es das zweite denkt, dann versichere ich mich besser der Tatsache, dass es mit einer guten Einstellung zu mir zu seinem Futter kommt. Wir müssen diese Charakteristika der Rangordnung bei unserem Pferd erkennen, denn sie sind von umfassender Bedeutung in unserer Beziehung zu ihm. Lassen Sie das Pferd nie mit einer schlechten Einstellung zu Ihnen an sein Futter heran. Denken Sie daran: Was Ihr Pferd einmal weiß, sitzt lange fest.

3. Faulheit

Ein Pferd geht normalerweise den Weg des geringsten Widerstandes. Es ist prinzipiell faul. Genauso wie Sie und ich und wir alle. Wenn Ihnen jemand die Wahl lässt einen Graben mit einem Teelöffel oder mit einer Schaufel zu graben, wählen Sie natürlich die Schaufel. Wenn Sie die Wahl hätten zwischen einer Schaufel und einem Bagger, würde die Wahl sicherlich auf den Bagger fallen. Und wenn Sie endlich die Wahl hätten zwischen dem Bagger und der Möglichkeit, den Graben gar nicht auszuheben, würde er sicher nicht ausgehoben.

Diese Eigenschaft gilt für Menschen und für Pferde gleichermaßen. Wenn Sie einem Pferd die Wahl lassen sich zu bewegen oder nicht, wird es sich in den allermeisten Fällen nicht bewegen. Unser erster Trainingsschritt wird also sein das Pferd in Bewegung zu setzen. Wir brauchen Bewegung um es zu trainieren. Wenn die erste Bewegung, die wir auslösen, nicht die von uns gewünschte ist, so können wir sie in andere Bahnen lenken, je nachdem, wie wir die äußeren Bedingungen für das Pferd gestalten. Wenn ein Pferd trabt, obwohl ich eigentlich Schritt von ihm will, dann mache ich ein paar Trabübungen mit ihm, stoppe es, lasse es mehrmals wenden und wieder antraben. Bald wird das Pferd so weit sein, dass es froh wäre, wenn ich es Schritt gehen ließe.

4. Der Fortpflanzungstrieb

Im Gegensatz zu Stuten und Wallachen haben Hengste einen sehr ausgeprägten angeborenen Fortpflanzungstrieb. Gott sagte zum Hengst: »Du hast eine Bestimmung auf der Erde – und die liegt darin, dich mit Stuten zu paaren und Nachwuchs zu zeugen.« Wenn wir alle Zäune auf unserer Anlage niederreißen würden und einen Wallach in die Freiheit entließen, wären seine Hauptbeschäftigungen Fressen und Schlafen. Wahrscheinlich würde er nicht allzu weit herumwandern um diese Bedürfnisse zu befriedigen.

Ließen wir eine Stute frei, würde sie ihre Tage meistens genauso fressend und schlafend verbringen. An manchen Tagen wäre sie jedoch schlecht gelaunt, an anderen Tagen würde sie nichts lieber tun als sich mit einem Hengst zu paaren, wenn einer in der Nähe wäre, und an wieder anderen Tagen würde sie denselben mit ein paar gezielten Tritten in die Wüste schicken. Wir können also sagen, sie ist an manchen Tagen schwerer zufrieden zu stellen und zu handhaben als der döselige Wallach, bei dem sich alles um Fressen und Schlafen dreht, und sie kann bei der Arbeit schlecht gelaunt und unkonzentriert sein, wenn sie rossig ist.

Nun lassen wir den Hengst los. Er frisst und er schläft – weil er das muss um zu überleben. Die meiste Zeit aber verbringt er mit Herumwandern – auf der Suche nach der Stute, die Gott ihm zugedacht hat, um sich mit ihr zu paaren. Er läuft sein ganzes Leben auf der Suche nach ihr herum.

Wir können eine ganze Menge lernen, wenn wir Hengste in freier Wildbahn beobachten. Kehrt er dauernd den Pascha heraus? Springt er auf alles, was sich bewegt? Nein. Und wer sagt ihm, wann er sich paaren darf? Die Stute. Sie kontrolliert ihn auf wunderbare Weise ohne jedes Hilfsmittel. Warum sollten wir das nicht auch können?

Der Fortpflanzungstrieb steht hinter vielen Verhaltensweisen des Hengstes. Wenn ein Hengst fünfzig Stuten in eine bestimmte Richtung treiben will, dann kann er es, auch wenn er nicht das ranghöchste Tier in der Herde ist. Warum das so ist? Weil er den Willen hat es zu tun. Wenn wir das erkennen und beachten, dann haben wir die Möglichkeit mit dem Verhalten des Hengstes auf eine vernünftige Weise umzugehen. Wir sollten dem Hengst vorgeben, wann es o. k. ist, seinem Instinkt zu folgen und sich zu paaren, und wann nicht.

Weil der Hengst stärkere Triebe hat als Stuten oder Wallache, brauchen wir mehr Zeit für sein Training. Es mag uns zwei Stunden Zeit kosten, einen Wallach zu trainieren. Dagegen können es fünf Stunden für die Stute und zwanzig Stunden für den Hengst sein. Obwohl wir in der Lage sein sollten sie alle zu kontrollieren, sollten wir immer lieber mit dem Wallach arbeiten, wenn wir wenig Zeit haben.

Es ist jedoch wichtig zu wissen, dass Alter, Geschlecht, Rasse, Zuchtlinie und Erfahrungen keinen Einfluss auf die Grundverhaltensweisen des Pferdes haben. Diese sind typisch für alle Hengste, Stuten und Wallache und sollten immer beachtet werden, wenn wir unser Trainingsprogramm planen.

Die drei Ebenen eines Pferdes

Wenn wir über die Ausbildung des Pferdes nachdenken, müssen wir drei Ebenen beachten: seine körperlichen, geistigen und emotionalen Fähigkeiten. Unser Trainingsfortschritt hängt von dem Bereich ab, in dem das Pferd sich am langsamsten entwickelt. Eine Schwäche in einem Bereich ist vergleichbar mit dem schwächsten Glied in einer Kette.

Der erste Gedanke gilt dem Körper: Unser Pferd muss physisch in der Lage sein das zu tun, was wir von ihm wollen. Ein sechs Monate altes Fohlen ist körperlich nicht in der Lage geritten zu werden. Es kann jedoch durchaus geistig in der Lage sein Signale (Hilfen) zu lernen. Auch wenn wir es schon verladen, führen und als Handpferd mitnehmen können, ist es physisch immer noch nicht so weit einen Reiter zu tragen. Größe ist dabei nicht das Maß

aller Dinge. Ein zweijähriger Vollblüter mag einen Reiter tragen und sogar Rennen laufen können, doch es mangelt ihm an Koordinationsfähigkeit oder an körperlicher Reife (seine Wachstumsfugen bei den Knochen sind z. B. noch nicht vollständig geschlossen) um im Barrelrace zu starten oder in schwierigem Gelände zu arbeiten. Obwohl, wie schon gesagt, die meisten Pferde für die meisten Aufgaben trainiert werden können, müssen die physischen Bedingungen bedacht werden um gute Erfolge mit dem Training zu erzielen.

Ein kleines, kompaktes Pferd mit kurzem Rücken kann z. B. physisch besser dazu in der Lage sein zu cutten (Rinder von der Herde abzusondern), als ein langbeiniges, großes Pferd, welches vielleicht eher als Springpferd geeignet ist.

Als Nächstes müssen wir die psychische Verfassung unseres Pferdes bedenken. Versteht es, was wir von ihm wollen? Unsere Schulung muss das Pferd »im Kopf« verarbeiten können. Wir müssen sicher sein, dass wir ihm klarmachen können, was wir wollen, und dass es das auch begreift.

Und schließlich müssen wir wissen, was emotional in unserem Pferd vorgeht. Zeigt es kontinuierlich Zeichen von Nervosität und Angst? Scheint es unfähig sich zu entspannen? Verträgt es keinen Druck? Wenn das so ist, so müssen wir ihm mit bestimmten Übungen und Signalen helfen seine Emotionen zu kontrollieren. Manchmal müssen wir es aufregen um es hinterher wieder zu beruhigen. Je mehr wir in dieser Weise mit ihm arbeiten, umso ruhiger wird es schließlich werden.

Für jedes Trainingsproblem gibt es eine Lösung. Immer wenn ich auf ein Problem stoße, rufe ich mir die Trainingsregeln, die Grundverhaltensweisen und die verschiedenen Ebenen des Pferdes ins Gedächtnis zurück um daraus eine mögliche Lösung abzuleiten.

Bewaffnet mit diesem Wissen, können wir nun mit dem Training beginnen.

Wir alle können Trainer sein

Wenn Sie das möchten, können Sie Ihr Pferd ohne weiteres selbst ausbilden. Dazu müssen Sie kein Profi sein. Beharrlichkeit siegt über Ungeduld und Angst und lehrt uns, wie wir mit Enttäuschungen umgehen müssen.

Gute Resultate beim Training sind keine Glückssache. Hat jemand am Ende ein besonders arbeitswilliges und verständiges Pferd, so bedeutet das, dass er eine Menge Zeit zum Üben aufgewendet hat. Ein kleines Mädchen klettert beispielsweise auf ihrem Pferd herum – und es rührt sich nicht von der Stelle. Mit ihrer Zuwendung bringt sie ihm bei genau das zu tun.

Oft erzielt der Besitzer mit seinem eigenen Pferd bessere Trainingserfolge als ein Profi, weil er mehr Zeit mit seinem Tier verbringt.

Wir können das überall beobachten. Ein achtjähriges Mädchen lässt die Profi-Konkurrenz im Show-Ring hinter sich, weil sie unzählige Stunden mit ihrem Pferd verbracht hat. Das Mädchen und ihr Pferd sind so eng verbunden, dass sie auf einem anderen Pferd ziemlich hilflos wäre. Auf ihrem eigenen sind ihre Möglichkeiten jedoch nahezu grenzenlos.

Die Trainingsmethoden in diesem Buch funktionieren bei allen Pferden und in allen Disziplinen. Das Dressurpferd, welches seine fliegenden Wechsel an den verschiedenen Buchstaben des Dressurvierecks springt, unterscheidet

sich nicht vom Quarter Horse, das draußen im Slalom um Bäume herumgaloppiert. Sie als Reiter haben einfach eine »Frage«, eine Forderung zu spät gestellt, wenn das Pferd einen Wechsel zu spät springt oder einen Baum auslässt.

Die meisten der folgenden Trainingsübungen werden nur Minuten und keine Stunden oder gar Tage in Anspruch nehmen. Keine ist besonders schwierig. Sie brauchen auch keinen ausgefeilten Plan dafür, sondern nur etwas Übung. Sie können einfach ins Gelände reiten und den schönen Tag genießen – dass Sie dabei Ihr Pferd trainieren, wird keiner der Mitreiter merken. Training sollte nicht nach Training aussehen. Es sollte so aussehen, als ob Pferd und Reiter miteinander spielen. Sie können zum Beispiel Ihr Pferd bis zu einem bestimmten Punkt traben, Ihr Gesäß aus dem Sattel heben und das Pferd auffordern zu stoppen. Wenn Sie das fünfzehnmal während des Ausrittes wiederholen, wird Ihr Pferd immer dann anhalten, wenn es spürt, dass Sie Gewicht aus dem Sattel nehmen. Das lässt Ihr Pferd nicht nur leichter und schneller stoppen, es trägt auch zu Ihrer Sicherheit bei, denn das Pferd wird immer anhalten, wenn es fühlt, dass Sie den Sattel (und dabei vielleicht auch das Pferd) verlassen.

Jede Trainingsmethode muss zu 100 Prozent bei jedem Pferd funktionieren. Wenn nicht, dann sagt uns das Pferd, dass dieses Trainingsprogramm nichts taugt, weil es nicht für alle Pferde anwendbar ist. Wir müssen dann weiter nach einer Methode Ausschau halten, die für alle gilt.

Reitprobleme muss ich vom Sattel aus lösen – Manieren werden vom Boden aus gelehrt und korrigiert.

Eine gute Trainingsmethode funktioniert bei einem dummen und bei einem intelligenten Pferd. Es ist eben eine gute Trainingsmethode. Schluss – aus. Oder anders: Wenn eine Trainingsmethode einmal fehlgeschlagen ist, wird das wieder passieren.

Wenn Sie die Zügel aufnehmen und Ihr Pferd reagiert nicht, dann kann es Ihnen zweierlei sagen wollen: »Es ist Dienstag – ich habe noch nie für irgendjemanden an einem Dienstag gestoppt.« Oder »Wie bitte? – Ich weiß nicht, was du von mir willst.«

Das Pferd ist ein Tier mit bedingten Reflexen. Wenn wir eine Bedingung oft genug schaffen und darauf oft genug die gleiche Reaktion erhalten, dann bekommt diese Bedingung Signalcharakter. Erinnern Sie sich: Es gibt nur zwei Gründe, warum ein Pferd auf ein Signal nicht reagiert:

1. Es versteht nicht. Es hat geistig nicht begriffen, was das Signal bedeuten soll – Sie haben es ihm also nicht richtig vermittelt.
2. Es versteht das Signal, ignoriert es aber. Es tut lieber, was es will, statt auf Ihr Signal zu reagieren.

Was auch immer das Pferd dazu veranlasst, nicht auf Ihr Signal zu reagieren, die Lösung ist die gleiche. Wir müssen zurückkehren zu einem Punkt unseres Trainings, an dem wir die richtige Bedingung schaffen und die gewünschte Reaktion des Pferdes erhalten.

Manchmal erfinden wir Entschuldigungen, wenn unser Pferd nicht das macht, was wir wollen. Ich habe unzählige gehört: »Mein Pferd ist auf einem Auge blind.« – »Er ist ein Vollblüter.« – »Alles schön und gut – aber seine Mutter war kopfscheu.« Und so fort. Nehmen wir das blinde Pferd als Beispiel: Nur weil ein Pferd bestimmte Dinge nicht sieht oder nicht weiß, muss es sich noch lange nicht schlecht benehmen. Tatsächlich gibt es ein blindes Turnierpferd in Phönix, welches seine Sache sehr ordentlich macht. Die Besitzer erzählen den Richtern nie etwas von seiner Blindheit vor Ende der Prüfung – aber das ist eine andere Geschichte.

Alle diese pseudo-rationalen Entschuldigungen, die wir für unsere Pferde bereithalten, sind nur Entschuldigungen für unsere eigene Unfähigkeit es zu trainieren. Als Trainer kann ich ein Pferd dazu bringen, das zu tun, was ich will – oder ich bin eben kein Trainer.

Es gibt keine mentalen Probleme – nur Verhaltensprobleme.

Stammbäume, Angewohnheiten, ob das Pferd zweitausend Pokale gewonnen hat, ob es ein Jahr alt ist oder zwanzig Jahre – alles unwichtig. Entweder kriegen wir es dazu, das zu tun, was wir wollen – oder nicht.

Das Training eines Pferdes können wir mit dem Kuchenbacken vergleichen. Wenn Sie eine Form mit Mehl in einen Ofen schieben und das Ganze eine Stunde lang backen, bekommen Sie etwas, was nicht annähernd aussieht wie ein Kuchen, und sicherlich auch nicht so schmeckt. Oder Sie machen Ihren Kuchen mit den richtigen Zutaten, fügen aber ein Pfund Salz dazu. Jetzt haben Sie etwas, was wie ein Kuchen aussieht, aber wie ein Salzleckstein schmeckt.

Was ich mit dem Vergleich sagen will, ist Folgendes: Das Training eines Pferdes erfordert, wie das Kuchenbacken, eine Menge an Zutaten um ein vernünftiges Resultat zu erzielen. Liebe allein oder auch Liebe und Geduld zusammen genügen nicht. Wir müssen noch einige andere Zutaten dazugeben um unsere Ausbildung erfolgreich zu machen.

Einige dieser Zutaten sind Logik, Wissen und Respekt. Und manchmal kann es sogar nötig sein, in Wut zu geraten und seine Beherrschung zu verlieren – das hilft seine eigene Angst zu überwinden. Es ist nicht immer falsch, ein Pferd zu schlagen. Manchmal kann es auch richtig sein. An dieser Stelle können wir die Drei-Sekunden-Regel einschieben.

Die Drei-Sekunden-Regel

Wo wir gerade darüber reden, dass wir manchmal die Beherrschung verlieren, kann ich Ihnen etwas über die Drei-Sekunden-Regel erzählen.

Das Pferd hat niemals, niemals, niemals das Recht uns zu beißen oder zu treten. Dabei ist Beißen noch gefährlicher als Treten, denn es ist von der Seite des Pferdes der aggressivere Akt. Sie können dieses Verhalten niemals rational rechtfertigen.

Ich will nicht gebissen werden. Wenn das Pferd versucht mich zu beißen, dann mache ich ihm die Hölle heiß. Seine Aktion ist so gefährlich – und dagegen muss ich mich vehement zur Wehr setzen. Ich habe drei Sekunden, in denen ich dem 500-Kilo-Vieh gehörig zusetze und dabei nur auf seinen Kopf aufpasse. Nach den drei Sekunden streichle ich das Pferd um ihm zu versichern, dass ich es trotzdem mag; es weiß allerdings jetzt, dass es mit seiner Beißerei einen schweren Fehler gemacht hat, der für ihn äußerst unangenehme Folgen hatte.

Das Thema Streicheln ist wichtig an dieser Stelle. Kosen, streicheln oder reiben Sie das Pferd – klopfen Sie es nicht, weil das eher eine aggressive Geste für das Pferd darstellt. Zudem sollten Ihre »Streicheleinheiten« nicht zaghaft sein; Pferde sind kitzlig und eine zu leichte Berührung könnten sie als Belästigung empfinden.

Aber denken Sie auf jeden Fall daran, das Pferd immer zu streicheln und ihm Ihr Wohlwollen zu versichern, wenn Sie die Drei-Sekunden-Regel angewandt haben.

Diese Regel können Sie immer dann anwenden, wenn das Pferd beißt.

Verständigung

Manche Leute denken, Pferde seien dumm. Jedes Pferd verfügt jedoch über eine gewisse Lernfähigkeit und Intelligenz – unabhängig von der Rasse. Ihre sogenannte Dummheit resultiert nur aus unserer mangelnden Verständigung. Die Ausbildung eines Pferdes kann man mit dem Malen eines Bildes vergleichen: Je besser ich das Bild male, desto besser die Verständigung mit dem Betrachter. Wenn ich das Pferd mit Bleistift zeichne, habe ich bestimmte Eigenschaften rübergebracht. Wenn ich Pastellkreide dazunehme, habe ich Ihnen weitere Eigenschaften mitgeteilt – Sie können erkennen, dass das Pferd ein Palomino ist. Bedeutet das, dass Sie schlauer geworden sind? Nein – es bedeutet nur, dass ich Ihnen die Eigenschaften des gemalten Pferdes besser vermittelt habe.

Es ist witzig, aber wenn ich besser in meiner Kommunikation werde, wird mein Pferd »klüger«.

Kommunikation bedeutet mit Eigenarten und Einzelheiten umzugehen. Und die Einzelheiten müssen in kleine Schrittchen zerlegt werden. Manche Leute wollen nicht die einfachen Dinge zuerst erledigen. Das ist der Grund, warum so viele verschiedene Gebisse verkauft werden. Die Leute kaufen und probieren haufenweise Gebisse um ihre Pferde zu stoppen. Doch ein Stopp ist das Ergebnis von vielen kleinen Übungen, welche alle korrekt und in der richtigen Reihenfolge ausgeführt werden müssen, bevor man einen anständigen Stopp erhält.

Ich brauche kein anderes Hilfsmittel als ein Halfter, denn ich will nicht, dass mein Pferd mir beibringt ihm immer Schmerz zuzufügen um es zu trainieren. Zudem muss ich stets in der Lage sein mich selbst zu kontrollieren, bevor ich mein Pferd zu kontrollieren versuche. Immer wenn ich an den Zügeln herumzerre oder es mit den Sporen traktiere, bezahle ich dafür mit einem von mir unerwünschten Verhalten meines Pferdes.

Wenn ich von »Hilfsmitteln« spreche, dann meine ich damit auch Stoßzügel, Martingals, Schlaufzügel und Ausbinder. Jede dieser Zwangsvorrichtungen ist ein überflüssiges Spielzeug. Sie zwingen ein Pferd statt es zu lehren. Solche »Hilfsmittel« funktionieren nicht auf Dauer. Manche Leute denken trotzdem, dass langwierige (und auch manchmal langweilig erscheinende) Übungspraxis durch einen Wunderzügel oder eine »magische« Übung ersetzt werden könne.

Es funktioniert nicht. Wenn wir unser Pferd mit Hilfszügeln reiten, pressen wir es in eine Form. Und was passiert, wenn wir das Pferd wieder aus der erzwungenen Haltung entlassen, indem wir den Hilfszügel entfernen? Wir sind genau so weit wie vorher. Das Pferd trägt seinen Kopf immer noch zu hoch oder zu tief, auf jeden Fall nicht in der gewünschten Position. Meiner Ansicht nach gibt es verlässlichere Wege, die bessere Ergebnisse erzielen. Trainings-methoden sollten durch gesunden Menschenverstand, durch Logik und Vernunft untermauert werden, nicht durch allerlei Zusatzzügel und Kinkerlitzchen. Ich sehe meine Trainingsweise als ein Spiel zwischen mir und dem Pferd. Der Part des Pferdes in diesem Spiel ist zu sagen: »Ich werde dich jetzt dazu bringen, mir im Maul herumzuzerren, damit ich langsamer werde.« Meine Aufgabe dagegen ist es, einen Weg zu finden, wie ich es verlangsamen kann ohne im Maul zu ziehen. Wenn ich ziehe, hat es gewonnen. Wenn nicht, haben wir beide gewonnen.

Wenn wir dem Pferd etwas beibringen möchten, so müssen wir uns immer fragen, ob wir das, was wir wollen, klar genug ausdrücken, damit es das Pferd nicht missverstehen kann.

Es ist wichtig, dass wir dem Pferd nicht eine Frage stellen, auf die wir die falsche Antwort bekommen. Wenn wir etwas fordern und das Pferd tut nicht, was wir von ihm verlangen, dann versteht es entweder nicht, was es soll, oder es vermittelt uns: »Ich denk' ja nicht dran...« Wenn es das tut, dann sind wir dabei, ein Verhaltensmuster aufzubauen, welches auf wiederholten Ablehnungen basiert. Das müssen wir im Auge behalten. Wenn ich stoppen will und »Whoa« sage und mein Pferd bewegt sich weiter, dann lernt es, dass »Whoa« nichts zu bedeuten hat.

Der richtige Weg zu lernen ist jedoch, dass ich etwas fordere, und das Pferd tut es.

Wenn wir die richtigen Reaktionen vom Pferd bekommen, dann wird es dem Pferd schließlich zur Gewohnheit, dass es das tut, was wir wollen. Das ist genauso wie beim Umgang mit Kindern. Manchmal neigen wir dazu, auf alles, was sie fragen, Nein zu sagen. Wir lesen die Zeitung, sie beginnen eine Frage – und wir sagen Nein, bevor die Frage ganz raus ist. Und wenn dann die Frage fertig gestellt ist, wird uns klar, dass die Antwort Ja gewesen wäre.

Wir sollten also lernen, wie wir die Fragen präsentieren können, damit wir die richtigen Antworten erhalten. Wir müssen Forderungen stellen, die es dem Pferd leicht machen, mit Ja zu antworten. Wie ich erkenne, ob ich eine »Ja-Frage« gestellt habe? Ganz einfach – indem das Pferd das macht, was ich will. Ich werde nichts vom Pferd verlangen, wenn ich nicht ganz sicher bin, dass ich es auch bekommen kann (dass das Pferd in der Lage ist richtig zu antworten).

Erinnern Sie sich – wenn wir die gleiche Voraussetzung/Bedingung oft genug schaffen und darauf oft genug die erwünschte Reaktion erhalten, wird aus der Bedingung ein Signal. Wenn Sie die Signale für eine bestimmte Antwort lehren, wird das Pferd diese Antwort in jeder Situation geben. Sie müssen dann nicht die äußeren Umstände dafür verantwortlich machen, dass das Pferd so und nicht anders reagiert.

Es gibt ein schönes Wortspiel, das ich in meinen Kursen immer wieder verwende um das Prinzip zu illustrieren. Es wird vermutlich geschrieben nicht funktionieren – trotzdem werde ich es hier wiedergeben, so dass Sie es an ein paar nichts ahnenden Opfern ausprobieren können. Buchstabieren Sie das Wort »Silk« (Seide) dreimal hintereinander sehr schnell. Fragen Sie danach ganz schnell: »Was trinken Kühe?« Vermutlich werden Sie in den allermeisten Fällen die Antwort »Milk« (Milch) bekommen. Was habe ich getan? Ich habe Sie in meine beabsichtigte »Denkrichtung« getrickst.

Wir können das Pferd in die gleiche Richtung tricksen. Wir können es dazu bringen, auf die Art zu antworten, die wir wollen. Wenn wir das tun, konditionieren wir es – deswegen ist es wichtig, einen Schritt zu festigen, bevor wir den nächsten tun. Wenn wir Probleme mit dem sicheren Abrufen des Gelernten haben, dann müssen wir zurückkehren zu einem Punkt, an dem das Pferd **immer** in gewünschter Weise auf unsere Signale reagiert.

Wir arbeiten unser Pferd z. B. im Roundpen. Wir beginnen damit, dass wir es in Bewegung setzen. Das ist alles, was wir wollen, und das ist auch alles, worauf wir uns zu dem Zeitpunkt konzentrieren. Erst, wenn es sich kontinuierlich bewegt (erster Schritt), arbeiten wir weiter: Wir bringen es dazu, sich nach links zu bewegen. Wenn es sich kontinuierlich und nach links bewegt (zweiter Schritt), werden wir einen dritten Schritt verlangen: den Richtungswechsel. Erst wenn das Pferd den dritter Schritt zuverlässig beherrscht, kommen wir zum vierten usw.

Die Wichtigkeit von Zielen

Keine Einführung in ein Trainingsprogramm wäre komplett ohne Ziele zu erwähnen.

Wir alle haben Ziele, die wir mit unseren Pferden erreichen wollen – und die wir mit etwas Zeit und Mühe meist auch erreichen können.

Oft genug sehen wir jedoch Probleme auftauchen – mit dem Verhalten unseres Pferdes oder mit unserem eigenen Temperament. Wir fühlen uns frustriert, wenn wir die gesteckten Ziele nicht erreichen. In unserer Eigenschaft als Trainer wollen wir Fortschritte in der Ausbildung sehen – andernfalls bekommen wir Versagensängste und treiben unser Training zu stark voran. Diese Ängste führen jedoch nur zu schlechten Angewohnheiten, sowohl bei uns als auch bei unserem Pferd. Es ist wichtig, sich ins Gedächtnis zu rufen, dass das Pferd ein deutliches Spiegelbild seines Besitzers ist. Nervöse Leute machen oft nervöse Pferde.

Setzen Sie sich tägliche Ziele, wenn Sie reiten – vernünftige Ziele, die Sie auch an einem Tag erreichen können. Definieren Sie für sich ganz genau, was Sie erreichen möchten, und arbeiten Sie immer daran, Ihre Basissignale zu verbessern. Wenn Probleme auftauchen, kehren Sie an einen Punkt in Ihrem Training zurück, an dem Sie die Kontrolle über Ihr Pferd haben, und beginnen von dort aus neu. Wenn Sie dies beherzigen, können Sie mit Ihrem Pferd immer auf Erfolgserlebnissen aufbauen. Denken Sie daran: Das Geheimnis des Balletts ist die Perfektionierung jedes einzelnen Tanzschritts.

Nicht immer sind für Fortschritte zusätzliches Wissen oder ausgefeiltere Trainingsmethoden nötig. Wir brauchen uns oft nur zu bemühen das zu verbessern, was wir schon erreicht haben, oder das zu perfektionieren, was unser Pferd sowieso schon anbietet. Das ist das Geheimnis von fast allen erfolgreichen Trainern.

Fast jeder kann sein Pferd reiten und es dazu bringen, zu wenden, drehen oder zu stoppen. Das Pferd jedoch so zu kontrollieren, dass Sie diese simplen Manöver exakt abrufen können, wann, wie und wo Sie das wollen, kann eine Herausforderung sein. Die Kunst der Dressur basiert auf der simplen Fähigkeit, das Pferd so zu kontrollieren, dass Reiter und Pferd eine harmonische Einheit bilden. Wenn Sie die Leistungen Ihres Pferdes verbessern wollen, müssen Sie mit der Basisarbeit beginnen und diese nicht überspringen, denn dort liegt im Allgemeinen die Notwendigkeit zur Verbesserung.

Vergessen Sie auch nicht, den Umgang mit Ihren Pferden als Genuss und nicht als lästige Pflicht zu betrachten. Es ist durchaus in Ordnung, wenn Ihr Pferd manche Dinge nicht weiß oder nicht kann. Es muss nicht jede Schenkelhilfe kennen oder eine perfekte Kopfhaltung haben um für uns ein sicheres Reittier zu sein. Zu viele und zu hoch gesteckte Ziele können uns und unser Pferd erschöpfen und die Freude am Reiten verderben. Wenn wir z. B. entspannt aus dem Gelände zurückkehren und dann in der Bahn noch an »ungeliebten« Übungen herumknebeln, bis wir oder unser Pferd schlecht drauf sind, dann macht das Reiten auf einmal keinen Spaß mehr.

Wir sollten uns auch darüber im Klaren sein, dass das Pferd für jeden von uns eine andere Funktion hat. Ein Pferd muss nicht unbedingt geritten werden um für uns wertvoll zu sein. Manchen Leuten ist es genug, Ihr Pferd zu füttern und zu verhätscheln.

Ich kenne eine Frau, die sich zu ihrem Pferd setzt und ihm beim Fressen zuschaut. Sie beobachtet es und hört ihm beim Kauen zu – und ist völlig zufrieden damit, ihm zweimal am Tag bei seinen Mahlzeiten Gesellschaft zu leisten. Das ist durchaus in Ordnung.

Viele von uns sollten sich jedoch darüber Gedanken machen, warum wir ein Pferd haben. Weniger als ein Prozent von uns verdient seinen Lebensunterhalt mit Pferden. Für die meisten ist das Pferd in erster Linie ein Freizeitpartner, etwa zum Spazierenreiten, und wir sollten den Umgang mit ihm genießen können. Wenn wir Gründe erfinden müssen um es nicht zu reiten, dann hat es nicht die Funktion, die es eigentlich haben soll – und wir sollten es verkaufen und uns ein Buch über Pferde besorgen; das ist billiger.

Wir reden von Zielen, weil sie uns eine Perspektive bieten und weil sie uns die Bestätigung geben etwas erreichen zu können. Ziele bewahren uns davor, uns und unser Pferd zu kritisch zu betrachten. Erreichte Ziele zeigen uns, dass wir uns verbessert haben – das sollte reichen um Frustrationen zu vermeiden. Wenn wir keinen Fortschritt sehen, ist irgendetwas faul.

Eine Zielsetzung hilft auch dabei, einen Startpunkt festzulegen. Definieren wir Start und Ziel, muss eine Strecke zwischen diesen beiden liegen. Wir können schließlich nicht am Ziel starten.

Wenn der Startpunkt klar ist, zerlegen wir die Strecke bis zum Ziel in kleine Einzelschritte. Während wir diese Schritte festlegen, sollten wir uns immer wieder fragen: Wie kann ich diesen Schritt einfacher für das Pferd machen? Während der Trainingseinheiten in diesem Buch werden wir unsere Ziele immer wieder in kleinere Teilziele unterteilen.

Motivation

In Verbindung mit dem Lernprozess darf auch die Motivation nicht außer Acht gelassen werden. Motivation ist die Basis für jede Art von Lernen, für jede Veränderung.

Alles beginnt mit Motivation. Sie gibt Ihnen einen Grund für eine Veränderung. Der Grund für eine Veränderung beinhaltet schon die Veränderung – und wenn die erreicht ist, haben Sie gelernt. Wenn Sie niemals zuvor in Ihrem Leben ein Haus gebaut haben und ich setze Sie auf einem einsamen Berg aus und sage zu Ihnen: »Bauen Sie eins!«, werden Sie vielleicht mit den Schultern zucken und sagen: »Der spinnt – ich habe keine Ahnung vom Hausbauen.«

Wenn ich Sie jedoch auf den Berg bringe und sage: »Sie wollen sicher ein Haus bauen, bevor der erste Schnee fällt, denn vor dem Frühling werden Sie nicht wieder runterkommen«, dann wette ich, dass Sie ganz schnell Baumaterial zusammentragen werden um sich eine Schutzhütte zu bauen – auch wenn Sie keine Ahnung vom Hausbau haben. Das nenne ich Motivation.

Auch das Pferd muss motiviert werden zu lernen.

Der Zeitplan fürs Training

Wir müssen uns darüber im Klaren sein, dass Training Zeit braucht. Eine gute Ausbildung erfordert konsequentes Reiten über Jahre hinweg. Um ein sicheres Arbeitspferd zu bekommen, trittsicher, zuverlässig und gehorsam, das mit Ihnen durch dick und dünn geht, brauchen Sie viele Stunden Training und müssen Ihr Pferd den unterschiedlichsten Situationen aussetzen. Wenn Sie bei der Ausbildung inkonsequent sind, brauchen Sie doppelt so lange um die gewünschten Resultate zu erzielen.

Dasselbe gilt für ein Freizeitpferd. Um ein Pferd auszubilden, welches sich verladen lässt, in allen Situationen ruhig bleibt, sicher bergauf und bergab zu reiten ist, durchs Wasser geht etc., müssen Sie viele Stunden im Sattel verbringen. Viele Leute setzen unrealistische Zeitpläne für sich und ihr Pferd fest. Und wenn sie sie nicht erfüllen, fühlen sie sich unfähig als Trainer. Wenn wir Probleme schnell lösen wollen, arbeiten wir oft zu hektisch. Wenn wir uns dabei aufregen und Druck auf unser Pferd ausüben, beschränken wir uns damit selbst und erreichen unter Umständen nur, dass das Pferd unerwünschte Verhaltensweisen entwickelt. Wir müssen uns entspannen und uns die nötige Zeit nehmen – die meisten Probleme brauchen nicht an einem Tag gelöst zu werden und auch nicht in einer Woche.

Es geht nicht darum, wie viel Zeit Sie mit Ihrem Pferd verbringen – es geht darum, was Sie ihm in der zur Verfügung stehenden Zeit beibringen. Ein Monat ist eine lange Zeit, wenn Sie jeden Tag trainieren. Manche Pferde machen an einem Tag einen Riesenfortschritt – z. B. im Rückwärtsgehen oder in der Zirkelarbeit. Sie haben dabei nur wenig Zeit mit dem Pferd verbracht, aber eine Menge erreicht.

Pferde haben, wie Menschen, ein unterschiedliches Lerntempo. Manche Pferde brauchen mehr, andere weniger Zeit. Bestimmte Techniken können mit guten Resultaten über mehrere Trainingsabschnitte verteilt gelehrt werden oder auch über verschiedene Tage oder Wochen hinweg.

Auch die folgende meiner drei grundsätzlichen Trainingsregeln wirkt sich auf die Ausbildungsdauer aus: Immer wenn Sie denken, dass Sie oder Ihr Pferd sich bei einem Trainingsabschnitt verletzen könnten, gehen Sie einen Schritt zurück.

In jedem Abschnitt des Trainings ist Abwechslung wichtig. Je mehr Sie innerhalb der normalen Trainingsstunde variieren können, umso frischer und interessierter wird Ihr Pferd sein. Wenn Sie dem Pferd zu viele Wiederholungen immer derselben Lektion zumuten, kann zweierlei passieren:

1. Das Pferd wird beginnen Fehler zu machen – welche uns irritieren und uns dazu bringen, das Pferd auch wieder zu verunsichern. Das führt schließlich dazu, dass seine Leistungen immer schlechter werden.
2. Das Pferd stumpft ab.

Bringen Sie also Abwechslung in die Arbeit. Wenn Sie ein Reining-Pferd eine Weile in Spins (360°-Hinterhandwendungen aus der Bewegung) und Roll backs (180°-Hinterhandwendungen aus dem Galopp) gearbeitet haben, dann reiten Sie es eine Runde ins Gelände und kehren später in die Bahn zurück um ein wenig an den Zirkeln zu arbeiten.

Der späte Nachmittag und der Abend sind keine guten Trainingszeiten. Das sind die natürlichen Ruhephasen des Pferdes.

Es wird immer wieder Abschnitte während des Trainings geben, bei denen sich das Pferd aufregt. Das sollte jedoch nicht länger als ein paar Minuten dauern. Das Pferd kämpft dann darum, zu verstehen, was wir von ihm wollen – oder es kämpft gegen die Lektion selbst. Dieser Stress sollte allerdings immer kurzfristig sein; danach sollten Sie eine deutliche Verbesserung im Verhalten des Pferdes beobachten können – es muss sich beruhigen und entspannen. Kurz nachdem es sich richtig aufgeregt hat, sollte es die Übung, die es vor der ganzen Aufregung ausgeführt hat, besser bewältigen. Wenn dieser Lernprozess nicht eintritt, ist das Pferd überfordert – gehen Sie zurück zu dem Punkt, an dem es noch einfach für das Pferd war, richtig zu reagieren und beginnen Sie von dort aus neu.

Das Reiten im Gelände ist ein wichtiger Bestandteil des Trainings. Sobald das

Pferd geritten werden kann, ist das offene Gelände die wertvollste Trainingsarena, die wir haben. Erstens kann das Pferd schnell unwillig und träge werden, wenn es nur in der Reitbahn gearbeitet wird, und zweitens gibt es genug Pferde, die auch nach jahrelangem Training auf dem umzäunten Reitplatz draußen ziemlich unsichere Kandidaten sind. Gelegenheiten für Outdoor-Lektionen gibt es genug. Vergessen Sie diesen wichtigen Aspekt des Trainings also nicht.

Und zu guter Letzt: Lassen Sie sich nicht entmutigen. Die meisten Leute sagen: »Mein Pferd und ich haben nur ein einziges Problem.« Ich habe noch nie ein Pferd gesehen, das nur eins hat. Auch mein eigenes nicht. Selbst Weltmeister haben Probleme. Und ein Problem kommt selten allein, meistens handelt es sich um mehrere.

Ehrlich – ich weiß nicht, wann wir oder unsere Pferde aufhören zu lernen. Aber je mehr wir unsere Pferde trainieren, umso besser werden sie schließlich.

Pferdepsychologie

Pferdepsychologie ist gerade in Mode. Die Psyche des Pferdes ist wichtig – aber sie ist nicht alles.

Das Pferd ist viel begabter, als wir oft annehmen. Ich zerbreche mir oft darüber den Kopf, was es wohl gerade denkt oder wie viel es wirklich weiß.

In Kalifornien gab es mal einen Mann, der Probleme mit einem seiner Zuchthengste hatte. Er probierte alles Mögliche um das aggressive Verhalten seines Pferdes zu bessern, bis ihm schließlich ein Freund dazu riet, es doch mal mit einer Pferdepsychiaterin zu versuchen – der selben Frau, die Jahre zuvor auch schon mit dem berühmten Rennpferd John Henry gesprochen hatte.

Als der Mann schließlich einwilligte und die Dame anrief, entschuldigte diese sich, sie sei zu beschäftigt um zu ihm zu kommen. Sie fragte, ob es eine Möglichkeit gäbe mit seinem Pferd am Telefon zu sprechen. Die gab es. Er solle nur das Handy ans Ohr des ungezogenen Pferdes halten, so dass sie mit ihm reden könne.

Der Pferdebesitzer tappte also mit dem Handy zu seinem Pferd, hielt es ihm ans Ohr – und kam sich dabei vor wie ein Idiot. Nach einiger Zeit fragte er die Frau, ob sie fertig wäre.

»Nein«, war die Antwort und die Frau setzte ihre Unterhaltung mit dem Pferd fort, welches, soweit der Besitzer es beurteilen konnte, nichts dazu zu sagen hatte.

Als sie schließlich fertig war, teilte die Frau dem Pferdebesitzer mit: »Sie haben zwei Hengste – den anderen mögen Sie lieber und dieser hier ist eifersüchtig. Er erzählte mir, dass er Ihnen schon einen Finger abgebissen hat – ist das wahr?«

Der erschütterte Mann bestätigte das. »Er sagt, dass er Ihnen auch noch einen zweiten abbeißen wird, wenn Sie weiter den anderen Hengst vorziehen.«

Ich weiß nicht, wie diese Story ausgegangen ist. Ich weiß nur, dass sie an Bereiche des Pferdes rührt, über die ich nicht nachdenken will, von denen ich noch nicht einmal etwas wissen will. Wenn ein Pferdepsychiater mit meinem Hengst Zip sprechen wollte, würde ich das ablehnen.

KAPITEL 2

Die Arbeit im Roundpen

Der Roundpen ist ein wertvolles Hilfsmittel beim Training von Pferden. Bevor Sie im Roundpen arbeiten, sollten Sie auf jeden Fall dieses Kapitel vollständig durchlesen, damit Sie Ihrem Pferd nicht schaden. Mit der Arbeit im Roundpen beginnen Sie die Aktionen Ihres Pferdes zu kontrollieren und schaffen die Grundlagen für jedes weitere Training.

Der Roundpen sollte nicht dazu benutzt werden, das Pferd zu longieren oder Konditionstraining mit ihm zu machen. Er ist ein Hilfsmittel bei der Ausbildung und sollte auch als solches benutzt werden. Wenn Sie während meines Trainingsprogrammes mit Ihrem Pferd in den Roundpen gehen sollen, so wird dies bei der Erklärung des Trainingsablaufs extra erwähnt. Ich longiere meine Pferde wenig oder gar nicht. Ich möchte Ihnen lieber beibringen zu gehorchen als sie abzulongieren. Der Roundpen ist auch nicht dazu da, das Pferd müde zu machen –

das wird sowieso umso schwieriger, je mehr Kondition das Pferd im Laufe seiner Ausbildung bekommt. Wie auch immer – wenn Sie sich sicherer fühlen, wenn Sie Ihr Pferd longieren, dann tun Sie das. Vom praktischen Standpunkt aus sollte sich später sowieso jedes Pferd longieren lassen.

Der Roundpen ermöglicht es uns, das Pferd unter Kontrolle zu bringen, ohne dass wir mit der Longe an 500 Kilo Lebendgewicht hängen, die uns verletzen könnten. Diese Lektion habe ich von meinem Hengst Zip gelernt. Er machte mir klar, dass nicht nur ich ihn am Führstrick hatte, sondern auch er mich. Immer wenn wir ein großes Tier einsperren, festbinden oder sonstwie beengen wollen, werden wir höchstwahrscheinlich mehr Schaden als Nutzen davon haben. Wenn wir z. B. einen Snubbing Post (stabil im Boden verankerter Pfosten mit einem Laufring am oberen Ende, der zum Anbinden oder Longieren verwendet werden kann) oder andere Objekte im Roundpen installiert haben, sind wir in größerer Gefahr, als wenn nichts im Weg steht. Dasselbe gilt für Durchgänger: Die meisten von uns können sich in offenem Gelände bestens auf einem durchgehenden Pferd halten und befinden sich dabei nur in geringer Gefahr. Wenn es dagegen Zäune, Bäume und andere Hindernisse gibt, wird die Situation gefährlicher und die Verletzungsgefahr größer. Wenn wir das Pferd beschränken, beschränken wir auch uns selbst.

Der Roundpen ist ein gutes Hilfsmittel, um mit Pferden zu arbeiten, mit denen noch nie jemand etwas gemacht hat, und mit Pferden, die gelernt haben, jeden zu bekämpfen, der sich ihnen bis auf Huftrittdistanz nähert. Die Arbeit im Roundpen soll uns die Aufmerksamkeit des Pferdes sichern, die nötig ist, um ihm überhaupt etwas beibringen zu können. Wenn ein Schüler in der Mathe-Stunde schläft, kann ihm selbst der beste Lehrer nichts vermitteln. Das gilt auch für das Pferd. Wir müssen nicht nur seine körperliche Anwesenheit haben, sondern auch seine geistige. Das Pferd kann uns im Roundpen nicht ignorieren. Es wird irgendwann eine »zuhörende« Haltung mit erhöhter Aufmerksamkeit einnehmen. Wenn das Pferd zuhört, wird das Lehren einfacher und das Pferd wird versuchen sich mit uns zu arrangieren, wenn es merkt, dass wir es unter Kontrolle haben. Der Roundpen wird uns zudem helfen, dem Pferd eine positive Einstellung zum Lernen zu vermitteln bzw. wiederzugeben. Wenn wir es daran hindern können, uns und unsere Position in Frage zu stellen, wird es tun, was wir wollen. Wenn wir das Pferd im Roundpen reiten, kann es nicht mit uns davonrennen. Wir müssen uns nicht darum kümmern, wo es hinläuft, brauchen es deswegen nicht im Maul zu ziehen und können uns aufs eigentliche Training konzentrieren.

Tatsächlich brauchen wir den Roundpen im Leben unseres Pferdes nicht allzu häufig. Nur die Basisarbeit und unsere ersten Reitversuche werden hier stattfinden.

Wir benutzen den Roundpen, bis wir sicher sind, dass uns das Pferd seine Aufmerksamkeit schenkt, und bis wir denken, dass wir es kontrollieren können. Das wird zwischen drei und fünf Tage dauern – je nachdem, wie intensiv wir trainieren.

Für ein Wildpferd oder eins, das noch nicht viel Menschenkontakt hatte, ist die Arbeit im Roundpen besonders wichtig, weil sie – und ich wiederhole es hier wieder – die sicherste Methode ist die Aufmerksamkeit des Pferdes zu bekommen.

Wie alle in diesem Buch beschriebenen Trainingsmethoden wird die Roundpen-Lektion bei allen Pferden und Mulis, unabhängig von Rasse, Zuchtlinie, Geschlecht, Temperament, Gewöhnung an Menschen oder vergangenen Erfahrungen funktionieren. Der Roundpen ist zudem ein wertvolles Hilfsmittel, um neue Pferde auf uns einzustellen, so dass sie uns von vornherein Aufmerksamkeit entgegenbringen statt uns zu bekämpfen oder zu ignorieren.

Wenn ein älteres Pferd schlechte Angewohnheiten hat, dann kommt das im Allgemeinen daher, dass es gelernt hat, seinen Reiter nicht ernst nehmen zu müssen, und dass es wiederholt mit unerwünschtem Verhalten durchgekommen ist. Der Roundpen ist ein sicherer Platz für den Reiter um Vertrauen zum Pferd zu entwickeln, während dieses langsam seine Aufmerksamkeit auf ihn richtet. Wenn Sie vom Boden aus eine grundsätzliche Bereitschaft des Pferdes auf Sie zu reagieren erreicht haben, dann wird die Wahrscheinlichkeit sehr viel höher sein, dass es auch in erwünschter Form reagiert, wenn Sie schließlich in den Sattel klettern.

Im ersten Kapitel haben wir über das soziale Gefüge in der Herde und die Rangfolge gesprochen. Nun machen wir uns dieses Wissen in der Roundpen-Arbeit zunutze. Es ist dabei wichtig, dass der Trainer – nach Einschätzung des Pferdes! – in der Rangordnung über ihm steht.

Ich nenne das die »Hammer-und-Nagel-Beziehung«. Immer wenn zwei Wesen, zwei Personen, zwei Tiere oder eine Person und ein Tier zusammentreffen, wird einer der Hammer sein und der andere der Nagel. Der Hammer wird stets die endgültige Entscheidung treffen. Entweder haben Sie die Kontrolle oder das Pferd hat sie. Welcher von Ihnen beiden der Hammer ist, ist kein Geheimnis, denn sowohl Sie als auch das Pferd wissen, wer das Sagen hat.

In dem Moment, in dem Sie die Kontrolle verlieren, weiß es das Pferd schon. Auf der anderen Seite haben Sie das Bewusstsein, dass Sie die Kontrolle haben, einen winzig kleinen Moment vor Ihrem Pferd. So einfach ist das.

Da nun die Basis unseres Trainings die hundertprozentige Kontrolle des Pferdes zu jeder Zeit ist, sollten Sie sicher sein, dass Sie immer der Hammer sind. Die Roundpen-Arbeit ist eine gute Methode diese Kontrolle zu festigen.

Die Konstruktion des Roundpen

Wenn Sie sich Ihren eigenen Roundpen bauen wollen, legen Sie einen Durchmesser von 15 bis 18 Meter fest. Ich tendiere eher zu 18 Meter. Das ist klein genug, um Ihnen ein komfortables Arbeiten vom Boden aus zu ermöglichen, und groß genug, um einem größeren Pferd einen Galopp nicht zu unbequem zu machen. Wenn Sie den Durchmesser größer als 18 Meter wählen, laufen Sie Gefahr die Kontrolle zu verlieren, denn das Pferd kann von einer Seite auf die andere laufen und stehen bleiben.

Wenn der Roundpen zu klein ist, dann wird das Pferd im ungünstigsten Fall versuchen seine Stabilität zu testen. Besonders ein wild aufgewachsenes Pferd ohne vorherigen Menschenkontakt wird sich bedroht fühlen und vielleicht versuchen durch oder über den Zaun zu entkommen. Es ist zudem schwierig, das Pferd in einem kleinen Roundpen in Bewegung zu setzen, denn es wird das Gefühl haben, dass es nirgendwo hinkann.

Erinnern Sie sich an das Pi vom Mathe-Unterricht in der Schule? Um den Umfang aus dem Durchmesser zu errechnen, multiplizieren Sie den Durchmesser mit 3,14 (= pi). Das ergibt bei 15 Meter Durchmesser etwa 48 Meter, bei 17 Meter etwa 53 und bei 18 Meter Durchmesser etwa 57 Meter Umfang.

Eine solide, undurchsichtige Konstruktion aus Holz oder Metall ist gut geeignet – das Material spielt keine bedeutende Rolle, nur stabil muss es sein. Mit einer soliden Wand vor Augen wird das Pferd keine Lust bekommen über den Zaun zu springen oder durchzubrechen. Die Wände sollten aufrecht und nicht geneigt sein und mindestens bis zu einer

Höhe von 1,80 Meter massiv. Kaum ein Pferd wird versuchen über einen festen Zaun dieser Höhe zu springen.

Ein weiterer Vorteil der festen Wand liegt darin, dass sich der Druck auf Ihr Bein, sollte es einmal zwischen Pferd und Wand eingeklemmt werden, auf eine größere Fläche verteilt. Bei dünnen Stangen als Einzäunung wirkt dieser Druck punktuell und ist viel gefährlicher. Stangen haben noch andere Nachteile: Das Pferd kann mit seinen Hufen an den Pfosten hängen bleiben oder Sie können, wenn Sie draufsitzen, mit den Zehen hängen bleiben.

Der Boden des Roundpen sollte aus etwa 10 bis 15 Zentimeter hohem, losem, weichem Material bestehen. Das kann ein Gemisch aus Erde, Sand und Spänen sein. Zu feste, harte Erde kann Schäden an den Beinen verursachen. Zu tiefer Sand ermüdet das Pferd schnell. Zudem werden die Sehnen zu sehr belastet und Sehnenschäden können die Folge sein. Häufen Sie nicht zu viel Material auf dem Hufschlag an. Das Pferd sollte in schnellerer Gangart möglichst wenig über die innere Schulter kippen, so dass es sein inneres Vorderbein nicht zu stark beansprucht.

Lektionen im Roundpen

Folgende Lektionen sollte Ihr Pferd im Roundpen lernen:

1. Drehen um Sie anzuschauen.
2. Bei Ihnen stehen bleiben.
3. Ihnen Aufmerksamkeit schenken.
4. Ihnen vertrauen.
5. Ruhige Gewöhnung an Sattel und Reiter.
6. Die Grundlagen des Ground-Tying (das Pferd bleibt mit lose herabhängendem Zügel oder Strick stehen).
7. Stillstehen, während Sie aufsteigen.
8. Überwindung von Ängsten (es ist z. B. kopfscheu oder lässt sich die Hufe nicht aufheben).
9. Furcht einflößende Objekte ansehen statt zu flüchten.
10. Koordinationsübungen über Bodenstangen/Cavaletts.
11. Das Überwinden von Plastikplanen und anderen Hindernissen, z. B. Brücken.
12. Das Entwickeln einer positiven Haltung im Hinblick auf Ihre Forderungen.

Wenn Sie keinen eigenen Roundpen haben, sollten Sie sich in der Gegend umsehen, ob Sie für ein paar Stunden irgendwo einen mieten können. Vielleicht stellen Sie Ihr Pferd auch für einen Monat in eine Anlage, wo Sie einen Roundpen zur Verfügung haben. Obwohl ich der Meinung bin, dass ein Roundpen eine wichtige Einrichtung ist und die Arbeit erleichtert, braucht man ihn nicht um jeden Preis. Wenn Sie keinen Zugang zu einem haben, können Sie genauso gut eine Longe und Ihren gesunden Menschenverstand benutzen und alle Übungen, die in diesem Buch beschrieben werden, auf einem großen freien Platz absolvieren.

Ausrüstung für den Roundpen

Mein Trainingsprogramm basiert nicht auf Equipment. Sie brauchen nicht ein Arsenal an Ausrüstungsgegenständen mit in den Roundpen zu bringen, wenn Sie Ihr Pferd das erste Mal dort arbeiten. Es reicht erst einmal, wenn Sie Ihren gesunden Menschenverstand mitbringen. Denken Sie daran, dass das beste Trainingswerkzeug in Ihrem Stall sich am Ende Ihres Arms befindet. Bequeme Kleidung trägt dazu bei, dass Sie sich bei der Arbeit wohl fühlen. Ein Lasso oder eine kurze Peitsche sollten Sie noch mitnehmen. Oder etwas Ähnliches – ich selbst benutze ein weiches Seil von etwa 10 Meter Länge. Die Stärke des Seils richtet sich danach, was Ihnen handlich erscheint und womit Sie gut zurechtkommen.

Sie können einen Eimer Wasser außerhalb des Roundpen deponieren. Geben Sie dem Pferd ruhig etwas zu trinken, jedoch keinesfalls zu viel – besonders wenn das Pferd stark geschwitzt hat. Beherzigen Sie die Anweisungen Ihres Tierarztes, wann und wie Sie ein erhitztes Pferd tränken dürfen.

Am besten, Sie schützen die Beine Ihres Pferdes mit Gamaschen und Sprungglocken. Diese Vorsichtsmaßnahmen können Verletzungen verhindern, wenn es doch einmal in den Zaun krachen sollte. Ein harter Schlag gegen Knochen oder Bänder kann lebenslangen Schaden verursachen. Wenn Sie das Pferd jedoch noch nicht gut genug kontrollieren können um ihm Gamaschen anzulegen, gehen Sie lieber kein Risiko ein.

Das Pferd sollte frei arbeiten – ohne Halfter oder Trense.

Der Start im Roundpen

Wir beginnen damit, das Pferd dazu aufzufordern, sich zu bewegen. In einem 18-Meter-Pen sind Sie immer etwa 6 Meter von Ihrem Pferd entfernt. Sie geben das Signal so sanft Sie können. Für ein Wildpferd in Ihrem Roundpen mag eine erhobene Hand schon genügen um die gewünschte Bewegung zu bekommen. Wenn Sie mit einem Pferd arbeiten, das schon Umgang mit Menschen hatte, müssen Sie

Ihrer Forderung etwas stärker Nachdruck verleihen, weil es prinzipiell keine Angst vor Ihnen hat. Eventuell werden Sie Ihr Lasso nach dem Pferd werfen oder zumindest das Seilende gegen seine Hinterbeine klatschen müssen, bevor es sich bewegt.

In die größte Gefahr habe ich mich immer dann begeben, wenn die Pferde sich nicht bewegen wollten. Das sind auch die härtesten Brocken im Training. Der Grund dafür ist, dass Sie näher an sie heran und aggressiver agieren müssen. Es ist wichtig – auch beim nettesten, ruhigsten und süßesten Pferd –, dass es Ihrer Aufforderung sich zu bewegen Folge leistet. Sie müssen ein Verhaltensmuster etablieren, welches aus Ihrer Frage und der erwünschten Antwort besteht. Sie müssen das Pferd dazu bringen, sich im Roundpen im Kreis zu bewegen.

Zwei Dinge stehen nicht zur Debatte: Sie können das Pferd nicht davon abhalten, sich zu bewegen, und das Pferd kann sich nicht dafür entscheiden, einfach stehen zu bleiben, wann es will. Auch wenn Sie die Bewegung des Pferdes noch nicht stoppen können, so können Sie sie doch lenken. Wenn das Pferd sich bewegen will, können Sie es nicht davon abhalten. Sie können aber die Bewegungsrichtung kontrollieren und die Gangart, und Sie können festlegen, wie lange es laufen muss und wann es anhalten darf.

Wenn das Pferd erst einmal gemerkt hat, dass Sie es verdammt ernst meinen mit Ihrer Forderung, dass es sich bewegen soll, hat es mehrere Möglichkeiten. Erstens kann es Sie über den Haufen rennen. Auch wenn die wenigsten Pferde diese Entscheidung treffen, sollten Sie auf diese mögliche Reaktion vorbereitet sein und Ihre Peitsche oder Ihr

Lasso bereithalten, um sich das Pferd vom Leibe zu halten und ihm diese Art der Flucht möglichst unangenehm zu machen. Sie müssen Ihr Pferd unter Kontrolle haben wie ein Schwimmer einen Ertrinkenden. Die erste Lektion in einem Kurs für Rettungsschwimmer ist, den Ertrinkenden so im Griff zu haben, dass er Sie nicht unter Wasser ziehen kann. So ist das auch hier: Kontrollieren Sie das Pferd, so dass es Sie nicht über den Haufen rennen kann.

Eine andere mögliche Reaktion des Pferdes wäre stillzustehen und Sie anzuglotzen. Das ist wieder nicht die richtige Entscheidung. Das Pferd darf nicht sagen: »Heute ist Freitag – ich denke nicht daran, mich zu bewegen.« Wenn sich das Pferd nicht bewegt, tun Sie, was immer Ihnen einfällt – werfen Sie das Lasso nach ihm oder treiben Sie es mit der Peitsche an. Nur sehen Sie zu, dass Sie es in Gang bekommen.

Um es in Bewegung zu halten, fahren Sie mit Ihren Störaktionen fort. Wenn es von allein weiterläuft, können Sie aufhören es zu belästigen.

Das Pferd kann schließlich vor Ihnen davonlaufen. Wenn sich das Pferd in Bewegung setzt, hat es genau in der gewünschten Weise reagiert und wir können anfangen mit ihm zu arbeiten.

Wir bringen das Pferd zum Galoppieren. In dieser Gangart strengt es sich mehr an als im Trab und wird schneller ermüden. Wir lassen seinen eigenen Körper gegen ihn arbeiten. Wenn seine Muskeln und Lungen zu schmerzen beginnen, wird es schließlich denken: »Wie komme ich hier lebend raus?«

Wenn das Pferd in Bewegung ist, richten Sie Ihre Aufmerksamkeit auf seine Haltung Ihnen gegenüber. Wenn es sich mir zu schnell nähert, finde ich das unangenehm. Ich will, dass es nur mit

gehörigem Respekt näher kommt. Kommt es schnaubend heran, werde ich wieder das Lasso nach ihm werfen und ihm damit sagen: »Es gefällt mir nicht, wie du auf mich zukommst.«

Wenn Sie befürchten müssen, dass das Pferd über den Zaun springt, hören Sie auf es forciert zu arbeiten. Es kann dabei schon genug sein, es nicht weiter anzutreiben und es zum Trab verlangsamen zu lassen. Wenn es wirklich einmal über den Zaun springt, versuchen Sie daraus zu lernen. Ich sehe das so: Wenn es über den Zaun gesprungen ist, bin ich froh, dass es das jetzt getan hat und nicht, wenn ich draufsitze. Ich muss mir jedoch überlegen, was ich getan habe um es über die Begrenzung zu treiben.

Fangen Sie also Ihr Pferd wieder ein und beginnen Sie von neuem.

Wichtige Überlegungen

Wenn Sie Ihr Pferd im Roundpen arbeiten, müssen Sie im Hinterkopf stets an einige Risikofaktoren denken. Einer davon ist Hitze. Wenn die Temperatur über 30° Celsius steigt, dann sollten Sie das bei Ihren Anforderungen berücksichtigen, denn Ihr Pferd bekommt sonst evtl. einen Hitzschlag.

Es sind drei wichtige körperliche Komponenten, die Sie bei der Roundpen-Arbeit bedenken sollten:

1. Die Lungen des Pferdes. Sie sind die Organe des Pferdekörpers, die als erstes Schaden nehmen könnten.
2. Die Beine des Pferdes. Bedenken Sie, dass nicht jeder Untergrund ideal ist: Tiefer Sand ermüdet die Beine – vor allem die Sehnen – des Pferdes schnell. Je strapazierter die Sehnen, desto höher das Verletzungsrisiko.

Harter Boden dagegen wirkt wie ein Hammer, der bei jedem Kontakt mit dem Boden leicht die Beine staucht.
3. Flüssigkeitsverlust. Berücksichtigen Sie sowohl Temperatur als auch Luftfeuchtigkeit. Bei einer Temperatur von über 40° Celsius leistet das Pferd schon harte Arbeit um in Bewegung seinen Körper auf Normaltemperatur zu halten.

Wenn das Pferd schwitzt und am ganzen Körper schaumbedeckt ist, muss Ihnen klar sein, wie hart es arbeitet. Sie können es nicht lange in diesem Tempo weitermachen lassen. Geben Sie ihm alle paar Minuten die Möglichkeit Atem zu schöpfen. Oder noch öfter, wenn es nötig sein sollte.
Denken Sie auch daran, dass ein Pferd viel Flüssigkeit verlieren kann ohne besonders auffällig zu schwitzen. Es sollte jedenfalls nie über zwanzig Minuten heftig schwitzen.
Aber auch wenn Sie nur einen leisen Verdacht haben, das Pferd könnte für die weitere Arbeit schon zu erschöpft sein, hören Sie auf. Sie wollen schließlich Ihrem Pferd keinen Schaden zufügen.
Das sind jedoch nur generelle Richtlinien – wenn Sie im Zweifel sind, fragen Sie lieber Ihren Tierarzt.
Wenn Sie im Roundpen arbeiten, lassen Sie niemals eine andere Person Ihre Arbeit weiterführen – egal, wie müde Sie sind. Wenn Sie ausruhen, soll auch Ihr Pferd ausruhen. Wenn jemand anders in der Zeit mit dem Pferd weiterarbeitet, haben Sie kein Gefühl mehr für die Verfassung Ihres Pferdes und setzen es bei hohen Temperaturen zudem der Gefahr eines Hitzschlages aus. Denken Sie daran, wenn Sie zu müde sind um weiterzumachen, ist es Ihr Pferd garantiert auch.

Es gibt keine genaue Regel, wie lange Sie arbeiten können ohne Ihr Pferd zu gefährden. Während Sie die Arbeit vielleicht eine Stunde problemlos durchhalten, können Sie den Lungen Ihres Pferdes beträchtlichen Schaden zufügen, wenn Sie es untrainiert eine Stunde arbeiten lassen. Sie müssen ihm immer wieder Verschnaufpausen lassen. Also noch einmal: Schaden Sie Ihrem Pferd nicht im Roundpen!

Wie ich das Pferd motiviere

Wir müssen das Pferd motivieren um es dazu zu bringen, seine Einstellung zu ändern.
Je stärker die Motivation, desto schneller erreichen wir eine Veränderung. Zudem gilt: Je natürlicher die Motivation ist, desto leichter und dauerhafter erhalten wir die erwünschte Reaktion des Pferdes.
Es wäre schön, wenn wir nur mit Futter und Lob das Pferd dazu bringen könnten, in allen Situationen das zu tun, was wir gerne möchten – nur so ist es leider meistens nicht. Dem Pferd die Angst vor uns zu nehmen, reicht ebenfalls oft nicht aus. Auch wenn diese Art der Motivation eine große Rolle im Training spielen kann (und es auch tut), wird sie nicht zum endgültigen, von uns gewünschten Resultat führen.
Was wir wollen, ist eine Veränderung im Denkmuster des Pferdes, die eine Verhaltensänderung mit sich bringt. Motivation führt unmittelbar zu einer Veränderung. Um das Pferd zu einer Veränderung zu motivieren, benutzen wir seine Lungen und Muskeln. Wenn das Pferd trabt, arbeiten seine Muskeln – wenn es galoppiert, arbeiten sie schwerer.
Zuerst läuft das Pferd vor uns davon.

Es denkt: »Wie, um alles in der Welt, komme ich hier raus?« Dann merkt es, dass wir spezielle Wünsche hinsichtlich der Richtung haben, in die es laufen soll. Während es nun im Kreis rennt, fangen seine Lungen an Signale an sein Gehirn zu senden. Sie fordern das Gehirn auf sich etwas auszudenken, was ihnen, den stark beanspruchten Lungen, Erleichterung verschafft. Das gibt dem Pferd einen Grund sein Verhalten zu ändern, denn das, was es gerade tut, ist nicht dazu geeignet, seine Lungen – oder auch seine Muskeln – zu »erlösen«.

Nun beginnt sein Gehirn nach anderen Möglichkeiten zu suchen. Kann es sich der Prozedur entziehen, indem es die Richtung wechselt? Darf es anhalten? Kann es über den Zaun oder unter dem Zaun hindurch entkommen? Kann es seinen Peiniger treten oder ihn angreifen?

Das Pferd hat zahllose Möglichkeiten, nicht nur zwei – und es ist wichtig, dass wir das in unserem Trainingsprogramm berücksichtigen. Wir tendieren dazu, zu denken, dass unser Pferd nur nach rechts kann, wenn wir am rechten Zügel ziehen. In Wahrheit hat es jedoch einige Optionen: Es kann steigen, sich hinlegen, rückwärts gehen, vorwärts gehen, sich hinfallen lassen, sich in jede Richtung drehen usw. Nach rechts abzuwenden ist also durchaus nicht seine einzige Alternative. In den Trainingsabschnitten im Roundpen ist das nicht anders.

Wenn Sie das Pferd im Kreis laufen lassen, beginnen Sie damit, ihm beizubringen, was Sie eigentlich von ihm wollen. Es wird schnell begreifen, dass es immer dann, wenn es uns anschaut, nicht weiterlaufen, d.h. nicht arbeiten muss. So findet es Erleichterung – seine

Lungen bestätigen ihm die Richtigkeit seiner Entscheidung.

Wir »bedienen« uns also der Lungen des Pferdes um es außer Atem zu bringen. Weil wir dem Pferd natürlich keinen Schaden zufügen wollen, müssen wir vorsichtig und bedächtig vorgehen. Wenn die Lungen des Pferdes schmerzen, wird sich seine Haltung verändern. Beachten Sie jedoch den Unterschied: »Wenn die Lungen schmerzen« heißt nicht »wenn das Pferd müde wird«. Wenn alles, was wir tun, ist, das Pferd müde zu machen, wird die Motivation nicht stark genug sein um dauerhaft zu wirken; die Lektion wird dann Tag für Tag wiederholt werden müssen und dauert immer länger, denn das Pferd bekommt dabei immer mehr Kondition.

Verstehen Sie das Ganze nicht falsch. Schmerz hat verschiedene Erscheinungsformen und das, wovon wir hier sprechen, ist für das Pferd sehr viel weniger schmerzhaft als viele andere Trainingsprozeduren. Der Schmerz, von dem wir hier reden, ist der gleiche, den wir empfinden, wenn wir laufen und außer Atem kommen. Doch diese Art von Schmerz ist dem Pferd Anlass (oder Motivation) genug um seine Einstellung uns gegenüber zu ändern.

Wenn das passiert ist, wird der Lernprozess für beide einfacher.

Wenn das Pferd recht bequem mit einem Tempo von rund 15 km/h im Roundpen rundläuft, sollten wir sein Tempo auf gut 20 km/h erhöhen. Es ist wichtig, dass wir sein Tempo kontrollieren können und dass das Pferd dies auch weiß.

Während dieses Prozesses beginnen wir ein großes Tier zu kontrollieren ohne es jemals angefasst zu haben. Dem Pferd und dem Trainer wird dies gleichzeitig klar. Aufgrund dieses Lernprozesses gibt das Pferd schließlich mehr und mehr Kontrolle an uns als Trainer ab – wir steigen immer höher in der Rangordnung. Genauso wie es einem ranghöheren Pferd in der Wildnis die nötige Aufmerksamkeit schenkt, so wird es dies auch bei uns tun.

Diese Lektionen werden sich umso stärker einprägen, als das Pferd sie Schritt für Schritt gelernt hat. Und sie sitzen sicherer und länger, weil das Pferd selbst auf die richtige Lösung gekommen ist.

Die Bewegungen des Pferdes kontrollieren

Jetzt werden wir uns das nächste Ziel setzen, nämlich die Bewegungen des Pferdes zu kontrollieren. Wir werden von ihm ganz bestimmte Bewegungen verlangen und nicht mehr erlauben, dass es ziellos im Roundpen herumwandert.

Es ist in jeder Phase des Trainings wichtig, dass wir keine Schritte überspringen – in der Phase der Bewegungskontrolle ist es jedoch besonders wichtig. Wir werden das Pferd Schritt für Schritt durch ein Trainingsprogramm führen, welches ihm klarmacht, dass wir immer die Kontrolle haben. Das ist die bedeutendste Lektion in unserem gesamten Programm.

Wir beginnen mit der einfachsten Sache der Welt: der Kontrolle der Bewegungsrichtung. Die eigentliche Richtung – links oder rechts – ist nicht von Bedeutung. Links nehmen wir hier nur als Beispiel. Wichtig ist allein, dass das Pferd in die Richtung läuft, die Sie haben wollen, denn das festigt beim Pferd das Bewusstsein, dass Sie die Kontrolle haben.

Das Pferd hat sich entschieden zu laufen – aber wir haben die Richtung bestimmt, in die es laufen wird. Zuerst läuft es aus Angst – und denkt, es hätte die Kontrolle, weil es davonläuft. Zu diesem Zeitpunkt kann das Pferd seine Aufmerksamkeit durchaus noch auf verschiedene Dinge richten und es wird vielleicht nach außen, von uns weg blicken. Wir lassen es etwa vier Runden in eine Richtung laufen, bevor wir entscheiden, dass es nun Zeit für einen Richtungswechsel ist.

Um die Richtung des Pferdes zu wechseln, gehen Sie vom Pferd weg auf die andere Seite des Roundpen. Wenn sich das Pferd Ihnen auf seinem Rundkurs nähert, bewegen Sie sich deutlich und schnell auf das Pferd zu – fast bis zum Zaun. Das lässt dem Pferd wieder einige Möglichkeiten: Es kann Sie überrennen, es kann anhalten und Sie anschauen oder es macht kehrt und läuft in die andere Richtung.

Wenn Sie merken, dass das Pferd Sie über den Haufen rennen wird, machen Sie lieber einen Schritt zur Seite und lassen es vorbei. Wenn es dann auf der nächsten Runde wieder vorbeikommt, wird es wahrscheinlich eher die Richtung wechseln als es auf eine Konfrontation mit Ihnen ankommen zu lassen. Mit der Zeit wird die Kommunikation zwischen Ihnen und Ihrem Pferd besser und die richtigen Reaktionen des Pferdes kommen rascher. Seine »Umsetzungsgeschwindigkeit« wird schneller – also die Zeit zwischen Ihrer Forderung und seiner Reaktion.

Wenn das Pferd zwar reagiert, aber nur den halben Zirkel abschneidet und auf der gleichen Hand bleibt (in dem Fall auf der linken), drehen Sie um, so dass Sie wieder hinter das Pferd kommen, lassen es noch eine Runde links weiterlaufen und versuchen es nochmal mit der Wendung nach rechts.

Die Richtungsänderungen sind auch hilfreich, wenn ein Pferd hypernervös im Roundpen herumstürmt. Während Sie es stoppen und wenden lassen, geben Sie ihm gleichzeitig eine Chance kurz zu Atem zu kommen.

Das nächste Teilziel wird sein, das Pferd erneut die Richtung wechseln zu lassen. Wir gehen davon aus, dass das Pferd sich nun auf der rechten Hand befindet. Wir lassen es wieder etwa vier Runden laufen, bevor wir es zu einer Wendung auffordern. Wenn das Pferd jedoch schon nach drei Runden rechtsherum von sich aus – ohne Aufforderung unsererseits – die Richtung nach links wechseln will, dann werden wir das, so schnell es uns möglich ist, korrigieren und es noch ein paar Runden rechts weiterlaufen lassen. Dann erst werden wir es zu einer Wendung nach links auffordern.

Das Pferd beginnt nun zu begreifen, dass es nicht nur vor uns davonläuft, sondern dass wir es auch treiben. Das ist so ähnlich wie bei der Bärenjagd. Sie jagen den Bären und auf einmal wird der Spieß umgedreht und der Bär jagt Sie. Das ändert die Dinge ganz schnell. Das Pferd sagt sich nun: »Hoppla, der Typ jagt mich ja.«

In der dritten Runde fragt es sich schließlich: »Okay – ich laufe weg und du treibst mich. Kann ich wenigstens meine Richtung frei wählen?«

Wenn das Pferd die Richtung ohne Aufforderung wechselt, beeilen Sie sich es wieder in die Richtung zu bugsieren, die Sie wollen. Damit sagen Sie ihm Folgendes: »Pass auf – ich habe dir das nicht erlaubt! Ich bin es, der die Richtung festlegt – nicht du.«

Damit antworten Sie auf seine Frage. Und damit beginnt Ihr Dialog mit dem Pferd.

Es ist wichtig, dem Pferd genug Zeit zu geben herauszufinden, was wir von ihm erwarten. Es ist nämlich ein gravierender Unterschied, ob wir das Pferd irgendwie dazu bekommen, dass es das tut, was wir wollen, oder ob es selbständig lernen kann, wie es mit unseren Forderungen umgehen soll.

Wir setzen nun die Richtungswechsel eine Weile fort – so lange, bis wir eine zuverlässige Reaktion von ihm bekommen: Es dreht immer dann, wenn wir es dazu auffordern. Denken Sie aber daran: Es geht nicht darum, das Pferd zu jagen, sondern darum, seine Bewegung zu kontrollieren.

Jetzt können wir auf ein weiteres Teilziel hinarbeiten. Wir werden etwas spezifischer in unseren Forderungen; wir verlangen von ihm den Richtungswechsel immer an einem bestimmten Pfosten. Dazu suchen wir uns im Geiste einen Pfosten aus um auszuprobieren, wie nahe wir es mit der Nase an diesen Pfosten heranbringen, wenn wir den Richtungswechsel fordern.

Wir machen dazu nichts anderes als vorher – nur dass wir für uns selbst einen Punkt für den Wechsel festlegen. Wenn das Pferd zu früh wendet, sagt es uns, dass wir es zu früh aufgefordert haben. Wenn es erst 5 Meter hinter dem Pfosten die Richtung wechselt, dann ist klar, dass wir es zu spät danach gefragt haben. Durch das Festlegen eines bestimmten Wendepunktes können Sie testen, wie gut Ihr Pferd und Sie sich verstehen.

Um Ihr Timing zu korrigieren, kann es sein, dass sie näher an den Pfosten heran oder weiter entfernt bleiben müssen, wenn Sie Ihr Pferd zum Wenden auffordern.

Wenn wir das Pferd so weit haben, dass es sicher an diesem Pfosten wendet, gehen wir einen Schritt weiter und fordern das Pferd nicht nur zu einem Richtungswechsel auf, sondern verlangen zusätzlich, dass es sich dabei zu uns dreht. Wenn Sie das Pferd zu einer Wendung nach innen veranlassen wollen, dürfen Sie nicht Richtung Pfosten gehen.

Je näher Sie am Pfosten sind, desto weniger Raum hat das Pferd um nach innen zu wenden. Indem Sie von dem Pfosten weggehen, lassen Sie dem Pferd genug Platz, um seine Wendung nach innen auszuführen. (Andererseits sollten Sie in einer direkten Linie auf den Pfosten zugehen, wenn Sie das Pferd auf jeden Fall zu einer Wendung nach außen veranlassen wollen.)

Nehmen wir also an, dass Sie einen Pfosten ausgewählt haben, an dem es nach innen wenden soll. Stattdessen wendet es aber nach außen. Wenn das passiert, veranlassen wir es so schnell wie möglich wieder in die ursprüngliche Richtung zu drehen.

Damit setzen wir den Dialog fort. Das Pferd fragt: »Ist es das, was du von mir willst?« Und Sie antworten durch Ihre Reaktion: »Nein – das war es nicht.«

Wenn es wieder nach links gedreht hat, lassen Sie es zwei Runden laufen, wählen Ihren Pfosten erneut und starten einen neuen Versuch. Stoppen Sie es wieder möglichst schnell, wenn es nach außen wendet, und schicken Sie es zurück in die Richtung, in die es vor dem missglückten Manöver lief. Je schneller Sie es wieder zum Richtungswechsel veranlassen, desto schneller antworten Sie ihm. Das Pferd wird verstehen, was es soll, wenn Sie deutlicher werden. Je klarer Sie mit ihm kommunizieren, desto mehr wird es verstehen. Wenn das Pferd das erste Mal nach außen auf die rechte Hand dreht (statt die Wendung nach innen auszuführen), lassen Sie es eine ganze Runde laufen, bevor Sie es wieder am Pfosten stoppen, bei der zweiten falschen Wendung nur noch eine halbe Runde. Fahren Sie fort es nach einer halben Runde zu stoppen, wenn es weiter nach außen wendet. Verlangen Sie weiterhin einen Richtungswechsel mit einer Wendung nach innen und nach ein paar Minuten wird das Pferd schließlich nach innen wenden.

Um es nochmal zu wiederholen: Unser Teilziel ist, dass das Pferd nach innen wendet und auf der rechten Hand weiterläuft. Sobald es ansetzt, die Wendung nach innen auszuführen, gehen Sie zurück und geben ihm genug Raum seine Wendung zu Ende zu bringen, bevor es auf der rechten Hand wieder außen herumläuft.

Achten Sie darauf, diese Übung auf jeder Hand gleich oft zu trainieren. Sie brauchen nicht unbedingt die Lektion erst auf einer Hand zu perfektionieren, doch es ist einfacher, wenn Sie das tun. Je sicherer Sie das Pferd dazu veranlassen können, sich zu Ihnen zu drehen, desto mehr Kontrolle haben Sie. Vergewissern Sie sich, dass Ihr Pferd diese Lektion verstanden hat, denn darauf bauen die nächsten Lektionen dieses Trainingsprogrammes auf – jeder Schritt ist die Grundlage für den nächsten.

Wir sind nun so weit, dass wir das Pferd nach rechts und links wenden und es dazu veranlassen können, sich zu uns zu drehen – und haben es immer noch nicht berührt. Es ist noch nicht halfterführig – trotzdem können wir es schon ganz gut kontrollieren.

Unser nächstes Teilziel wird sein, das Pferd dazu zu bringen, anzuhalten. Uns muss bewusst sein, dass es für das Pferd viel anstrengender ist, die Richtung zu wechseln, als immer weiter vorwärts zu laufen. Beim Richtungswechsel muss es zuerst stoppen und dann in die andere Richtung wieder starten. Der Stopp, den das Pferd dabei ausführt, dauert zwar nur den Bruchteil einer Sekunde – aber wir haben an dieser Stelle einen Stopp. Wir müssen also nur weiterentwickeln, was wir an dieser Stelle bereits erhalten haben, und bekommen dann vielleicht einen Stopp für eine Sekunde, schließlich für zwei oder drei Sekunden. Je öfter wir das Pferd die Richtung wechseln lassen, desto eher wird es geneigt sein dabei eine längere Pause einzulegen. Immer wenn es die Richtung wechselt oder stoppt, gehen Sie einen Schritt zurück und lassen es in Ruhe – egal, in welche Richtung es dann gerade schaut. Dabei lernt es, dass es in Ordnung ist zu stoppen. Denken Sie daran: Wir sind nicht daran interessiert, das Pferd zu ermüden – wir wollen es nur kontrollieren.

Wir bekommen nun eine antrainierte Antwort vom Pferd – das ist der Kern unseres Trainingsprogrammes. Wenn wir eine (wenn auch kurze) Pause konsequent abrufen können, bauen wir darauf auf, indem wir das Pferd dazu bringen, beim Stopp länger und länger stehen zu bleiben.

Unser nächstes Teilziel wird sein, das Pferd zu einem Stopp zu veranlassen, bei dem es den Kopf nicht mehr zum Zaun hin dreht. Solange es immer wieder nach außen schaut, denkt es daran, den Schauplatz zu verlassen. Wenn das Pferd nach innen blickt oder zumindest geradeaus, dann schenkt es dem Trainer seine Aufmerksamkeit. Solange es nicht demonstrativ seinen Kopf nach außen über den Zaun hängen lässt, brauchen Sie sich darüber jedoch noch keine Gedanken zu machen.

Nochmal: Eine unserer obersten Trainingsregeln ist, das Pferd in Bewegung zu setzen. Wenn wir von ihm verlangen nach innen zu schauen, dann fordern wir es auf den Hals und den Kopf nach innen zu drehen. Um diese Bewegung zu erhalten, machen wir ein lautes schnalzendes Geräusch. Diese akustische Hilfe werden wir in Zukunft immer dann geben, wenn wir Bewegung wollen. Wenn wir schnalzen und das Pferd bewegt den Kopf nicht zu uns, dann tun wir, was immer nötig ist, um irgendeine Bewegung von ihm zu erhalten. Wir können uns auf die Schenkel klopfen, mit den Armen fuchteln oder sonst etwas tun, was das Pferd erschrecken könnte.

Durch diesen Reiz wird das Pferd unter Umständen losrennen. Wenn es das tut, dann machen Sie ihm noch ein wenig mehr Druck und sagen ihm damit: »Wenn du schon nicht aufpasst, dann trab gefälligst, Bursche.« Dann stoppen wir es wieder, so schnell wir können, und versuchen es erneut. Lassen Sie es eine viertel Runde laufen – wenn Sie danach wieder nicht in der Lage sind seinen Kopf nach innen zu bekommen, dann bewegen Sie erneut seinen ganzen Körper, bevor Sie wieder von vorn beginnen.

Wiederholen Sie die Prozedur so lange, bis Sie erreichen, dass es seinen Kopf nach innen wendet, wenn Sie schnalzen. Immer wenn das Pferd nach innen schaut, gehen Sie einen Schritt zurück und verhalten sich ruhig. Stehen Sie einfach still. Sie können auch mit Stimmhilfen arbeiten – loben Sie es mit »Guter Junge«, »Brav gemacht« o. Ä. Zur Wiederholung: Sie kommunizieren mit Ihrem Pferd – mit Ihrem Verhalten und Ihrer Stimme sagen Sie ihm, dass es richtig war, was es getan hat.

Wenn wir die richtigen Reaktionen bekommen, können wir daran gehen, sie zu verbessern.

Eine Verbesserung bedeutet, die erwünschten Reaktionen über immer längere Zeiträume hinweg zu bekommen. Immer wenn das Pferd nach außen schaut, dann geben wir ihm ein Signal (wie das schnalzende Geräusch) um seinen Kopf und seine Aufmerksamkeit zurück zu uns zu bringen.

Wenn wir es immer schaffen, das Pferd mit dem Kopf nach innen zu stoppen, können wir den nächsten Schritt in Angriff nehmen.

Das Teilziel wird sein, das Pferd dazu zu bringen, stillzustehen und uns anzuschauen.

Um das zu erreichen, wollen wir es dem Pferd möglichst einfach machen. Wenn es – mit der Nase nach innen – steht, bewegen wir uns auf seine Vorhand zu und bleiben in etwa 3 bis 6 Meter Entfernung stehen – je nachdem, mit welcher Distanz das Pferd sich wohler fühlt. Dann versuchen wir die Zeitspanne, in der uns das Pferd anschaut, immer länger auszudehnen. Wie lange wir dort stehen bleiben, hängt vom Pferd ab. Das Wichtige an dieser Lektion ist, dass das Pferd uns anschaut, wenn wir es dazu auffordern.

Es kann vorkommen, dass das Pferd nach Erlernen dieser Lektion denkt, es müsse immer stoppen und uns anschauen. Wenn wir es von uns wegschicken wollen und es uns stattdessen anschaut, können wir die ersten Lektionen in diesem Kapitel wieder anwenden (das Pferd in Bewegung setzen) um es fortzuschicken.

Es ist wichtig, dass das Pferd hundertprozentig auf unsere Forderungen reagiert, statt das zu tun, was es selbst für richtig hält.

Das Pferd berühren

Unser nächstes Teilziel wird sein, sich dem Pferd zu nähern und seinen Kopf zu reiben.

Wie nah Sie dem Pferd kommen dürfen, ist von Fall zu Fall unterschiedlich. Es ist klar, dass Sie sich viel schneller einem Pferd nähern können, welches schon an Menschen gewöhnt und halterführig ist, als einem wild aufgewachsenen Dreijährigen, der noch keinen näheren Kontakt mit Menschen hatte. Bei einem rohen Pferd kann es gut sein, dass Sie nicht näher als etwa 10 Meter herankommen, bevor es Angst bekommt und wegläuft.

Behalten Sie Ihr Ziel stets im Auge – es ist in diesem Fall nicht so, dass Sie das Pferd in Bewegung setzen sollen, sondern Sie sollen es dazu bringen, stehen zu bleiben. Wenn wir auf 6 Meter an es herankommen können, ohne dass es sich bewegt, dann ist das unser Ausgangspunkt.

Während dieser Übung dürfen wir keine Gegenstände in der Hand halten, die das Pferd in irgendeiner Weise als Bedrohung empfinden könnte. Wir werden ihm nicht die Hand entgegenstrecken, als ob wir es füttern wollten, und nicht versuchen es zu streicheln, denn alle diese Aktionen könnten dazu führen, dass es sich unbehaglich oder sogar bedroht fühlt.

An diesem Punkt weiß das Pferd nicht, was wir von ihm wollen. Wenn wir anfangen auf es zuzugehen und es bewegt sich von der Stelle oder macht kehrt und rennt davon, dann bleibt bei ihm doch ein leiser Zweifel bestehen, was wir denn nun wirklich von ihm wollten. Wenn wir es jedoch dazu bringen können, 6 Meter entfernt stehen zu bleiben, und uns dann umdrehen und weggehen, dann wird das Pferd zweifellos überrascht sein und denken: »Ist das alles, was er will – einfach nur nahe an mich herankommen?«

Wir sind nun bei einem Abschnitt unseres Trainings angelangt, an dem wir die Reaktion bekommen, die wir wollten. Nun werden wir die Reaktion verbessern, indem wir die Bedingung wiederherstellen (die gleiche Aktion wiederholen, die zu der Reaktion geführt hat).

Wir werden uns also wieder auf 6 Meter nähern, umdrehen und uns wieder entfernen. Wenn wir ohne Probleme immer wieder auf 6 Meter herankommen können, ohne dass sich das Pferd bewegt, dann versuchen wir einen Schritt näher zu kommen, sagen wir auf 5 oder 5,5 Meter, bevor wir uns wieder entfernen.

Wenn das Pferd aufgrund des nun geringeren Abstands wegläuft, liegt das wieder daran, dass es sich nicht sicher ist, was von ihm erwartet wird. Wir geben ihm dann die Möglichkeit von allein zu stoppen, sich zu uns zu drehen und uns anzusehen. Dann können wir zu dem bereits akzeptierten Abstand zurückkehren und die Sequenz von »Anhalten, Umdrehen, Zurückgehen« wiederholen, bis es weniger misstrauisch wirkt. Dann versuchen wir wieder eine Annäherung auf 5,5 Meter. An jedem Punkt, an dem wir das Gefühl haben, dass das Pferd im Begriff ist die Flucht zu ergreifen, ist es besser, sich zurückzuziehen als darauf zu warten, dass das Pferd seine Absicht in die Tat umsetzt und seinen Standort verlässt. Auf diesem Weg erhöhen wir jeweils seine innere Anspannung und Unsicherheit, wenn wir uns nähern, um dann wieder eine Entspannung zu bewirken, indem wir uns entfernen. Diese Geste stellt keine Bedrohung für das Pferd dar

und bewirkt eine Änderung der Einstellung des Pferdes; es wird vielleicht denken: »Inzwischen würde es mich wirklich interessieren, was er von mir erwartet.«

Wir setzen unsere Annäherungsversuche mit der obigen Methode fort, bis wir nur noch einen halben Meter entfernt direkt vor dem Pferd stehen. Dreht das Pferd dabei den Kopf von uns weg, so entfernen wir uns und machen dabei das schnalzende Geräusch. Damit fordern wir das Pferd auf seinen Kopf und damit seine Aufmerksamkeit wieder auf uns zu richten.

Wenn ich spüre, dass das Pferd nicht mehr davonlaufen will, strecke ich meine Hand aus um es zu reiben. Nicht an der Nase, sondern zwischen den Augen. Die Nase ist zu sensibel – und wenn ich es dort berühre, ist die Gefahr viel größer, dass es zurückschreckt und wegläuft. Ich berühre es also für ein oder zwei Sekunden zwischen den Augen, bevor ich mich umdrehe und weggehe. Es soll wissen, dass das alles war, was ich von ihm wollte. Diesen Schritt sollten Sie einige Male wiederholen.

Denken Sie an die Streichelregeln, die wir im ersten Kapitel besprochen haben – keine harten Klapse und nicht kitzeln. Ein festes Reiben ist am besten.

Es ist wichtig, dass Sie dem Pferdekopf nicht mit der Hand folgen, wenn er sich bewegt. Wenn Sie das tun, wird das Pferd den Kopf immer weiter von Ihnen wegbewegen – so lange, bis sich sein ganzer Körper in Bewegung setzt und Sie schließlich wieder die Rolle des Verfolgers im Roundpen innehaben.

In diesem Stadium des Trainings soll das Pferd Sie immer mit beiden Augen ansehen.

Nun können wir das Pferd schon eine

42

Weile zwischen den Augen berühren und reiben. Das Pferd lernt, dass es umso weniger arbeiten (d. h. laufen) muss, je länger es stillsteht und sich von uns den Kopf reiben lässt. Das ist eine starke Motivation für das Pferd, bei uns stehen zu bleiben. In der Lage zu sein, das Pferd streicheln zu können, hat noch einen anderen Vorteil. Wir können das Streicheln als Zeichen der Anerkennung benutzen. In allen Trainingsbereichen können wir das Lernen des Pferdes erleichtern, indem wir ihm deutlich zu verstehen geben, dass es richtig reagiert hat, statt es nur raten zu lassen. Ein Streicheln oder Reiben wird ihm sagen, dass wir erfreut sind und dass es richtig auf unsere Forderung reagiert hat.

Auch Stimmhilfen sind eine gute Sache. Manche Leute reden gerne mit ihren Pferden, andere nicht. Wenn Sie mit Ihrem Pferd reden wollen – nur zu, es ist eine nützliche Zusatzhilfe. Das Pferd wird sich dabei an Ihre (und meine) Sprache gewöhnen. Ich habe allerdings bis jetzt das Wort »Whoa« im Roundpen noch nicht benutzt, denn ich konnte das Pferd noch nicht kontrollieren. Ich konnte es nicht sicher stoppen, sondern habe ihm immer nur die Möglichkeit zum Anhalten gegeben.

Das stärkste Halfter der Welt

Unser letztes Teilziel in diesem Stadium des Trainings ist es, die Aufmerksamkeit des Pferdes auf uns zu fixieren – egal, wo wir sind oder wohin wir uns bewegen.

Wir gehen genauso vor wie in der Phase, in der das Pferd über den Zaun nach außen geschaut hat.

Wir haben das Pferd gestreichelt und

stehen ein paar Schritte vor seinem Kopf. Immer wenn das Pferd seinen Kopf zum Boden senkt oder von uns wegsehen will, geben wir ein Schnalzen von uns um seine Aufmerksamkeit zurückzugewinnen. Auf diese Weise lernt es, dass es nicht arbeiten muss und dass wir es nicht belästigen, wenn es uns seinen Kopf zuwendet.

Wenn wir das Pferd so weit haben, dass es uns konstant anschaut, beginnen wir uns in Richtung Roundpenmitte von ihm wegzubewegen. Das Pferd sollte am Zaun stehen bleiben und uns dabei die ganze Zeit anschauen. Dreht es den Kopf weg, während wir uns von ihm fortbewegen, so schnalzen wir und geben ihm damit das Signal seinen Kopf – und seine Aufmerksamkeit – wieder auf uns zu richten.

Schließlich sollten wir in der Lage sein etwa in Höhe seiner Hüfte 3 bis 5 Meter entfernt zu stehen und das Pferd dazu zu bringen, seinen Hals nach hinten zu biegen und uns eine immer länger werdende Zeitspanne anzusehen.

Wenn wir so stehen, werden die Halsmuskeln des Pferdes irgendwann ermüden und es wird versuchen die Halsbiegung über die Schulter auszugleichen. Wenn es das tut, wird es seine Füße bewegen, sich dabei drehen und uns (wieder) anschauen. Es ist unnötig, ein 500 Kilogramm schweres Pferd ganz unter Kontrolle zu bekommen – Sie brauchen nur einen Teil davon zu kontrollieren. Wenn wir die Nase des Pferdes einen halben Meter weit in ein Tor hineinbekommen, stehen die Chancen ziemlich gut, dass der Rest nicht weit dahinter ist.

Die Lektionen, die das Pferd in diesem Kapitel gelernt hat, machen es sehr viel angenehmer im Umgang. Wir haben ihm beigebracht sich immer umzudrehen und uns anzuschauen, wenn wir es dazu auffordern. Wenn wir also in seine Box kommen oder die Koppel betreten, wird es uns nicht die Kehrseite zuwenden und verschwinden. Das ist der erste Schritt, ihm beizubringen sich einfangen zu lassen. Er gibt uns die Möglichkeit das Pferd so zu kontrollieren, dass wir uns nicht von hinten nähern müssen um es einzufangen. Diese Übung ist außerdem die Grundlage für das Ground-Tying und für das Stillstehen beim Satteln. Zudem festigt sie das Wissen des Pferdes, dass wir immer und überall die Kontrolle haben. Sie entwickelt seine Fähigkeit aufmerksam zu sein und lehrt es uns nicht zu ignorieren, wenn wir in die Box oder auf die Weide kommen. Der Roundpen ist dabei hilfreich – er wird jedoch nicht alle Probleme im Vorfeld lösen, die später beim Reiten auftreten können.

Die beschriebene Methode, mit der wir das Pferd dazu bringen, uns immer anzuschauen, werden wir später benutzen um Ängste des Pferdes zu überwinden – z. B. davor, seine Hufe aufheben zu lassen, seine Ohren ausrasieren zu lassen oder mit dem Schlauch abgespritzt zu werden.

Das Pferd geht nicht gerne schnell rückwärts. Wenn wir also z. B. Probleme haben seine Hufe zu heben und uns das Pferd dabei weglaufen will, so wird uns das Schnalzen dabei helfen, die Aufmerksamkeit des Pferdes wiederzubekommen. Es erinnert sich an die schnalzende Stimmhilfe, wird sich drehen um

uns anzuschauen und schließlich stehen bleiben.

Wir haben somit das stärkste Halfter samt Führstrick entwickelt, das man sich vorstellen kann – oder sind zumindest auf dem besten Weg dazu, es zu schaffen: Es handelt sich dabei um die volle Aufmerksamkeit des Pferdes und seine körperliche und geistige Zuwendung zum Menschen.

Schritte, um die Kontrolle zu erringen

Wir wollen nun die acht Teilziele wiederholen, die wir erreichen müssen, um die Kontrolle über das Pferd zu bekommen.

1. Sie können das Pferd dazu bringen, sich zu bewegen.
2. Sie können die Richtung, in die es sich bewegt, kontrollieren.
3. Das Pferd wechselt auf Ihr Kommando die Richtung.
4. Das Pferd stoppt und bleibt stehen, wenn Sie es dazu auffordern.
5. Das Pferd wendet den Kopf in Ihre Richtung.
6. Das Pferd schaut Sie über längere Zeiträume hinweg an.
7. Das Pferd erlaubt Ihnen sich zu nähern und seinen Kopf zu berühren.
8. Das Pferd richtet seine Aufmerksamkeit auf Sie – egal, wo Sie sich befinden oder wohin Sie sich bewegen.

KAPITEL 3

Ans Halfter gewöhnen und führen

Nachdem wir wissen, dass Pferde, wie Menschen, unterschiedlich schnell lernen, können wir die folgenden Lektionen über mehrere Abschnitte oder auch über mehrere Tage verteilen. Lassen Sie sich Zeit dabei.

Dem jungen Pferd beibringen sich führen zu lassen

Wenn Sie mit einem jungen Fohlen arbeiten, welches noch nicht abgesetzt ist, tun Sie das im Roundpen. Binden Sie die Mutter außerhalb des Roundpen an. Auf diese Weise wird das Fohlen nicht im gesamten Roundpen herumlaufen, sondern sich in der Nähe seiner Mutter aufhalten. Wenn die Stute sich nicht anbinden lässt, führen Sie sie vom Roundpen weg und bringen sie woanders unter.

Das junge Pferd soll sich wohl fühlen, wenn Sie mit ihm umgehen. Es sollte daran gewöhnt werden, am ganzen Körper gestreichelt und abgerieben zu werden.

Wenn wir mit unseren Pferden arbeiten, benutzen wir keine Ketten auf der Nase, unter dem Kinn oder sonstwo am Pferd, denn diese verursachen nur zusätzliche Probleme für Mensch und Tier.

Die Übungen, die wir gemacht haben, um Kontrolle über die Bewegungen des Pferdes zu erringen (siehe Seite 37 ff.), müssen sicher sitzen, bevor wir dem Fohlen ein Halfter anlegen und mit den Lektionen zum Führen beginnen.

Wenn Sie mit einem Pferd arbeiten, welches noch wenig Umgang mit Menschen hatte, dann ist es besonders wichtig, das Aussacken, das in Kapitel 5 erläutert wird, voranzustellen. In diesem Kapitel werden zwei weitere entscheidende Schritte beschrieben, die gemacht werden sollten, bevor Sie damit beginnen, das Fohlen ans Halfter zu gewöhnen.

1. Sie müssen das Pferd am ganzen Körper streicheln können.
2. Das Pferd muss es dulden, am ganzen Körper mit einem Lasso oder Seil berührt zu werden.

Erst wenn das Pferd bei der Berührung mit der Hand und dem Seil völlig entspannt bleibt, ist es so weit ans Halfter gewöhnt zu werden.

Wir beginnen damit, das Fohlen ein oder zweimal im Roundpen herumzuschicken. Wenn Sie mit einem sehr jungen Pferd arbeiten, lassen Sie es nie mehr als drei Runden laufen ohne es anhalten und ausruhen zu lassen. Es ist wichtig, junge Pferde nicht zu sehr zu strapazieren, denn ihre Lungen und Beine sind noch nicht so belastbar. Wie stark Sie sie fordern können, hängt vom Alter, der Kondition und auch vom Wetter ab. Noch einmal: Wenn Temperatur und Luftfeuchtigkeit sehr hoch sind, können Sie nicht allzu lange mit dem Pferd arbeiten.

Fordern Sie von dem Fohlen, dass es Sie anschaut. Lassen Sie es im Roundpen nicht einfach nur rundum laufen, sondern lassen Sie es auf einem kurzen Stück hin und her wenden.

Wenn Sie zum ersten Mal das Halfter anlegen, machen Sie keine hastigen Bewegungen und versuchen Sie nicht das Pferd schnell zu packen. Das Pferd soll entspannt sein, wenn wir ihm das Halfter anlegen; das ist wichtiger als das Halfter gleich korrekt zu platzieren. Das kann bedeuten, dass das Halfter schief sitzt, schräg über nur einem Ohr herunterhängt oder sonstwie »falsch« liegt. Wenn wir dann nicht die Nerven verlieren und weiterhin langsam und vorsichtig arbeiten, wird es das Fohlen hinnehmen ohne sich zu fürchten oder zu widersetzen.

Wenn es erst einmal das Halfter akzeptiert hat, bringen wir dem Fohlen bei sich führen zu lassen. Für diese Übung lassen wir ihm das Halfter am Kopf und benutzen zusätzlich einen Jutesack. Es gibt mehrere Gründe diesen Sack zu verwenden. Wenn wir ein Lasso um den Pferdekörper schlingen, könnte das zu Hautabschürfungen führen. Zudem möchten wir den Zug, den wir mit dem Führseil ausüben, möglichst großflächig auf dem Pferdehals verteilen. Bei älteren Pferden kann es auch manchmal nötig sein, etwas stärker zu ziehen; wenn Sie dabei ein Halfter oder ein Lasso benutzen, kann es passieren, dass sich das Pferd am Kopf wund scheuert und deswegen überempfindlich reagiert.

Jeder Schmerz, der dem Pferd während des Trainings zugefügt wird, verlangsamt jedoch den Lernprozess, denn er lenkt das Pferd von dem ab, was es lernen soll, und richtet seine Aufmerksamkeit auf die Stelle des Schmerzes. Der Jutesack vermindert den Schmerz und die Angst – das Pferd lernt deswegen schneller – und wir kommen eher zu den gewünschten Ergebnissen.

Nehmen Sie den Sack und falten Sie ihn längs auf ein Drittel. Schneiden Sie ein paar Zentimeter unter dem oberen Ende ein Loch in den Sack, stecken Sie ein Seil hindurch und machen Sie einen festen Knoten, damit sich das Seil nicht löst.

Legen Sie den Sack auf den Hals des Pferdes – etwa eine Handbreit hinter seinem Kopf.

Der feste Knoten des Seils sollte so nah wie möglich an der Kehle des Pferdes sein. Ich mache zwei doppelte halbe Schlingen in das Seil – so dass das vordere Ende des Seils in Richtung der Ohren des Pferdes zeigt.

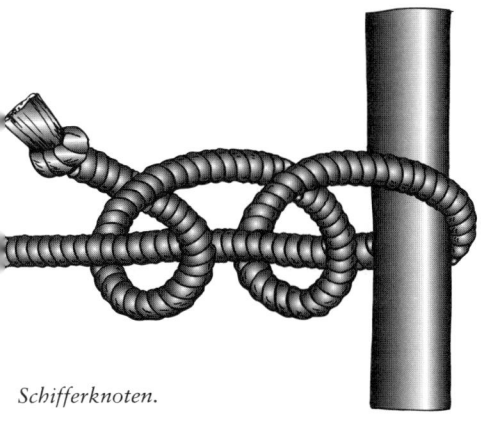

Schifferknoten.

wenden – dann belohnen Sie einen kurzen Blick oder ein kurzes Umwenden in Ihre Richtung.

Wenn es richtig reagiert, müssen wir ihm die Möglichkeit geben seinen Hals zu entspannen und zu strecken, bevor wir erneuten Zug ausüben. Wenn es sicher auf den Zug des Seils reagiert, verstärken wir den Zug um es dazu zu veranlassen, seinen Hals noch stärker zu biegen. An diesem Punkt wird das Pferd beginnen seine Beine zu bewegen, sich umwenden und zu uns drehen. Wenn es das tut, dann nimmt es den Druck von seinem Hals weg.

Es ist wichtig, diese Lektion auf beiden Seiten des Pferdes zu üben, damit es lernt dem Druck nach beiden Seiten gleichmäßig nachzugeben.

Achten Sie darauf, seinen Kopf loszulassen, wenn es seinen Hals in Ihre Richtung biegt. Wenn es beginnt seinen Hals wieder gerade zu machen (zu entspannen), straffen Sie das Seil sofort wieder, bevor sein Hals ganz gerade ist. Unser nächstes Teilziel wird sein, das Pferd dazu zu bringen, dem Zug des Seils zu folgen – und nicht vom Seil gezogen zu werden. Wir beginnen mit einem losen Seil. Wenn das Fohlen sich von uns fort bewegen will, nehmen wir das Seil vorsichtig auf und lassen es in einen leichten Zug hineinlaufen. Es wird den Widerstand spüren und stoppen.

Ein längeres Seil gibt uns mehr Zeit den Zug auf den Sack langsam zu verstärken. Zudem haben wir mit einem kurzen Seil nicht genug Zeit um langsam und weich zu reagieren, wenn das Fohlen losrennen sollte. Bei einem Fohlen ist die Versuchung groß es einfach mit Kraft zur Räson zu bringen und ihm zu zeigen, wer der Boss ist. Wenn Sie das tun, besteht jedoch bei einigen Fohlen die Gefahr, dass Sie ihnen wehtun. Las-

Ich ziehe das nicht zusammengebundene Ende des Sacks durch diese Schlinge, so dass der Sack dem Pferd bequem um den Hals liegt. Dann lege ich zwei weitere halbe Schlingen um den Sack herum. Diesmal ziehe ich den Knoten fest um zu verhindern, dass er sich um den Hals des Pferdes zuzieht.

Wenn wir mit dieser Übung bei einem Fohlen beginnen, das noch nie ein Seil oder eine andere Beschränkung kennen gelernt hat, dann werden wir nicht sofort fordern, dass es sich zu uns dreht und uns anschaut – wir begnügen uns damit, dass es den Druck kennen lernt und ihn akzeptiert.

Wir stehen ungefähr 2 Meter entfernt seitlich neben dem Pferd – etwa auf Höhe seiner Körpermitte. Nun beginnen wir eine Reihe von Übungen, indem wir langsam am Seil ziehen und das Pferd damit auffordern seinen Hals in die Richtung des Zuges zu biegen. Denken Sie daran, das Pferd bei dieser Übung immer dann zu belohnen, wenn es dem Zug, den Sie ausüben, nachgibt. Es bekommt seine Belohnung dadurch, dass Sie aufhören Zug auszuüben und das Seil loslassen. Anfangs wird sich das Pferd Ihnen vielleicht nicht voll zu-

47

sen Sie sich Zeit und behandeln Sie den Youngster so, als ob er Sie tatsächlich wegziehen könnte.

Die folgenden Übungen zeigen Ihnen Schritt für Schritt, wie Sie dem Fohlen beibringen geführt zu werden. Sie sind zudem dazu geeignet, das Führverhalten jedes Pferdes zu verbessern.

Wir lehren dem Fohlen das Geführtwerden, indem wir es dazu auffordern, sich zur Seite zu bewegen – nicht vorwärts. Das bedeutet, dass wir von jeder Seite des Pferdes aus Druck ausüben. Wir stehen auf seiner linken Seite und ziehen am Seil, bis es nachgibt – dann gehen wir auf seine rechte Seite und wiederholen die Prozedur, bis es den Hals biegt. Die Vorwärtsbewegung kommt erst, wenn es gelernt hat immer nachzugeben statt dagegenzuziehen oder gegen den Zug zu kämpfen.

Nochmal: Es ist wichtig, den Youngster für jede Tendenz sich in unsere Richtung zu bewegen, zu belohnen – auch wenn er sich nur wenig bewegt. Lockern Sie den Zug am Seil und loben und streicheln Sie das Fohlen.

Wir setzen diese Übung so lange fort, bis das Fohlen auf den leichtesten Zug am Seil beginnt seinen Körper zu drehen und uns zu folgen. Zuerst mögen es nur ein paar Schritte sein. Wenn es mehr und mehr Schritte in unsere Richtung macht, beschreiben wir schließlich einen Kreis, wenn wir uns immer weiter drehen und uns bemühen den Zug des Seils aufrecht zu erhalten. Wenn das Pferd ein oder zwei Schritte macht, halten Sie das Seil nur ganz leicht gespannt. Denken Sie daran: Wir wollen immer nur so wenig Druck wie möglich ausüben um die erwünschte Reaktion zu bekommen. Fordern Sie ein paar Schritte mehr und vergrößern Sie den Zirkel, den Sie selbst beschreiben – und

schließlich bewegt sich das Pferd mit Ihnen vorwärts.

Wenn das Fohlen nun vorwärts läuft, gehen Sie ein Stück zurück und fordern es auf, vor Ihnen zu laufen. Wenn es das tut, lassen Sie das Führseil eine Weile locker um dann wieder Druck aufzubauen, so lange, bis es reagiert und sich wieder zu Ihnen herumdreht. Denken Sie daran, den Zug wegzunehmen, sobald das Pferd sich Ihnen zuwendet. Fordern Sie es schließlich vorsichtig dazu auf, sich etwas schneller von Ihnen wegzubewegen. Diese Übung hilft Ihnen dem Pferd beizubringen, auf Druck/Zug am Hals (bzw. Halfter) nachzugeben statt Widerstand zu leisten.

Um zu verhindern, dass das Pferd am Führseil zerrt oder sich nachziehen lässt, lassen Sie es ein beträchtliches Stück vor Ihnen hergehen (etwa 3 bis 5 Meter). Das Pferd weiß schon durch die absolvierten Übungen im Roundpen, wann (auf welche Signale) es sich von Ihnen fort bewegen soll. Diese Distanz wird später reduziert, wenn es versteht, dass es sein Tempo anpassen muss um vor Ihnen zu bleiben, wenn Sie es von hinten treiben.

Um das Pferd in die letztendlich gewünschte Position, nämlich neben Ihre Schulter, zu dirigieren, stellen Sie sich neben seine Schulter und laufen auf seine Nase zu, wenden in engen Zirkeln erst nach rechts, dann nach links und bringen das Pferd dazu, um Sie herumzulaufen bzw. Ihnen auszuweichen.

Die Schritte bis zu diesem Punkt sind:

1. Das Pferd hat sich an das Halfter gewöhnt.
2. Das Pferd fühlt sich mit dem Jutesack um seinen Hals wohl.
3. Das Pferd hat den Zug des Führstricks akzeptiert.

4. Das Pferd reagiert und dreht sich zu uns, wenn es den Zug des Seils spürt.
5. Das Pferd beginnt uns zu folgen, wenn es leichten Zug am Seil spürt.
6. Das Pferd bewegt sich vor uns her, wenn wir es dazu auffordern.
7. Das Pferd lässt sich schließlich näher an unserer Schulter führen.

Nun können wir daran gehen, das Seil durchs Halfter zu ziehen. Der Jutesack bleibt auf dem Hals des Pferdes und das Seil wird zwischen dem Unterkiefer des Pferdes und dem Nasenriemen des Halfters hindurchgezogen.

Wenden Sie nun das Fohlen in engen Zirkeln nach rechts und nach links, so dass es sich an den Druck des Halfters auf seine Nase gewöhnt. Wenn dies im Schritt gut klappt, gehen Sie zum Trab über. Wie zuvor lassen Sie das Fohlen zuerst vor Ihnen arbeiten. Dann bringen Sie es langsam dazu, etwas näher bei Ihnen zu traben.

Schließlich ist es Zeit, den Sack zu entfernen und nur noch mit Halfter und Führseil zu arbeiten. Absolvieren Sie die gleichen Übungen wie vorher beschrieben. Das ist ein ausgezeichneter Einstieg in die Lektionen des Führens. Die Übungen vom »Sich-nicht-Anfassen-Lassen« bis hin zum Traben neben uns können in zwei Stunden absolviert werden. Doch denken Sie daran, dass die Trainingszeiten bei den einzelnen Pferden stark variieren – Sie können sich dafür genauso gut mehrmals am Tag eine halbe Stunde Zeit nehmen oder die Übung über mehrere Tage ausweiten.

Dem älteren Pferd beibringen sich führen zu lassen

Manchmal treffen wir auf ältere Pferde, welche schon Umgang mit Menschen hatten, denen jedoch die Grunderziehung und die Halfter- und Führlektionen fehlen.

Wir beginnen damit, mit diesen Pferden die in Kapitel 2 und am Anfang dieses Kapitels beschriebenen Lektionen durchzugehen. Dann legen wir dem Pferd das Halfter und schließlich den Jutesack an. Wenn es sich das Aufhaltern nicht gefallen lässt, ist das erstmal o.k. Dann arbeiten wir eben im Roundpen weiter daran, es nach rechts und nach links zu wenden und es aufzufordern sich zu uns zu drehen, statt den Kopf nach außen über den Zaun zu hängen. Irgendwann hat das Pferd die Nase voll und denkt bei sich: »Mein Gott, ich wünschte, er würde mich stehen lassen und mir das Halfter anlegen.«

Wenn das ältere Pferd schließlich das Halfter akzeptiert, gehen wir weiter vor wie beim Fohlen.

Wir stellen uns an die Seite, bauen Zug am Führstrick auf und lassen sofort locker, wenn das Pferd uns mit dem Kopf und später mit dem Körper folgt. Oft wird das ältere Pferd sich weigern vorwärts zu gehen und dagegenziehen, wenn es den Zug spürt. Die Heftigkeit dieser Reaktion wird davon abhängen, wie stark sich das Pferd »gefangen« fühlt.

Wir wollen jedoch kein Tauziehen veranstalten. Das wäre ein großer Fehler, denn ein Ziehkampf würde dem Pferd nur beibringen sich zu widersetzen und zurückzuzerren, wenn es angebunden wird.

Wir müssen im Gedächtnis behalten,

dass die Übungen, die wir absolvieren, wie Bausteine sind. Jeder Baustein ist wichtig und bildet die Basis für den nächsten. Wenn wir dem Pferd versehentlich beigebracht haben in irgendeinem Stadium der Ausbildung zurückzuzerren, wird sich dieser Fehler später im Training wieder zeigen. Oft liegen die Wurzeln eines Problems im schlechten Basistraining.

Immer wenn ein Pferd beim Führen zurückzieht oder sich sträubt, lenken Sie es sofort ab, indem Sie es – wie auch immer – dazu bringen, sich zu bewegen. Danach veranlassen Sie es dazu, sich in die Richtung zu bewegen, die Sie haben wollen. Erhalten Sie diese Bewegung. Erlauben Sie dem Pferd nicht sich gegen Sie zu sperren.

Wenn das Pferd sich weigert vorwärts zu gehen, wenden Sie es in kleine Zirkel. Genauso wie nicht jeder Mensch in einer ähnlichen Situation gleich reagiert, so wird auch nicht jedes Pferd gleich reagieren. Während das eine Pferd am Führseil sofort losläuft und es uns damit leicht macht, den Zug am Seil auszuüben, wird ein anderes sich vielleicht weigern auch nur einen Schritt vorwärts zu gehen.

Unser grundlegendes Roundpen-Training lehrt das Pferd sich umzuwenden und den Trainer anzusehen. Nachdem es das gelernt hat, kann es schwieriger sein, das ältere Pferd weit genug und lange genug von uns wegzuschicken um ihm beizubringen seinen Hals zu biegen und dem Zug des Seils nachzugeben. Versuchen Sie mit allen Mitteln das Pferd von sich wegzutreiben – mit lauten Geräuschen, mit der Longierpeitsche, mit einem Lasso oder was Ihnen sonst noch so einfällt.

Wenn das Pferd wegläuft, geben Sie leichten Zug auf das Seil. Wenn es den Zug spürt, kann es sein, dass es ein paar Buckler macht. Wenn das passiert, wird es höchstwahrscheinlich kurz darauf stoppen, wenden und Sie anschauen. Warum tut es das? Weil es schon gelernt hat, dass es in Ruhe gelassen wird, wenn es so reagiert.

Wenn wir das Pferd in dieser Phase nicht in Bewegung setzen können und es stur stehen bleibt, werden wir das nächste Mal noch ein viel größeres Problem haben. Halten Sie das Pferd in Bewegung ohne am Seil zu ziehen. Denken Sie daran: Nur in Bewegung können Sie ihm beibringen auf Ihre Forderungen zu reagieren.

Wenn ein Pferd sich weigert sich mit einem Seil zu bewegen, dann entfernen Sie das Seil und kehren zurück zu den Trainingsabschnitten Bewegen, Wenden und Sichentfernen auf Ihre Signale hin. In diesem Fall gehen wir folgendermaßen vor:

1. Wir kehren zu dem Abschnitt unseres Trainingsprogrammes zurück, an dem wir die »richtigen Antworten« vom Pferd bekommen können. In dem Fall bedeutet das: Das Pferd ohne Halfter dazu bringen, sich auf unser Kommando zu bewegen. 2. Wir bekommen die richtigen Reaktionen immer und immer wieder. 3. Auf diesen Reaktionen können wir dann schließlich aufbauen. In diesem Fall ist die gewünschte Verbesserung, dass wir das Pferd auch mit Halfter und Seil dazu bringen können, von uns wegzulaufen. Wenn wir das geschafft haben, können wir den nächsten Schritt in Angriff nehmen. Der wird sein das Pferd bis zum Ende des Seils von uns weglaufen und dort anhalten zu lassen. An diesem Punkt werden wir etwas Zug auf das Seil geben und es damit veranlassen seinen Hals in unsere Richtung zu biegen.

Wir können die Schnelligkeit der Reaktionen des Pferdes verbessern, indem wir es in schnellerer Gangart von uns wegschicken. Wenn es zu stark zieht, kehren wir jedoch zu einer langsameren Gangart zurück.

Danach werden wir vom Pferd verlangen vor uns zu laufen. Es wird evtl. gegen den Zug des Seils kämpfen und versuchen uns mitzuziehen. Während es so im Roundpen herumläuft, können Sie meist beobachten, wie es schließlich im Hals nachgibt und aufhört mit dem Kopf zu schlagen. Selbst der Zug am Seil wird weniger, wenn es seinen Hals in unsere Richtung biegt. Mit einiger Übung wird sich das Pferd entspannen, sich an den Zug des Seils gewöhnen und ihm nachgeben.

Führen bedeutet also nur, dass das Pferd dem Druck auf dem Halfter nachgibt. Alle unsere Übungen sollen so aufgebaut sein, dass das Pferd seinen Hals biegen und dem Zug nachgeben muss.

Eine fortgeschrittene Lektion besteht darin, das Seil von der anderen Seite über den Hals des Pferdes zu legen. Wenn Sie nun ziehen, wird es dazu veranlasst, Kopf und Körper von Ihnen wegzudrehen und so dem Zug des Seils (der von Ihnen wegführt) zu folgen. Das ist schwerer fürs Pferd, denn es hat sich daran gewöhnt, dem Zug durch Wenden in Ihre Richtung zu folgen.

Beginnen Sie auf der Seite zu ziehen, auf der auch das Seil hängt, und laufen Sie dann hinten um das Pferd herum und ziehen Sie von dort. Wenn das Pferd anfängt besser zu wenden, ist es nicht mehr nötig, auf die andere Seite zu wechseln, denn es wird in die Richtung wenden, auf der es den Zug fühlt, um Ihnen zu folgen.

Wenn wir all diese Übungen absolviert haben, wird sich das Pferd ohne große Mühe führen lassen. Je öfter Sie die Übungen wiederholen, umso besser das Resultat.

Zurückziehen – sich nicht anbinden lassen

Die meisten von uns hatten es schon irgendwann mit einem Pferd zu tun, welches sich gegen den Anbindestrick warf und nach hinten zog. Aber selbst Pferde, die das über Jahre hinweg getan haben, können lernen sich anbinden zu lassen und dabei still zu stehen. Wir müssen diese Lektion jedoch so lehren, dass das Pferd sie versteht und dass keiner – Mensch oder Tier – dabei verletzt wird.

Definieren Sie, wo das eigentliche Problem liegt – das ist hilfreich, wenn wir beginnen dem Pferd klarzumachen, dass wir es nicht mögen, wenn es Anbindepfosten, kleine Bäume oder auch uns »entwurzelt«.

Wenn ein Pferd am Anbindestrick zerrt, bekämpft es den Druck und den Zug auf dem Halfter. Es spielt keine Rolle, ob der Zug davon kommt, dass wir das Pferd nach vorne ziehen, oder davon, dass das Pferd nach hinten zerrt. Für das Pferd fühlt sich beides gleich an.

Unser Ziel ist es, das Pferd dazu zu bringen, ruhig angebunden zu stehen. Es ist sinnlos, das widerstrebende Pferd einfach an einem stabilen Pfosten festzubinden, denn dann beginnen wir unsere Lektion mit dem Ziel. Wenn wir mit dieser Methode fortfahren würden, bräuchten wir nur immer stabilere Halfter und Seile und würden nur den Widerstand des Pferdes erhöhen. Wir müssen dem Pferd stattdessen beibringen sich nicht zu widersetzen, wenn es den Druck des Halfters am Genick fühlt. Es muss lernen diesem Druck nachzugeben.

Bevor wir diese Lektion beginnen, sollten wir alle anderen Führübungen für das ältere Pferd absolviert haben. Auch wenn es sich gut führen lässt – immer wenn es Probleme mit dem Anbinden gibt, gehen Sie die Grundsatz-Lektionen mit ihm durch. Konzentrieren Sie sich auf die ersten Lektionen im Roundpen. Wenn Sie schließlich Halfter und Führstrick benutzen, üben Sie das Pferd von sich wegzuschicken und lassen Sie es dann sich Ihnen zuwenden.

Treiben Sie es anschließend vor sich her (dirigieren Sie es von hinten). Und üben Sie am Ende, es von der anderen Seite zu wenden, indem Sie das Seil über seinen Rücken ziehen. In all diesen Lektionen soll das Pferd darauf warten, dass wir ihm das Signal dazu geben, sich umzudrehen und uns anzusehen. Vergewissern Sie sich, dass es zuerst im Hals nachgibt, bevor es seine Beine bewegt und sich zu Ihnen umdreht.

Während wir diese Lektionen absolvieren, sind wir im Prinzip ein beweglicher Pfosten, an dem das Pferd angebunden ist. Wir benutzen die gleiche Jutesack-und-Halfter-Methode, die wir auch für das Fohlen verwenden, wenn wir die ersten Führübungen machen.

Als Nächstes steigern Sie ein wenig das Tempo, bevor Sie das Pferd auffordern sich zu Ihnen zu drehen. Ein leichter Zug sollte auch im Trab genügen, um das Pferd zu veranlassen seinen Hals zu biegen und schließlich zu entspannen, wenn es die Wendung ausführt.

Wenn Sie am Seil ziehen, begeben Sie sich hinter das Pferd, so dass der Zug fast direkt von hinten kommt und ihn das Pferd stärker spürt. Das gibt Ihnen die Möglichkeit einen schnelleren und

abrupteren Stopp zu bewirken. Dieser abrupte Stopp bereitet das Pferd darauf vor, was es fühlen wird, wenn es (angebunden) an einem Pfosten zerrt.

Wenn das Pferd seine Wendung ausführt, wird es seinen Kopf in die Richtung des Seilzugs stellen und damit anzeigen, dass es bereit ist zu wenden. Das ist gut so, denn es antizipiert damit auch den Stopp. Wenn es später angebunden ist, wollen wir ja ebenfalls, dass es aufhört sich zu bewegen (also stoppt).

Als nächste Übung lassen Sie das Pferd wieder dem Zug des über seinen Rücken gelegten Seils von Ihnen weg folgen, wie in den Führ-Lektionen. Und wieder fordern Sie vom Pferd, dass es diese Übung mit mehr Speed ausführt. Wenn das Pferd zwar stoppt, dabei aber im Hals nicht in Richtung des Zugs nachgibt, halten Sie den Zug auf dem Seil noch etwas aufrecht, bis es nachgibt und wendet. Machen Sie sich keine Sorgen darüber, ob Sie genug Kraft haben. Ein Zug von 5 Kilogramm wirkt genauso wie einer von 100 Kilogramm – nur langsamer. Geben Sie einfach nicht auf.

Ein Pferd, das nach hinten zerrt, ist aufgeregt. Das bedeutet, dass es »unter Strom« steht und sich spannt. Wir regen es in diesen Übungen ganz bewusst auf, so dass wir es im Gegenzug dazu auffordern können, sich zu entspannen, während es den Hals biegt und dabei aufhört zu ziehen und schließlich aufhört sich zu bewegen. Während wir diese Übungen absolvieren, denkt das Pferd ans Stoppen und wir denken daran, dass wir das Pferd in Bewegung setzen wollen. Wenn wir nun an den Pfosten gehen, wird das Pferd immer noch ans Stoppen denken – und genau das haben wir beabsichtigt.

Das Anbinden des Pferdes kann man auf diese Weise simulieren.

Wenn das Pferd auf den leichtesten Zug am Halfter im Hals nachgibt, dann können wir an den Zaun gehen. Wir werden das Angebundensein simulieren, indem wir das Seil um den Pfosten legen, wie in der Zeichnung zu sehen. Binden Sie das Seil nicht fest und schlingen Sie es nicht so um den Pfosten, dass es sich festziehen könnte. Es ist wichtig, dass das Seil locker um den Pfosten liegt und leicht um ihn herumgleiten kann.

Es muss kein richtig stabiler Zaun sein – wichtig ist jedoch, dass das Pferd sich nicht daran verletzen kann, wenn es dagegenspringen sollte. Machen Sie diese Übung auf keinen Fall mit Stacheldraht oder irgendeinem anderen Drahtzaun.

Anfangs lassen Sie das Seil so locker, dass sich das Pferd 3 bis 5 Meter vom Zaun wegbewegen kann. Fordern Sie es auf ein wenig herumzulaufen. Wenn es das tut, geben Sie ein wenig Zug auf das Seil, so dass sich das Pferd umdreht und den Zaun ansieht.

Wenn das Pferd sich nicht umdreht und stattdessen anfängt nach hinten zu zerren, lassen Sie das Seil los und kehren zurück zu den Nachgebeübungen ohne Zaun. Nur, wenn es diese gut ausführt, sollten Sie die Übung wieder am Zaun probieren.

Wenn sich das Pferd zum Zaun hin umdreht, begeben Sie sich auf seine andere Seite. Dazu müssen Sie das Seil über Kopf und Körper des Pferdes schwingen, so dass Sie auf der anderen Seite des Pfostens ziehen können. Wenn sich das Pferd im Seil verfängt oder Angst bekommt, lassen Sie das Seil fallen und beginnen von neuem.

In dem Moment, in dem das Pferd zurückzieht, legen Sie das Seil auf die Erde, laufen auf das Pferd zu und packen das Seil auf der anderen Seite des Pfostens wieder, wenn es dort durchgleitet. Halten Sie Ihre Hände mindestens 1,5 Meter vom Zaun entfernt, während Sie das Seil halten. Auf diese Weise vermeiden Sie Verletzungen.

Fordern Sie das Pferd weiterhin auf am Zaun hin und her zu gehen.

Denken Sie daran: Wir wollen, dass das Pferd das Ende des Seils erreicht, dort Druck fühlt und diesem Druck/Zug durch Umdrehen und Stoppen nachgibt. Fahren Sie fort hin und her zu gehen und ziehen Sie zuerst auf der einen Seite des Pfostens, dann auf der anderen. Wenn es diese Übung besser beherrscht und schneller auf den Zug des Seils reagiert, verkürzen wir das Seil und bringen das Pferd näher an den Zaun heran.

Wiederholen Sie diese Übung mehrmals. Wenn das Pferd dem Zug des Seils durch einen Schritt vorwärts nachgibt, verkürzen Sie das Seil immer weiter, bis sich das Pferd nahe am Pfosten befindet. Erst wenn es so dicht vor dem Pfosten entspannt und ruhig steht, binden Sie es dort fest.

Machen Sie einige Übungsabschnitte in dieser Form – und Sie werden einen deutlichen Unterschied im Verhalten Ihres Pferdes feststellen, wenn es angebunden ist oder geführt wird.

Fortgeschrittene Führ-Lektionen

Die Führ-Lektionen für Fortgeschrittene werden die Führeigenschaften jedes Pferdes noch einmal deutlich verbessern. Es ist absolut notwendig, dass alle vorangegangenen Lektionen hundertprozentig sitzen, bevor Sie mit diesen abschließenden Übungen beginnen. Diese Lektionen sind besonders nützlich für den sicheren Umgang mit Hengsten vor, während und nach der Decksaison. Auch Problemhengste, die für ihr schlechtes Benehmen berüchtigt sind, können mit diesen Übungen trainiert und korrigiert werden.

Wenn Sie diese Übungen absolvieren, müssen Sie sehr genau arbeiten.

Unsere Ziele sind:

1. Die Nase des Pferdes soll sich auf Höhe Ihrer rechten Schulter befinden.
2. Wenn Sie anhalten, soll das Pferd gleichfalls stoppen und dazu zwei Schritte rückwärts gehen.
3. Wenn Sie rückwärts gehen, soll auch das Pferd rückwärts gehen.
4. Wenn Sie in Richtung seines rechten Vorderbeines laufen, soll sich das Pferd um seine Hinterhand drehen.
5. Wenn Sie sich nach links drehen, soll das Pferd um Sie herumlaufen ohne Sie anzurempeln.
6. Wenn Sie sich umdrehen, das Pferd anschauen und es dazu auffordern, seine Hinterbeine zu bewegen, soll es mit der Hinterhand ausweichen.

Wenn wir dem Pferd beibringen uns nie zu überholen, dann stehen die Chancen gut, dass es nicht davonlaufen und uns mitzerren wird. Wir müssen uns darüber im Klaren sein, dass das Pferd uns immer ausweicht, wenn es geführt wird. Wenn es vorwärts läuft, schiebt seine Hinterhand die Vorhand nach vorne. Wenn es rückwärts geht, treibt seine Vorhand die Hinterhand zurück.

Es ist leichter, dem Pferd beizubringen nach hinten auszuweichen, als es dazu zu bringen, uns nach vorne zu folgen. Deswegen beginnen wir mit dem Ausweichen rückwärts.

Wenn ich das Halfter benutze und mich daran hänge, wird das Pferd den Kopf hochnehmen und damit auf den Zug reagieren. Wenn ich stark genug ziehe, wird es vorne hochgehen und schließlich steigen.

Wenn man die fortgeschrittenen Führ-Lektionen lehren will, sollte man eine kurze Peitsche verwenden, um das

Pferd damit unter dem Vorderfußwurzelgelenk anzutippen. Die Peitsche wird die Aufmerksamkeit des Pferdes wecken, ihm jedoch nicht wehtun, wenn man sie vernünftig einsetzt. Sie können die Beine des Pferdes dabei mit Gamaschen schützen, wenn Sie wollen. Wenn wir die Vorderbeine des Pferdes »bedrohen«, kommt sein Kopf nach unten. Wenn Sie das Pferd rückwärts richten wollen, tippen Sie die Vorderbeine nicht über dem Vorderfußwurzelgelenk an. Als generelle Regel sollten Sie beachten: Höchstens drei Schläge mit der Peitsche, dann aufhören, das Pferd streicheln und es darüber nachdenken lassen, was von ihm erwartet wird. Das ist eine Lektion, die ich von meinem Pferd »Dream« gelernt habe: Ich konnte ihn dreimal antippen. Mehr Schläge nahm er mir übel.

Oft reicht schon das Geräusch der Peitsche um eine Reaktion zu bekommen. Seien Sie nicht zu ungeduldig und zu fordernd. Fordern Sie nicht zuviel. Geben Sie sich stattdessen mit kleinen Verbesserungen zufrieden und loben oder belohnen Sie das Pferd oft, indem Sie es streicheln.

Unser erstes Ziel ist die Nase des Pferdes neben der Schulter des Trainers zu halten. Das ist die ideale Position des Pferdes beim Führen.

Wir können uns vorstellen, dass wir an der Basis eines Dreiecks beginnen und dass wir das Pferd über bestimmte Schritte in diesem Dreieck hocharbeiten.

Am Anfang erwarten wir nicht zu viel. Wir werden das Pferd nicht korrigieren, solange es sich innerhalb des schraffierten Bereiches aufhält. Mit der Zeit wird der Bereich, den wir akzeptieren, immer kleiner, so dass sich schließlich die Nase des Pferdes (B) neben unserer Schulter (A) befindet.

Wir werden das Dreieck im Geiste in zwei Hälften teilen. In der Zeichnung

Position a ist das Ziel. Positionen b und c sind anfangs im Bereich des Erlaubten.
Position d und e werden korrigiert; das Pferd hat sich zu weit vom Ausbilder entfernt.
In Position f muss das Pferd neu positioniert werden, es ist aus dem Einflussbereich des Ausbilders entkommen.

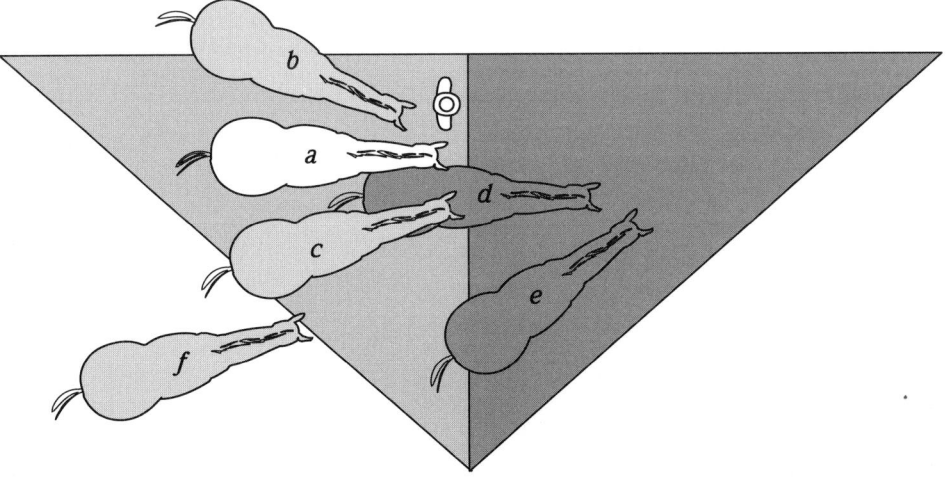

sind sie als die schraffierte helle Fläche und die einfarbige graue Fläche gekennzeichnet. Das Pferd darf nicht in den grauen Bereich geraten. Wenn seine Nase im grauen Bereich vor dem Trainer ist, muss er es korrigieren. Immer wenn sich das Pferd auf der weißen Fläche außerhalb des schraffierten Dreiecks befindet, ist es zu weit weg um korrigiert werden zu können. Also halten wir an, bugsieren es wieder in die schraffierte Fläche und beginnen von neuem.

Am Anfang können Sie den Zaun benutzen um dem Pferd beizubringen gerade rückwärts zu gehen.

Halten Sie das Führseil in Ihrer linken Hand und fordern Sie ein paar Tritte rückwärts vom Pferd. Dann halten Sie es an und loben es. Wenn Sie das Pferd auffordern rückwärts zu gehen und es reagiert nicht, schlagen Sie mit der Peitsche, die Sie in der rechten Hand halten, auf den Boden oder gegen Ihren Stiefel. Wenn es immer noch nicht zurückgeht, dann tippen Sie es mit der Peitsche unter dem Vorderfußwurzelgelenk an. Wenn Sie entscheiden, dass Sie die Peitsche benutzen müssen, dann tun Sie es deutlich und fuchteln Sie nicht nur damit herum. Wenn es einen Satz nach vorne macht, bleiben Sie auf seiner Höhe und halten die Peitsche auf seine Vorderbeine gerichtet, bis es anhält. Dann sehen Sie zu, dass es ein paar Schritte rückwärts geht.

Fahren Sie in dieser Form fort, bis es lernt sich beständig rückwärts zu bewegen. Halten Sie das Führseil dabei immer lose, ohne Spannung.

In diesem Stadium sollten Sie wenig oder gar nicht vorwärts führen, sondern weitgehend rückwärts arbeiten. Wenn das Pferd gelernt hat mit der Nase immer neben Ihrer Schulter zu

bleiben, dann ist es Zeit, das Vorwärtsgehen – auch mit der Nase in Höhe Ihrer Schulter – zu trainieren.

Das Signal soll die Bewegung Ihrer Schulter sein, nicht das Führseil. Sie sollen das Pferd nicht hinter sich herziehen müssen. Ihre Schultern verraten Ihre Bewegungsabsicht; beginnen Sie also zu gehen. Wenn Sie Ihrem Pferd beibringen sich Ihrem Schritttempo anzupassen, wird es immer ein bis zwei Schritte hinter Ihnen sein. Es darf nicht am Strick ziehen. Wenn Sie entscheiden, dass man einen Zug von 3 Kilogramm braucht um das Pferd zu bewegen, dann ist es genau das, was Sie brauchen werden.

Verkürzen Sie das Führseil bis auf 10 bis 15 Zentimeter unterhalb des Halfters. So ist das Pferd nahe genug um es zu kontrollieren und gleichzeitig in einem guten Abstand um seine Hüfte zu erreichen. Wenn seine Nase Ihnen zu nahe kommt, treiben Sie sie mit dem Griff der Peitsche von Ihnen weg. Erlauben Sie dem Pferd sich vorwärts zu bewegen ohne es zu beschränken. Es darf sich in dieser Phase des Trainings überall im schraffierten Bereich des Dreiecks bewegen. Lassen Sie das Pferd jedoch keinen kompletten Kreis laufen. Wenn es beginnt um Sie zu kreisen, machen Sie ihm klar, dass es zu weit gegangen ist, indem Sie wieder die Peitsche unterhalb der Vorderfußwurzelgelenke einsetzen.

Wenn das Pferd gelernt hat nicht zurückzufallen und als Reaktion auf Ihre eigene Vorwärtsbewegung vorwärts geht, reduzieren Sie langsam den schraffierten Bereich. Immer wenn das Pferd innerhalb der abgesteckten Grenzen sicher arbeitet, fordern Sie eine Verbesserung, indem Sie den Bereich, in dem es sich vorwärts oder rückwärts bewegen kann, verkleinern. Wenn das Pferd vorwärts geht, stoppt, zwei Tritte rückwärts geht und dabei stets dicht an Ihrer Schulter bleibt, ist es für darauf aufbauende Lektionen bereit.

Gehen Sie in einem engen Kreis nach rechts auf die Nase Ihres Pferdes zu – das Pferd sollte etwas nach hinten ausweichen und dabei von Ihnen weg um sein rechtes Hinterbein drehen.

Diese Übung hilft, wenn Ihnen das Pferd beim Führen zu nahe kommt oder wenn es in Schrägstellung hinter Ihnen herläuft, mit dem Kopf zu dicht an Ihnen und dem Rumpf zu weit weg. Wenn das Pferd nicht reagiert, benutzen Sie den Griff der Peitsche und tippen es seitlich an die Nase oder an den Hals, damit es sich von Ihnen wegwendet.

Je sensibler das Pferd auf die Bewegungen des Trainers reagiert, desto geringer ist seine Tendenz auf ihn aufzulaufen oder ihn anzurempeln. Kombinieren Sie diese drei Lektionen zu einer Übungseinheit, bis das Pferd sie begriffen hat. Wenn es sicherer in seinen Reaktionen wird, können Sie das Ganze auch im Trab üben.

Die nächste Übung ist das Pferd um uns herumlaufen zu lassen, ohne dass es uns anrempelt. Es soll nachgeben und seinen ganzen Körper biegen, eng beim Trainer bleiben und, wenn es mit der Wendung fertig ist, stoppen und zwei Tritte rückwärts gehen.

Nehmen Sie anschließend Halfter und Führseil ab und üben Sie die vorangegangenen Lektionen noch einmal frei im Roundpen. Seien Sie dabei sehr genau mit Ihren Forderungen.

Gehen Sie nun auf einen größeren Platz und wiederholen Sie dieselben Lektionen. Nach Abschluss dieser Übungen haben Sie eine ausgezeichnete Kontrolle über Ihr Pferd. Wenn Sie Ihre Arbeit gut gemacht haben, können Sie z. B. Ihren Oberkörper nach vorne lehnen ohne einen Schritt zu machen – und Ihr Pferd wird sich mit Ihnen nach vorne lehnen ohne sich vom Fleck zu rühren.

Der nächste Schwierigkeitsgrad im fortgeschrittenen Führtraining besteht darin, das Pferd einen kleinen Sprung absolvieren zu lassen. Stellen Sie sich mit dem Seil in der Hand auf die eine Seite des Sprunges und lassen Sie das Pferd auf Sie zu springen. Machen Sie das nur, wenn alle vorangegangenen Lektionen hundertprozentig sitzen. Diese Übung soll das Pferd lehren weit genug von Ihnen entfernt zu landen, wenn es über irgendetwas hinübersteigt oder springt.

Die meisten Pferde – unabhängig von der Rasse – können kleine Hindernisse mühelos überwinden. Viele springen auch höhere Hindernisse gerne und gut. Das Springen an der Hand ist deswegen nicht nur eine gute Führübung, sondern kann Ihnen und Ihrem Pferd auch viel Spaß machen.

KAPITEL 4

Angstbewältigung – dem Pferd lehren mit der Angst umzugehen

Es ist sinnlos, ein Pferd dazu aufzufordern, keine Angst zu haben. Das wäre genauso, als ob ich von Ihnen verlangen würde, nachts um zwei durch ein übles Viertel der Stadt zu spazieren ohne sich zu fürchten.

Wir können dem Pferd seine Angst nicht austreiben, aber wir können ihm beibringen damit umzugehen. Jedes Pferd kann darauf trainiert werden, dass es seine Ängste überwindet. Diese Lektion kann bereits mit Jährlingen absolviert werden.

Unser Ziel wird sein, dem Pferd beizubringen sich zu dem Objekt umzudrehen, welches es fürchtet, und es anzusehen. Es wird sich dann beruhigen und uns viel sicherer auf seinem Rücken tragen, als wenn es in Panik davongerannt wäre.

Angenommen, Sie haben dieses Training noch nicht absolviert. Sie reiten im Wald und hören ein Motorrad kommen, sehen es aber nicht: Drehen Sie Ihr Pferd in die Richtung, aus der das Geräusch kommt. Es liegt nun an Ihnen, ob diese sowieso schon heikle Situation eskaliert. Vermeiden Sie auf jeden Fall das Motorrad hinter sich zu haben, wo es das Pferd nicht sehen kann. Die alte Redensart, dass die Dinge, die wir uns vorstellen, immer schlimmer sind als die Realität, trifft auch auf unser Pferd zu.

Wenn ich die Angst meines Pferdes schon nicht kontrollieren kann, möchte ich zumindest, dass es dabei mit allen vier Füßen auf der Erde bleibt. Denn selbst ein erschrecktes Pferd ist keine Gefahr für den Reiter, wenn es wie festgewurzelt an einem Fleck steht.

Wir können dem Pferd nicht alles zeigen, wovor es sich jemals fürchten könnte. Deswegen müssen wir einen Weg finden um es zu beruhigen, **bevor** wir in Schwierigkeiten geraten.

Ein Mann kam während meiner Kurse zu mir und sagte:

»John, mein Pferd ist perfekt in der Western Pleasure, es macht seine Sache ganz toll. Wir haben nur ein Problem.« Ich fragte ihn, was das wäre, und er antwortete:

»Wenn ich in den Ring zurückkomme um meine Schleife abzuholen und die Zuschauer applaudieren, dreht es fast durch. Was kann ich dagegen tun?«

Ich machte ihm zwei Vorschläge: Entweder sollte er 200 Leute anheuern, die sich hinsetzen und so lange applaudieren, bis sich das Pferd daran gewöhnt hat. Oder er sollte seinem Pferd beibringen die Angst zu bewältigen. Er wählte den zweiten Weg.

Pferde scheuen vor allem Möglichen. Vor einiger Zeit schaute ich mir eine Dressurprüfung an und beobachtete einen hübschen Braunen, der recht schön ging, aber Angst vor einem Sonnenschirm hatte, der am Richtertisch stand. Wenn dieses Pferd unsere Trainingslektion in diesem Kapitel gelernt hätte, hätte es vielleicht noch Angst gehabt, wäre aber trotzdem am Schirm vorbeigegangen, als wäre er nicht vorhanden.

Wenn unser Pferd gelernt hat seine Angst zu kontrollieren, müssen wir nicht mehr den Regenschirm, den Kinderwagen, den bellenden Hund oder den Luftballon dafür verantwortlich machen, wenn es völlig aus dem Häuschen gerät – so weit kommt es dann nämlich nicht mehr.

Letztes Jahr kamen ein paar Leute mit einem Araber, einem Turnierpferd, zu mir. Wieder handelte es sich um ein Pferd, das genau wusste, wie es sich in der Show zu verhalten hatte. Körperlich und geistig konnte er eine perfekte Pleasure (eine Art Materialprüfung, in der in der Gruppe die drei Grundgangarten bewertet werden) gehen. Emotional war er eine Zeitbombe. Wenn eine Plastiktüte in den Ring geflattert kam,

überrannte er alles, was sich ihm in den (Flucht-)Weg stellte.

Wir gingen mit dem Pferd in den Roundpen und holten eine große Plastikplane. Die Besitzer waren ziemlich nervös, denn sie wussten, dass ein größeres Problem auf uns zukam. Ich begann damit, das Pferd die Plane überqueren zu lassen. Binnen zehn Minuten ritt ich ihn über die Plane – am losen Zügel mit tiefem Kopf. Er hatte gelernt seine Angst zu kontrollieren und war deswegen zu einem viel sichereren Reitpferd geworden.

Einem Pferd beizubringen trotz Angst still zu stehen, ist eine schwerere Lektion als es unter normalen Umständen stehen zu lassen, denn seine Angst macht es viel erregter und unberechenbarer.

Zur Angstüberwindung beginnen wir im Roundpen zu arbeiten. Zur Not geht auch ein quadratischer Platz. Wenn Sie keinen Roundpen zur Verfügung haben, beachten Sie, dass der Platz nicht so groß ist, dass das Pferd ans andere Ende aus Ihrem Einwirkungsbereich flüchten kann. Sie müssen in der Lage sein die Bewegungsrichtung des Pferdes immer und an jedem Punkt zu kontrollieren.

Der Nachteil an quadratischen Plätzen ist, dass sich ein Pferd in der Ecke »verkriechen« kann. Es wird auch die Stabilität des Zauns eher in einem quadratischen Platz testen.

Wenn Sie auf einem viereckigen Platz arbeiten, müssen Sie dem Pferd beibringen die Ecken abzuschneiden. Sonst wird es in die Ecke laufen, dort »feststecken« und seine einzige Fluchtchance im Sprung über den Zaun sehen. Wenn es in die Ecke läuft, gehen Sie hinter das Pferd und setzen es wieder in Bewegung. Wenn es in die nächste Ecke läuft, tun Sie das Gleiche. In der nächsten Ecke wieder usw. Bevor es nicht gelernt hat, dass die Ecken keine Fluchtwege sind, wird es immer wieder probieren dort hinauszukommen. Wie gesagt, es ist gefährlicher und schwerer, ein Pferd auf einem quadratischen Platz zu arbeiten.

Das Pferd sollte kein Halfter tragen. Stellen Sie sich die folgenden Fragen, wie auch schon in den vorangegangenen Kapiteln: Bin ich in größerer Gefahr, wenn ich engen Kontakt mit ihm habe oder wenn ich 10 Meter entfernt von ihm stehe? Ist die Gefahr größer, wenn ich es an einen Snubbing Post binde oder wenn ich es frei laufen lasse? Bin ich auf seinem Rücken oder auf dem Boden in größerer Gefahr? Bei dieser Lektion bin ich auf dem Boden sehr viel sicherer als auf seinem Rücken. Wenn Sie diese Lektion absolvieren, bevor Sie das erste Mal auf Ihr Pferd klettern, wird der erste Ritt sehr viel ungefährlicher sein.

Bevor Sie mit der Übung beginnen, vergewissern Sie sich, dass Ihr Pferd weiß, dass es sich zu Ihnen drehen soll, wenn Sie es dazu auffordern.

Es ist sehr wichtig, dass es diesen Teil des Roundpen-Trainings sicher beherrscht, bevor Sie mit den folgenden Übungen beginnen. Es sollte zudem auf beiden Seiten gleich gut reagieren – links- und rechtsherum.

Wir sind also im Roundpen, das Pferd läuft ohne Halfter und wir werden nun ein Spiel mit ihm machen. Mein Part ist es, das Pferd zu erschrecken und es zum Rennen zu bringen. Der Part des Pferdes ist es, stehen zu bleiben und mich anzusehen.

Es gibt eine Regel in diesem Spiel. Ich darf das Pferd nicht schlagen. Das Schlimmste, was ich tun darf, ist ein Seil nach ihm zu werfen, so dass es das Pferd leicht am Rücken trifft. Wenn ich es irgendwie berühre, sollte es sich bewegen. Es zu schlagen ist unnötig. Was würden wir tun, wenn uns jemand hart auf den Rücken schlägt? Wenn das Pferd irgendwo Schmerz verspürt, wird es nicht stehen bleiben, genauso wenig wie Sie.

Wir werden es am Anfang nur ein bisschen erschrecken. Wir benutzen irgendetwas, vor dem das Pferd sehr wenig Angst hat – damit wird die Überwindung der Angst recht einfach. Wenn Sie mit einer großen Plastikplane beginnen, geht Ihr Pferd möglicherweise über den Zaun. Vielleicht müssen Sie mit einem Kaugummipapier anfangen und sich langsam zur Plane hocharbeiten.

Sie beginnen also behutsam, indem Sie z. B. ein zischendes Geräusch machen. Dabei achten Sie immer darauf, dass sich das Pferd zu Ihnen dreht und Sie ansieht. Wenn es nach links von Ihnen wegspringt, bringen Sie es dazu, dass es von links wiederkommt. Wenn es flüchtet, muss es den selben Weg, den es geflüchtet ist, wieder zurücknehmen.

Wenn wir ein etwas bedrohliches Geräusch machen und das Pferd bleibt stehen, dann gehen wir zu ihm hin, loben und streicheln es. Rascheln Sie nun mit Ihrem Plastik und loben Sie das Pferd jedes Mal, wenn es still stehen bleibt.

Wenn das Pferd ein paar unruhige Schritte macht, die zeigen, dass es an Flucht denkt, sich aber nicht wegbewegt, loben Sie es ebenfalls. Jetzt beginnt es nämlich seine Angst zu kontrollieren.

Wenn das Pferd beständig davonläuft, dann lassen Sie es ein paar Minuten im Roundpen herumlaufen und geben ihm Zeit über die Sache nachzudenken. Passen Sie aber auf, dass Sie das Pferd nicht missversteht und denkt, Ihre Forderung wäre »im Roundpen im Kreis laufen« gewesen. Sie können diese Verständnisschwierigkeiten vermeiden, indem Sie das Pferd immer nach einer halben Runde stoppen und wenden. Damit geben Sie ihm mehrere Möglichkeiten zu stoppen, sich zu Ihnen zu drehen und Sie anzuschauen.

Wenn es sich auf diese Weise verausgabt hat, werden sich die Lungen wieder beim Gehirn beschweren: »Kannst du dir nicht etwas Besseres einfallen lassen?« Stoppt das Pferd von sich aus, hören Sie sofort auf es weiter zu ängstigen. Das Pferd wird schnell begreifen, dass das beängstigende Ding oder Geräusch verschwindet, wenn es aufhört zu rennen und stehen bleibt.

Bleiben Sie während dieser Lektion mit Ihrer Aufmerksamkeit immer beim Pferd. Wenn Sie sich umdrehen und zurückziehen und das Pferd rennt in dieser Zeit, kann es denken, dass es das ist, was Sie von ihm wollen.

Wir setzen das Spiel fort und steigern ein wenig den Druck. Zischen Sie nicht mehr, sondern werden Sie lauter, brüllen Sie schließlich und fuchteln mit den Armen. Wir können schließlich alles Mögliche benutzen um das Pferd zu erschrecken – und irgendwann wird es keine Rolle mehr spielen, was Sie machen oder was Sie in der Hand haben um damit zu wedeln: Das Pferd wird stehen bleiben und nicht mehr davonlaufen.

Ich nehme mein Seil immer mit in den Roundpen; das Pferd kennt es aus früheren Roundpen-Lektionen und sollte sich daran gewöhnt haben. Ich werde nun das Seil nach ihm werfen. Immer wenn es das Pferd berührt, und es zögert und läuft nicht davon, gehe ich hin und lobe es. Ich habe Pferde nahezu allem ausgesetzt, von Kettengerassel bis zu scheppernden Blechen. Ich erwarte nicht, das Pferd an alle Geräusche und Situationen zu gewöhnen – ich will nur, dass es seine Angst kontrollieren lernt. Legen Sie alles beiseite, vor dem das Pferd keine Angst mehr zeigt, und suchen Sie sich immer neue erschreckende Dinge.

Mit der Zeit wird das Pferd dadurch immer nervenstärker. Schließlich haben Sie ein ruhiges und sicheres Reitpferd, das sich durch nichts so schnell aus der Fassung bringen lässt. Auch wenn es nicht an alle Eventualitäten gewöhnt ist – es hat gelernt seine Angst unter Kontrolle zu haben.

KAPITEL 5

Das Aussacken

Früher benutzten die Cowboys einen Kornsack um ein Pferd daran zu gewöhnen, mit seiner Angst umzugehen. Indem sie es mit dem Sack abrieben und diesen leicht über seinen Körper schlugen, gewöhnten sie es daran, berührt zu werden; sie »sackten es aus«. Auch heute noch ist das Aussacken eine wichtige Übung. Es gewöhnt das Pferd daran, unsere Hände, Seile oder Satteldecken auf seinem Körper zu fühlen, und es bringt ihm bei, dass es uns immer trauen kann, wenn wir an und mit ihm arbeiten.

Bevor wir ans Aussacken gehen, ist es wichtig, dass wir das zweite Kapitel nicht nur gelesen haben, sondern unserem Pferd alle dort beschriebenen Roundpen-Lektionen auch beigebracht haben. Die Aussackübung ist die logische Fortführung des Kopfreibens. Das Ziel dieser Übung ist es, das Pferd dazu zu bringen, sich mit einer Satteldecke auf dem Rücken zu entspannen und den Sattel zu akzeptieren.

Das Pferd berühren

Da die Lektion mit der am wenigsten aggressiven Annäherung an das Pferd beginnen sollte, benutzen wir als erstes unsere Hände zum Aussacken. Am Ende der Roundpen-Lektion haben wir unser Pferd am Kopf gestreichelt. Darauf bauen wir jetzt auf.

Unser erstes Teilziel ist es, das Pferd am ganzen Körper mit unseren Händen zu reiben. Dieses Teilziel können wir jedoch in verschiedene kleine Schritte unterteilen: Berühren Sie das Pferd erst an beiden Halsseiten, dann an beiden Schultern, an den Vorderbeinen usw.

Sobald wir merken, dass sich das Pferd wohl fühlt, wenn wir vor ihm stehen und seinen Kopf reiben, beginnen wir mit dem Hals und arbeiten uns über Brust und Flanken bis zum Rücken vor. Sprechen Sie mit dem Pferd, während Sie das tun, z. B. »Guter Junge, so ist's brav.«

Es ist wichtig, dass Sie sich von Zeit zu

Zeit umdrehen und weggehen, dann wiederkommen und es erneut überall berühren.

Das Pferd sollte nun darauf trainiert werden, immer still zu stehen, wenn wir uns nähern. Der Akt des Näherkommens soll nun das Signal sein, der den »Reflex« des Stehenbleibens beim Pferd auslöst. Wenn wir während dieser Übung immer beim Pferd stehen bleiben und es liebkosen, dann wiederholen wir das Signal nicht oft genug. Wenn wir mit der Satteldecke kommen und haben uns vorher nur ein oder zweimal dem Pferd genähert, werden wir viel mehr Probleme haben, als wenn wir zwanzigmal während der Übung auf das Pferd zugelaufen sind um es zu berühren.

Das Weggehen radiert zudem das Fragezeichen im Kopf des Pferdes aus, was wir denn mit ihm zu tun gedenken.

Noch einmal: Wenn Sie merken, dass das Pferd sich entfernen will, gehen Sie zuerst (bevor es sich in Bewegung setzt); damit beantworten Sie seine Frage. Es denkt sich: »Ach, das ist alles, was er will? Das ist ja viel besser, als in diesem blöden Roundpen herumzurennen!«

Je mehr Fragen Sie in seinem Kopf beantworten, umso mehr Vertrauen bekommt das Pferd – in Sie und in sich selbst. Wir erhöhen sein Angstlevel ein wenig, indem wir uns nähern, dann drehen wir uns um und gehen weg. Das Pferd lernt seine Angst zu beherrschen. Zusätzlich soll es schließlich lernen, dass wir es immer wieder in Ruhe lassen, wenn es still steht.

Wenn wir an den Punkt kommen, wo wir es fünf oder zehn Minuten liebkosen können, bauen wir immer mehr Vertrauen des Pferdes zu uns auf.

In dieser Art machen wir weiter – nehmen aber Nase und Ohren vorläufig noch aus.

Wir nähern uns dem Pferd ganz systematisch, Schritt für Schritt. Wenn das Pferd zulassen soll, dass wir ihm die Hufe aufheben, müssen wir zuerst in der Lage sein seine Schultern zu berühren. Berühren Sie die Schulter und gehen Sie dann weg. Nähern Sie sich wieder und berühren Sie das Vorderbein – drehen Sie sich um und verschwinden. Wenn das Pferd nervös wird oder zu treten droht, hören Sie auf.

Denken Sie daran: Unser Ziel ist nicht, das Pferd in Bewegung zu setzen, es zum Wegrennen oder zum Treten zu veranlassen – also ist es wichtig, nicht etwas zu tun, was es so beunruhigt, dass es in Erwägung zieht gegen Sie zu kämpfen.

Ihre Bewegungen sollten natürlich sein. Agieren Sie weder zu schnell noch zu zögernd. Wenn Sie im Zweifel sind, ob Sie die Hüfte des Pferdes berühren können, dann halten Sie sich länger mit dem Bauch auf. Wenn das Pferd den Bauch einzieht oder vor Ihrer Berührung zurückweicht, reagieren Sie auf das Problem, indem Sie diesen Bereich so lange vorsichtig bearbeiten, bis sich das Pferd entspannt.

Gehen Sie langsam vor und bearbeiten Sie den ganzen Körper – inklusive Schweif, Mähne und Bauchunterseite.

Berühren Sie beide Seiten des Pferdes gleichmäßig. Indem Sie über seinen Rücken greifen und die andere Seite reiben, gewöhnen Sie es an die Satteldecke, die Sie über seinen Rücken schwingen wollen. Seien Sie jedoch darauf gefasst, dass das Pferd versuchen könnte Ihrer Hand mit einem Satz zu entkommen und Sie dabei über den Haufen zu rennen.

Indem Sie immer wieder die Seiten wechseln und auch über das Pferd hinübergreifen, verringern Sie die Gefahr, dass das Pferd »einseitig« wird und sich irgendwann wundert, was Sie auf seiner anderen Seite wollen. Wenn Sie immer nur auf einer Seite arbeiten, wird das Pferd die Tendenz haben Ihnen immer diese Seite anzubieten – und Sie unter Umständen nicht auf die andere Seite zu lassen.

Die Ohren des Pferdes

Das Berühren der Ohren des Pferdes ist aus mehreren Gründen ein wichtiger Schritt in unserem Training. Wenn wir auf unserem Pferd reiten und haben nicht bedacht, dass es Angst bekommen könnte, wenn wir seine Ohren berühren, kann es uns passieren, dass es erschrickt und anfängt zu buckeln. Außerdem müssen wir auch irgendwie das Kopfstück der Trense über seine Ohren ziehen können. Bei einem kopfscheuen Pferd wird das zum Problem. Wenn das Pferd beim Auftrensen seinen Kopf schüttelt, verursachen wir höchstwahrscheinlich weitere Probleme, indem wir das Gebiss gegen seine Zähne schlagen. Es ist gefährlich, neben einem kopfscheuen Pferd zu stehen. Ein Schnicker mit dem Kopf kann uns umwerfen oder uns die Nase brechen.

Um das Pferd daran zu gewöhnen, sich an den Ohren anfassen zu lassen, beginnen wir wieder mit dem Reiben zwischen den Augen, auf der Stirn. Wir führen unsere Hände kurz über die Ohren und dann übers Genick den Hals hinunter. Wenn wir das erreichen, ohne dass das Pferd den Kopf bewegt, dann verlangsamen wir die Handbewegung über den Ohren. Wenn sich das Pferd etwas an unsere Hände an seinen

Ohren gewöhnt hat, können wir sie schließlich für immer längere Zeit dort liegen lassen.

Wenn das Pferd vor Ihrer Berührung zurückschreckt und den Kopf hochreißt, greifen Sie nicht nach seinen Ohren oder seinem Kopf. Versuchen Sie nicht seinen Kopf mit Gewalt festzuhalten. Genauso, wie Sie nie versuchen sollten, Ihr Pferd mit den Händen festhalten zu wollen, wenn es nicht bei Ihnen stehen bleiben will.

Stattdessen wiederholen Sie die Prozedur wieder mit einer sehr flüchtigen Berührung im Bereich der Ohren – so lange, bis das Pferd den Kopf nicht mehr wegdreht, wenn Sie seine Ohren berühren.

Dieses System benutzen wir für jedes kopfscheue oder »ohrscheue« Pferd.

Vorbereitung auf das Gebiss

Jetzt kommen wir zur Nase des Pferdes. Beginnen Sie es zwischen den Augen zu reiben und arbeiten Sie sich langsam nach unten, so dass Sie schließlich das ganze Gesicht des Pferdes berühren können.

Wir gewöhnen das Pferd ans Gebiss, indem wir unsere Hände benutzen. Wir stecken einen Finger seitlich in seine Maulspalte und berühren seine Zunge. Es ist unnötig, auf den Kieferknochen oder auf die Zunge zu drücken um es dazu zu bringen, sein Maul zu öffnen. Wenn Sie den Zeigefinger auf seine Zunge legen, wird es versuchen ihn auszuspucken und dabei von ganz allein das Maul öffnen. Sie können auch die Lippe des Pferdes von außen und innen massieren – dabei schieben Sie einen Finger unter die Lippe an das Zahnfleisch über dem oberen Vorderzähnen.

Das ist hilfreich, denn diese Teile werden Sie auch berühren, wenn Sie das Gebiss ins Maul schieben.

Legen Sie Ihren rechten Arm zwischen die Ohren des Pferdes – Ihre rechte Hand ist dabei auf der Pferdestirn. Ihr Ellbogen bleibt am Genick, während Sie das Pferd zwischen den Augen reiben. Wenn Sie dem Pferd die Trense anlegen, sind Ihre Hände etwa in dieser Position. Es erleichtert die Sache, wenn Sie ihm schon vor dem ersten Auftrensen beibringen diese Bewegung der Hände zu akzeptieren.

Wenn Ihr Pferd dazu neigt, den Kopf hochzunehmen, oder wenn es viel größer ist als Sie, können Sie ihm beibringen auf ein bestimmtes Signal hin den Kopf zu senken. Legen Sie die Hand zwischen die Ohren des Pferdes und üben Sie einen sehr leichten Druck nach unten auf sein Genick aus. Wenn das Pferd seinen Kopf hebt, verstärken Sie den Druck etwas. In dem Moment, in dem es eine leichte Bewegung nach unten andeutet, verringern Sie sofort den Druck, bis zu dem Punkt, an dem Sie die Hand ein paar Millimeter über seinem Genick halten. Wiederholen Sie das so lange, bis das Pferd gelernt hat immer den Kopf zu senken, wenn Sie die Hände auf sein Genick legen. Um dem Pferd die Reaktion auf dieses Signal beizubringen, brauchen Sie etwa fünfzehn bis dreißig Minuten.

Wenn das Pferd auf dieses Signal sicher reagiert, können Sie einen Schritt weitergehen, den Unterarm zwischen seine Ohren legen und dann so tun, als ob Sie ihm die Trense anlegen wollten. Gehen Sie mit der linken Hand so vor, als ob diese das Gebiss halten würde. Schieben Sie den linken Zeigefinger unter die Oberlippe des Pferdes und legen Sie den linken Daumen auf die Zunge, bis es

das Maul öffnet. Nachdem es das Maul geöffnet hat, nehmen Sie die Hände weg und loben es.

Wenn sich das Pferd weigert das Maul aufzumachen, greifen Sie mit vier Fingern ins Maul (in die Spalte zwischen Schneide- und Backenzähnen) und massieren seine Zunge. Mit Ihrer halben Hand darin wird es das Maul sicher aufmachen. Sobald es das tut, ziehen Sie die Hand zurück und loben es, damit es weiß, dass das alles war, was Sie wollten.

Beim ersten Kontakt mit einem rohen Pferd kann die ganze Prozedur zwischen dreißig Minuten und drei Stunden dauern.

Wir haben nun die folgenden Ziele erreicht:

1. Wir können das Pferd am ganzen Körper mit den Händen berühren.
2. Das Pferd fühlt sich dabei wohl.
3. Wir können den gesamten Kopf inklusive Nase und Ohren berühren.
4. Das Pferd senkt den Kopf, wenn es Druck auf dem Genick verspürt.
5. Das Pferd öffnet das Maul, wenn wir so tun, als ob wir es auftrensen wollten.

Das Pferd folgt Ihnen

Unser nächstes Teilziel wird sein das Pferd dazu zu bringen, uns im Roundpen zu folgen. Wenn wir uns mit einem Lasso, einer Satteldecke oder einem Sattel nähern, sind wir nämlich viel sicherer, wenn uns das Pferd in die Mitte des Roundpen gefolgt ist. So ist etwa das Risiko viel geringer, von einem aufgeregten Pferd gegen den Zaun gedrückt zu werden. Zudem gibt uns das Arbeiten in der Mitte des Roundpen genug Raum um dem Pferd aus dem Weg zu gehen, wenn es buckeln oder steigen sollte.

Während wir das Pferd am ganzen Körper berührt und gestreichelt haben, hat es gelernt, dass es nicht arbeiten muss, wenn es bei uns steht. Da das Pferd grundsätzlich faul ist, wird es das »Nichtstun« bevorzugen. Wir können uns dies zunutze machen, indem wir ihm beibringen zu uns zu kommen und uns zu folgen, wenn wir uns von ihm entfernen.

Bevor wir das Pferd dazu bringen können, uns zu folgen, muss es seine Füße bewegen. Während wir das Pferd mit der Hand streicheln, machen wir zwei, drei Schritte seitlich von ihm weg und fordern es auf uns anzusehen (mit dem bekannten schnalzenden Geräusch). Das Pferd wird sich umdrehen und uns anschauen, wie es das in den Roundpen-Lektionen gelernt hat. Denken Sie daran, dass das Pferd uns anschauen kann ohne dabei die Füße zu bewegen. Wenn sein Hals ermüdet, wird es schließlich die Beine bewegen um seine Schultern wieder gerade zu stellen. Diese Prozedur wiederholen wir einige Male und bewegen uns dabei weiter und weiter in Richtung der Hinterhand des Pferdes; dabei fordern wir es auf eine immer größere Strecke zu drehen, um bei uns zu bleiben.

Wenn wir direkt hinter das Pferd gehen können und es dazu bringen, sich zu drehen und uns anzusehen, können wir einen Schritt weitergehen.

Wir stehen neben dem Kopf des Pferdes – einen knappen Meter entfernt – und gehen auf den Kopf des Pferdes zu um es dazu zu bringen, den Kopf von uns weg zu bewegen. Es wird dabei wahrscheinlich auch die Vorhand bewegen. Der Grund dafür: Es will vermeiden, dass wir gegen seinen Kopf stoßen.

Das Pferd führt nun also eine Drehung von uns weg aus. Wir schauen in die gleiche Richtung wie das Pferd und gehen weiter auf seinen Kopf zu, indem wir einen kleinen Kreis nach rechts beschreiben. Sein Genick sollte dabei auf Höhe unserer Schulter sein. Wenn es während dieser Kreisbewegung neben uns bleibt, ändern wir unsere Bewegungsrichtung langsam und beginnen geradeaus zu laufen.

Wenn das Pferd dabei aufhört sich zu bewegen oder langsamer wird, dann gehen wir sofort wieder auf seinen Kopf zu und fordern es auf ein paar Schritte seitwärts nach rechts zu drehen.

Wir führen es also wieder in die Kreisbewegung.

Irgendwann wird das Pferd auch auf der geraden Linie neben uns bleiben. Wenn es sich von uns entfernen will, geben wir ihm das schnalzende Signal. Da es die Bedeutung des Schnalzens gelernt hat, wird es sich umwenden und uns anschauen. Dann sortieren wir uns und das Pferd wieder, bringen uns in die richtige Position und beginnen von neuem.

Auf das Pferd zulaufen und es dazu bringen, seine Vorhand im Kreis zu bewegen, hilft auch bei der grundsätzlichen Erziehung und beim Führtraining. Denken Sie daran: Wir müssen das Pferd in Bewegung bringen um mit ihm arbeiten zu können.

Achten Sie darauf, sich am Anfang mit kleinen Fortschritten zufrieden zu geben. Wenn das Pferd beginnt von sich aus neben Ihnen zu gehen, bestehen Sie nicht auf einer großen Anzahl von Schritten, bevor Sie es loben. Wenn es Ihnen ein oder zwei Schritte hinterherläuft, reicht das schon für ein ausgiebiges Lob.

Lassen Sie das Pferd allmählich immer länger frei neben sich herlaufen, bis es Ihnen durch den ganzen Roundpen folgt.

Das »Aussacken« mit dem Lasso

Unser nächstes Teilziel ist es, das Pferd überall am Körper mit einem Lasso zu berühren. Wenn das Pferd nämlich vor dem Lasso Angst hat, wird es ziemlich sicher auch vor dem Sattel Angst haben. Wir benutzen dazu ein weiches Seil, wie in Kapitel 2 beschrieben. Verwenden Sie kein extrem hartes oder steifes Seil. Peitschen sind für das Pferd zu bedrohlich um sie statt des Seils zu benutzen. Sie können jedoch auch ein Küchenhandtuch, ein weiches Baumwoll- oder Nylonhalfter oder einen Führstrick verwenden, wenn Sie das vorziehen. Die folgenden Schritte sind hier mit dem Lasso beschrieben, gelten aber auch für alle anderen Hilfsmittel.

Wir beginnen diese Phase des Aussackens in der gleichen Weise wie auch schon unsere erste Annäherung im Roundpen. Indem wir das Lasso aufwickeln, wirkt es für das Pferd kleiner und weniger bedrohlich.

Wir können damit beginnen, den Hals des Pferdes mit dem Lasso zu berühren. Denken Sie daran: Wir wollen das Pferd so berühren, dass es stehen bleibt! Wenn wir das Pferd berühren und spüren, dass es in drei Sekunden seinen Platz verlassen wird, dann nehmen wir das Lasso in zwei Sekunden weg und gehen ein paar Schritte zurück.

Wenn das Pferd beginnt sich von der Stelle zu bewegen, versuche ich manchmal neben ihm zu bleiben, wenn ich das Gefühl habe, es könnte mir gelingen. Ich möchte in dem Moment das Seil nicht von ihm wegnehmen, weil es damit lernt, wie es sich der Situation entziehen kann. Ich biete ihm an, dass es nicht laufen muss. Manchmal funktioniert das nicht und das Pferd läuft einfach davon. Wenn das passiert, lassen Sie es eine Weile im Roundpen herumlaufen, bevor Sie ihm wieder die Möglichkeit anbieten zu stoppen.

Das Spielchen Annäherung – Abreiben mit dem Lasso – Weggehen setzen wir eine Weile fort. Berühren Sie das Pferd am ganzen Körper mit dem Seil, bis zu den Beinen, der Nase und den Ohren. Arbeiten Sie auf beiden Seiten, bis es sich dabei wohl fühlt und fast schon etwas gelangweilt aussieht.

Indem Sie die Beine mit dem Seil berühren, schaffen Sie die Grundlagen dafür, seine Hufe aufzuheben. Dazu mehr im Kapitel 9.

Wenn Sie das Pferd überall berühren können, ohne dass es sich bewegt, beginnen Sie damit, das Lasso leicht gegen seinen Körper zu klatschen, bis es auch dabei ruhig stehen bleibt.

Um das obige Teilziel zu erreichen, brauchen Sie etwa fünfzehn bis dreißig Minuten. Danach können Sie den nächsten Schritt in Angriff nehmen.

Die Satteldecke

Ich benutzte für meine Pferde Navajo-Decken aus weicher Wolle oder Baumwolle. Ich habe zwar keine echten, von den Navajo-Indianern handgearbeiteten Decken, aber welche in der Art. Ich schätze sie deswegen, weil sie Luft an den Pferderücken lassen.

Mithilfe eines dicken Pads kann man auch einen schlecht sitzenden Sattel für das Pferd einigermaßen passend machen. Wenn ich Navajo-Decken verwende, kann ich zur Not mehrere übereinander legen um den Sattel gut zu polstern. Ich falte und lege die Decken versetzt aufs Pferd um einen zu dicken Deckenwulst unter meinem Bein zu vermeiden. (Bei der ersten Decke die Seite auf dem Pferderücken lang und die dem Pferderücken abgewandte Seite kurz und die zweite Decke obendrauf umgekehrt.) Besser ist es jedoch, wenn der Sattel Ihrem Pferd optimal passt, so dass Sie keine zusätzliche Polsterung benötigen. Je näher Sie am Pferd sitzen, desto besser der Kontakt zum Pferd und desto besser Ihre Reaktionen.

Das Wichtigste bei der Satteldecke ist ihre Sauberkeit. Eine saubere Decke fühlt sich für das Pferd besser an und vermeidet Druck- oder Scheuerstellen. Eine gefaltete Navajo-Decke hat vier saubere Seiten – das erlaubt es Ihnen, das Pferd einige Male zu satteln, bevor die Decke gewaschen werden muss. Manchmal werde ich nach meiner Meinung zu orthopädischen Pads gefragt. Ich persönlich mag sie nicht besonders, denn ich finde sie zu warm fürs Pferd.

So viel zur Satteldecke selbst. Nun wenden wir uns unserem nächsten Teilziel zu – die Satteldecke auf den Pferderücken zu legen.

Wie immer während unseres Trainings können wir diese Prozedur in mehrere kleinere Schritte zerlegen. Wir wiederholen einfach die Schritte für die Gewöhnung des Pferdes an unsere Hände und an das Lasso.

Falten Sie zunächst die Satteldecke zu einem etwa 30 Quadratzentimeter großen Viereck. Sie können zu diesem Zeitpunkt auch mit einem Handtuch arbeiten und erst später die Satteldecke verwenden.

Nähern Sie sich dem Pferd in der Mitte des Roundpen mit der Decke. Lassen Sie es daran riechen – geben Sie dem Pferd Zeit genug für eine genaue Untersuchung. Reiben Sie seine Nase mit der Satteldecke – später auch seinen Kopf, die Ohren, den Hals, die Schultern und die Beine. Das Ganze natürlich wieder auf beiden Seiten.

Wenn das Pferd seinen Platz verlässt, scheuchen Sie es weg. Als »Strafe« dafür, dass es seine Angst nicht unter Kontrolle hat, muss es eine Weile im Roundpen laufen, bevor es anhalten darf. Das nächste Mal wird es sich überlegen, ob es nicht lieber stehen bleibt, wenn Sie mit der Satteldecke kommen. Achten Sie darauf, richtig auf Ihr Pferd eingestimmt zu sein – es besteht bei dieser Aktion die Gefahr, dass Ihr Pferd den Eindruck bekommt, es solle davonlaufen. Wenn Sie das Gefühl haben, das Pferd missversteht Ihr Signal, dann stoppen und wenden Sie es öfter, bevor Sie es wieder in die Mitte kommen lassen.

Immer wenn das Pferd vor Ihnen wegläuft, sagt es Ihnen damit: »Ich fühle mich nicht wohl mit dem, was du da machst. Du musst dich noch mehr bemühen, bis ich mich entspannen kann.« Dieser Dialog verhindert, dass Mensch oder Pferd bei dieser Prozedur verletzt werden.

Wenn das Pferd nach seinen »Strafrunden« im Roundpen schließlich anhält, machen Sie einen Schritt zurück, falten die Satteldecke noch kleiner zusammen, als sie vorher war, und beginnen von vorn.

Wenn Sie sich dem Pferd mit der gefalteten Satteldecke nähern können, ohne dass es sich verspannt, beginnen Sie es überall am Körper damit zu reiben.

Dann falten Sie die Decke wieder auf doppelte Größe auseinander und nähern sich erneut dem Pferd. Immer wenn Sie die Decke ein Stück weiter auseinander falten, tun Sie das etwas entfernt vom Pferd.

Fahren Sie mit der Prozedur fort, indem Sie die Decke immer weiter auseinander falten bzw. vergrößern, bis sie ihre eigentliche Größe hat und Sie sich dem Pferd mit jeweils einer Ecke der Decke in jeder Hand nähern können.

Legen Sie sie dem Pferd über den Hals und über die Ohren. Werfen Sie sie dem Pferd von jeder Seite über den Rücken. Lassen Sie die Decke dann auf seinem Rücken liegen und drücken Sie mit der Hand auf seinen Bauch – dort, wo sich später der Sattelgurt befinden wird, damit es sich an diesen Druck gewöhnt.

Achten Sie darauf, auch die Innenseite seiner Vorderbeine zu berühren, weil das der Sattelgurt auch tun könnte.

Klopfen Sie mit der Hand auf die Decke. Bewegen Sie sie auf seinem Rücken. Nehmen Sie sie weg und legen Sie sie wieder auf. Wiederholen Sie dies alles, bis das Pferd völlig entspannt dabei ist. Durch diese Vorbereitungen wird das Pferd auch gleich daran gewöhnt, evtl. mehrere Satteldecken zu tragen.

Sehen Sie zu, dass sich das Pferd bei allen diesen Spielereien mit der Satteldecke richtig wohl fühlt, bevor Sie das erste Mal satteln.

KAPITEL 6

Das erste Satteln

Es ist möglich, innerhalb von einigen Stunden die Übungen im Roundpen, das Aussacken, das erste Satteln und den ersten Ritt zu absolvieren. Bevor Sie erstmalig satteln, sollten Sie sich jedoch vergewissern, dass Sie nicht eine der Lektionen in Kapitel 2 übersprungen haben.

Da Sie nie ganz sicher wissen können, ob ein Pferd während des ersten Ritts einen Buckler oder Bocksprünge machen wird, hat es keinen Sinn, erst noch dreißig Tage zu warten. Es ist besser, das Pferd zu satteln und gleich zu reiten, solange alles noch neu für es ist.

Es war neu für ihn, in einem Roundpen rundumzulaufen, die Satteldecke war neu und jetzt kommen wir mit dem Sattel und es sagt sich: »Okay, was ist es diesmal Neues?« Wenn wir einen Monat warten, könnte seine Reaktion sein: »Um Himmels willen, was ist das denn?«

Bevor wir das Pferd reiten können, muss es sich mit dem Sattel auf seinem Rücken wohl fühlen. Es muss jedoch nicht ans Halfter gewöhnt sein. Sie sind sicherer, wenn Sie bei dieser Lektion nicht mit dem Pferd verbunden sind. Denken Sie daran – immer wenn wir die Bewegungsfreiheit eines widerstrebenden 500-Kilo-Tieres, das über eine enorme Kraft verfügt, einschränken wollen, kann das in einem Desaster enden. Es ist wichtig, dass sich das Pferd nicht gefangen fühlt, wenn wir es das erste Mal satteln. Es sollte nichts am Kopf tragen – auch wenn es schon an Halfter oder Trense gewöhnt ist.

Ich kann innerhalb von zehn Minuten einen Sattel auf fast jedes Pferd legen, das Halfter und Führstrick trägt. Das ist jedoch nicht mein Ziel. Es geht nicht darum, einfach nur den Sattel irgendwie aufs Pferd zu kriegen – es ist vielmehr wichtig, dass das Pferd entspannt bleibt, wenn es den Sattel auf dem Rücken spürt.

Unser Ziel in dieser Lektion ist es, das Pferd dazu zu bringen, ruhig stehen zu bleiben, während es gesattelt wird. Das lehrt das Pferd gleichzeitig ruhig und ohne zu zappeln zu stehen, wenn es geputzt wird oder wenn an seinen Hufen hantiert wird. Mir macht es nichts aus, drei oder auch dreißig Stunden an dieser Lektion zu arbeiten, wenn das Pferd am Ende versteht, was ich will.

Es gibt zwei Gründe, warum das Pferd einen Sattel nicht akzeptiert – es kann keine Lust haben oder Angst. Wenn ich die Zeit investiert habe, es beim ersten Mal korrekt zu satteln, dann weiß ich, dass das zweite Satteln kein Problem mehr sein wird.

Arbeiten Sie allein mit dem Pferd. Lassen Sie sich nicht von einem anderen assistieren, denn dann ist die Gefahr, dass einer von Ihnen beiden zu Schaden kommt, größer.

Prüfen Sie zuerst die Einstellung des Pferdes Ihnen gegenüber. Ist es aufmerksam? Wenn nicht, dann sollte es evtl. ein paar Runden im Roundpen laufen, damit es seine Aufmerksamkeit Ihnen zuwendet.

Es ist wichtig, diese Lektion in der Mitte des Roundpen auszuführen, wo Sie auch schon Sattel und Satteldecke bereitgelegt haben. Diese zentrale Position verhindert, dass das Pferd mit dem Sattel am Zaun hängen bleibt. Zudem sind Sie sicherer, weil Sie dem Pferd aus dem Weg gehen können, wenn es losstürmen oder buckeln sollte.

Da das Pferd gelernt hat Ihnen zu folgen, sollte es kein Problem sein, es ohne Halfter in die Mitte des Roundpen zu führen.

Beginnen Sie damit, es mit dem zusammengerollten Seil zu berühren. Klatschen Sie es schließlich leicht an seinen Körper – es sollte das aus den früheren Aussack-Lektionen kennen.

Dann nähern Sie sich mit der gefalteten Satteldecke und reiben es damit ab. Falten Sie sie auseinander und werfen Sie sie dem Pferd von beiden Seiten über. Dann legen Sie sie zusammen und platzieren sie auf seinem Rücken – in der richtigen Position um den Sattel daraufzulegen zu können. Nun ist das Pferd bereit Bekanntschaft mit dem Sattel zu machen.

Normalerweise sattle ich zuerst von der abgewandten, rechten Seite des Pferdes aus. Das ist einfacher, weil ich nur den Latigo von dieser Seite herüberwerfen muss. Sattle ich von der linken Seite, so müssen vorderer und hinterer Gurt sowie das Vorderzeug über den Rücken des Pferdes gehen. Befestigen Sie den gegenüberliegenden (linksseitigen) Bügel oben am Horn und platzieren Sie dann so vorsichtig wie möglich den Sattel auf dem Pferderücken. Es ist wichtig, dass Sie dabei sanft vorgehen und dass der linke Bügel dem Pferd nicht an die Seite oder an die Beine kracht; das würde es nicht nur erschrecken, sondern Sie auch der Gefahr aussetzen, dass es Sie panisch über den Haufen rennt.

Wenn Sie mit Vorderzeug und hinterem Bauchgurt reiten wollen, befestigen Sie diese am Sattel, bevor Sie ihn auflegen. Der hintere Bauchgurt vermindert beim Calf Roping den Druck aufs Pferd. Er verhindert zudem, dass sich der Sattel dreht, wenn Sie ein widerspenstiges Kalb am Seil haben. Wenn Sie mit dem hinteren Gurt reiten, vergewissern Sie sich, dass der Riemen, der vorderen und hinteren Bauchgurt verbindet, sicher sitzt. Wenn er das nicht tut und sich löst, kann Ihr hinterer Bauchgurt nach hinten rutschen und Ihr Pferd wird zum Rodeopfer. Vergewissern Sie sich auch, dass der Verbindungsriemen nicht zu lang ist, so dass das Pferd nicht mit einem Bein hineintreten kann. Das Vorderzeug verhindert, dass der Sattel zu weit nach hinten rutscht, wenn Sie in rauem Gelände mit dem Pferd klettern. Wenn Sie es anlegen, achten Sie darauf, dass es oberhalb der Schulter liegt, so dass es die Bewegungen des Pferdes nicht behindert.

Wenn hinterer Bauchgurt und Vorderzeug zu groß für das Pferd sind, entfernen Sie sie.

Nochmal: Es ist sowieso alles neu für das Pferd, so dass es aller Wahrscheinlichkeit nach nicht in Panik gerät und denkt: »Mein Gott, was schnallt mir dieser Bursche an die Brust?«

Nun gehen Sie um das Pferd herum und nehmen sofort den hochgelegten Steigbügel herunter. Damit schließen Sie aus, dass er vom Horn herunterrutscht und das Pferd schließlich doch noch erschreckt.

Vergewissern Sie sich nun, dass die Gurte gerade sind und dass kein Riemen mehr unter dem Sattel eingeklemmt ist.

Ich werde immer wieder gefragt, welche Art von Sattelgurt ich verwende. Ich mag keine Fellgurte, sondern verwende eine Kombination aus Baumwolle und Nylon. Wie bei den Satteldecken ist es jedoch nicht so wichtig, was Sie benutzen, sondern dass es immer sauber ist.

Wenn Sie so weit sind, den Gurt zu sich herüberzuziehen, achten Sie darauf, dass Ihre Füße vor der Schulter des Pferdes stehen, jedoch so, dass sie die Vorderbeine nicht blockieren. Auf diese Weise sind Sie aus der Reichweite von Vorder- und Hinterbeinen, wenn das Pferd vorwärts springt oder nach Ihnen tritt.

Greifen Sie unter den Bauch des Pferdes nach dem Latigo und bleiben Sie dabei mit der Hand nahe an den Vorderbei-

nen. Das ist die sicherste Position bei diesem Teil der Übung.

Wenn Sie den Latigo festziehen, legen Sie ihn erst in ein paar lose Windungen, bevor Sie ihn ganz straff ziehen. Bei diesem ersten Satteln benutzen wir den Schlipsknoten um den Latigo zu befestigen und keine Schnalle. Damit und mit den losen »Sicherungsschlingen« ist die Gefahr geringer, dass sich der Sattel lockert und unter den Bauch rutscht, wenn sich das Pferd in Bewegung setzt, bevor wir fertig sind. Zudem können wir es vielleicht überzeugen stehen zu bleiben, wenn wir es am Latigo festhalten.

Schließlich können Sie den Gurt langsam festziehen. Ziehen Sie ihn Stück für Stück so fest, als ob Sie reiten wollten. Nochmal: Wir wollen auf jeden Fall vermeiden, dass der Sattel dem Pferd unter den Bauch rutscht, wenn wir es von uns wegschicken. Wenn es nun buckeln sollte, wird es lernen, dass es den Sattel nicht herunterbuckeln kann – und natürlich ist es angenehmer für Sie oder mich, wenn es das nur mit dem Sattel (ohne Reiter auf dem Rücken) lernt. Kontrollieren Sie nochmal den hinteren Bauchgurt (wenn Sie einen benutzen), ob er nicht zu lang ist. Wie gesagt, das Pferd kann mit dem Huf darin hängen bleiben. Dazu muss es gar nicht mal erschrecken – es braucht bloß nach einer Fliege zu treten.

Das Pferd sollte bei alldem still stehen, denn es hat in den vorangegangenen Lektionen gelernt, uns in allem, was wir tun, zu vertrauen. Es sollte sich nicht vom Fleck rühren. Wenn es das doch tut, so wissen wir, dass wir nicht so gute Arbeit geleistet haben, wie nötig gewesen wäre.

Wenn das Pferd wegläuft, wenn wir mit dem Sattel kommen, haben wir nicht genug mit den Satteldecken gearbeitet. Wenn es schon vor der Satteldecke davonläuft, haben wir nicht genug mit dem Lasso gearbeitet usw.

Ich wiederhole: Unser Ziel ist nicht, das Pferd im Roundpen herumzujagen, sondern es still stehen zu lassen, während es gesattelt wird. Wenn das Pferd nur einen kleinen Fehler macht – sich z. B. nur ein, zwei Schritte bewegt, dann strafen Sie es nicht, indem Sie es im Roundpen herumscheuchen. Gehen Sie auf es zu und fordern Sie es auf sich zu Ihnen zu drehen – dann beginnen Sie wieder von vorn.

Nachdem das Pferd gesattelt ist, befinden wir uns in einer gefährlichen Position. Seine erste Tat mit diesem Ding auf dem Rücken kann unter Umständen ein sehr großer Satz sein. Nachdem wir eine Menge Zeit investiert haben um dem Pferd beizubringen uns zu folgen, sollten wir ihm jetzt nicht den Rücken zuwenden und darauf warten, dass uns das Pferd mit einem großen Satz in den Rücken springt. Entfernen Sie sich also rückwärts vom Pferd und schicken es weg. Rechnen Sie in dieser Situation mit allem – egal, ob es ein Mustang ist oder ein menschenbezogenes Schmusetier. Selbst das sanfteste Pferd kann das erste Mal buckeln oder nach dem Sattel treten. Und dabei kann es Sie verletzen.

Es ist eine normale Reaktion, dass das Pferd mit dem Sattel auf dem Rücken buckelt – also seien Sie darauf gefasst und gehen Sie aus dem Weg. Das bedeutet allerdings nicht, dass es auch mit uns auf dem Rücken buckelt. Umgekehrt gilt das jedoch leider auch: Wenn es mit dem Sattel auf dem Rücken nicht bockt, bedeutet das nicht, dass es das mit uns auf dem Rücken auch nicht tut. Außerdem wollen wir nicht ausschließen, dass ein Pferd, welches einmal ohne Probleme gesattelt wurde, nicht beim zweiten Mal oder mit einem anderen Sattel das Bocken anfängt.

Lassen Sie das Pferd im Roundpen laufen, damit es lernt, dass es den Sattel nicht abschütteln kann. Es gewöhnt sich dabei nicht nur an den Sattel, sondern auch an die Fender (Bügelriemen) und Steigbügel, die ihm dabei gegen die Flanken schlagen. Machen Sie sich keine Sorgen, wenn das Pferd einmal mitsamt dem Sattel umfällt oder sich hinwirft. Es wird sich selten dabei von einer Seite auf die andere rollen. Wenn es das doch tut und Sie einen guten Sattel haben, sollte ihm dies nichts ausmachen. Das Wälzen ist ein Versuch des Pferdes sich des Sattels zu entledigen – es wird schnell lernen, dass ihm das nichts nützt.

Wenn sich das Pferd beruhigt hat und sich mit dem Sattel halbwegs wohl zu fühlen scheint, nähern Sie sich ihm wieder.

Die Schritte zum Satteln

Rufen wir uns noch einmal die einzelnen Schritte bis zum Satteln ins Gedächtnis:

1. Sichern Sie sich die Aufmerksamkeit des Pferdes.
2. Nähern Sie sich dem Pferd und reiben Sie es mit dem Lasso ab – auch unter dem Bauch und an den Beinen. Klatschen Sie das Seil leicht gegen das Pferd, auch auf der von Ihnen abgewandten Seite.
3. Nähern Sie sich mit einer gefalteten Satteldecke und berühren und reiben Sie das Pferd überall damit – tun Sie dasselbe mit der auseinander gefalteten Satteldecke. Werfen Sie diese

schließlich von beiden Seiten leicht über das Pferd.

4. Platzieren Sie die gefaltete Satteldecke auf dem Pferd.
5. Legen Sie sanft den Sattel auf.
6. Befestigen Sie den Gurt.
7. Gehen Sie aus dem Weg und treiben Sie das Pferd von sich weg um den Roundpen.

Nun können Sie spielerisch am Sattel hantieren. Ziehen Sie am Horn, heben Sie das Cantle (Hinterzwiesel) an und lassen es zurück auf den Pferderücken fallen. Ziehen Sie an den Gurtriemen; bewegen Sie die Steigbügel vor und zurück. Heben Sie die Fender an und lassen Sie sie wieder fallen. Wenn das Pferd davonläuft, lassen Sie es eine halbe Runde im Roundpen laufen, bevor Sie ihm wieder die Möglichkeit zum Stopp geben. Wenn es stoppt, beginnen Sie die Spielchen mit dem Sattel von vorn.

Der Sinn dieser ganzen Prozedur ist, das Pferd an alles zu gewöhnen, was mit dem Sattel zusammenhängt – an die Geräusche, an das Leder, an die Erschütterungen usw. Es ist sehr viel besser, das zu tun, wenn wir nicht auf seinem Rücken sitzen oder sonstwie mit ihm verbunden sind. Wenn das Pferd doch einmal in die Luft geht, soll es das lieber alleine tun.

Wenn das Pferd sich schließlich entspannt, während wir am Sattel herumfuhrwerken, ist es an der Zeit, es von einem anderen Pferd aus zu führen.

Führübungen vom Pferd aus (Snubbing Up)

Das Snubbing Up gewöhnt das junge Pferd an jemanden, der sich über seinem Kopf befindet (etwa auf der Höhe,

wo auch später der Reiter sitzt). Diese Übung sollte nur von jemandem durchgeführt werden, der erstens eine Menge Erfahrung mit Pferden hat und zweitens ein erfahrenes Snubbing Horse sein eigen nennt.

Wenn Sie diese Qualifikation nicht haben, suchen Sie sich lieber einen professionellen Horseman mit einem erfahrenen Pferd, der Ihnen dabei hilft. Wenn Sie kein Snubbing Horse haben und auch keinen, der Ihnen helfen kann, tun Sie den nächsten Schritt sehr sehr langsam. Es gibt unzählige Pferde, die ohne Snubbing Horse eingeritten wurden.

Immer wenn Sie zwei Pferde nahe zusammenbringen und dazu noch ein Seil benutzen, befinden Sie sich in einer Situation, die für alle Beteiligten riskant ist – für Pferde und Reiter.

Wenn Sie z. B. so unbedacht sind, bei einer rossigen Stute einen Hengst als Snubbing Horse zu benutzen, stehen die Chancen gut, ein sehr interessantes – und höchstwahrscheinlich unerfreuliches – Erlebnis zu haben.

Sie sollten das Führseil nicht um das Sattelhorn des Snubbing Horse wickeln, wenn Sie sich Ihrer Sache nicht wirklich hundertprozentig sicher und äußerst erfahren sind. Passen Sie bei dieser Arbei gut auf Ihre Hände auf! Wenn das junge Pferd sich von Ihnen losreißen will, kommt es im Roundpen nicht weit. Wenn Sie merken, dass Sie in Schwierigkeiten geraten, lassen Sie das Pferd los. Sie können es schließlich einfach wieder einfangen. Das ist kein Problem – einen Finger zu ersetzen dagegen schon.

Reiten Sie das Snubbing Horse dicht neben das gesattelte junge Pferd. Lassen Sie nur einen knappen Meter Abstand zwischen Ihrem Reitpferd und dem

Halfter oder Halsriemen des jungen Pferdes.

Wenn Sie Sporen tragen, achten Sie darauf, dass sie kurz sind. Lange Sporen können an den Fendern, Steigbügeln oder Gurten des jungen Pferdes hängen bleiben.

Beginnen Sie nun die beiden Pferde im Roundpen zu bewegen. Wenn das junge Pferd nicht gleich mitkommen will, benutzen Sie die gleiche Methode, mit der Sie es auch dazu gebracht haben, Ihnen zu Fuß im Roundpen zu folgen. Drehen Sie das erfahrene Pferd zu ihm hin und bringen Sie das junge Pferd dazu, seinen Kopf und schließlich seine Füße von dem anderen Pferd wegzubewegen. Jetzt ist es in Bewegung – der erste Schritt fürs Training. Führen Sie es nun im Schritt herum.

Wenn es sich entspannt und sich daran gewöhnt, dass es mit einem anderen Pferd verbunden ist, greifen Sie hinüber und kraulen ihm den Hals. Das zeigt ihm, dass es richtig reagiert, und hilft ihm seine Angst vor dem über seinem Kopf auftauchenden Reiter zu überwinden. Wenn sich unsere ganze Arbeit am Boden abgespielt hat und Sie das erste Mal, wenn es Bewegung über sich wahrnimmt, auf seinem Rücken sitzen, könnten Sie ein Problem haben; also kraulen Sie seinen Hals schon frühzeitig von oben. Rütteln Sie an seinem Sattelhorn, ziehen Sie an den Gurtriemen und berühren Sie es mit der Stiefelspitze an der Schulter und am Fender. Knuffen Sie es ruhig mit dem Stiefel etwas in die Seite, so dass es sich daran gewöhnt, ein paar Knüffe zu bekommen ohne überzureagieren. Heben Sie den Sattel hinten an und lassen Sie ihn wieder fallen. Sie sollen das Pferd nicht piesacken, sondern es daran gewöhnen, wie es sich anfühlt und anhört, wenn es geritten wird.

Nehmen Sie ein zusammengerolltes Lasso und klatschen Sie es gegen den Sattel. Reiben Sie es mit dem Lasso an den Ohren, am Hals und auf der Kruppe. Letzteres ist besonders wichtig, denn wenn Sie das Pferd beim Absteigen unabsichtlich mit dem Bein berühren, könnten Sie eine böse Überraschung erleben.

Erst wenn das Pferd bei all diesen Übungen gelassen bleibt, können Sie daran denken, auf seinen Rücken zu klettern. Doch einen Schritt gibt es noch, bevor wir ans Reiten gehen.

Das erste Auftrensen

Ich benutze eine Wassertrense für meine Pferde. Dieses Gebiss hat keine Hebel und braucht keine Kinnkette – das macht es einfacher, es dem Pferd das erste Mal ins Maul zu legen. Benutzen Sie ein mitteldickes gebrochenes Mundstück. Es ist fast unmöglich, dem Pferd ein solches Gebiss komplett durchs Maul zu ziehen.

Wenn Sie mit einer Wassertrense oder einer Trense mit D- oder O-Ringen gut umgehen können, können Sie ein höheres Ausbildungslevel mit Ihrem Pferd erreichen. Die Wassertrense ist speziell dafür gemacht, uns eine direkte Kontrolle über den Pferdekopf zu ermöglichen. Bei einer sinnvollen Benutzung dieses Gebisses können wir die Kontrolle auf den Rest des Pferdekörpers ausdehnen.

Viele Leute lassen sich von einer Wassertrense leicht entmutigen, denn wenn sie damit den Zügel annehmen, stoppt ihr Pferd nicht so gut, wie sie das gern hätten, oder es stoppt gar nicht. Sie argumentieren, dass ihr Pferd sicherer stoppt, wenn sie eine mehr oder weniger scharfe Kandare verwenden. Diese

Denkweise ist nicht völlig falsch; tatsächlich kann ein solches Gebiss die beste Möglichkeit sein die Kontrolle über ein Pferd zu behalten – zum Beispiel bei Pferden, die von Kindern unter vierzehn Jahren geritten werden. Wenn Sie jedoch die Leistung Ihres Pferdes verbessern wollen oder ein Pferd umziehen wollen, bei dem Sie Probleme mit der Kontrolle haben, dann ist das Training viel einfacher, wenn Sie verstehen, was eine Wassertrense leisten kann.

Das Trensengebiss ist so beschaffen, dass Sie den Kopf des Pferdes leicht auf die eine oder andere Seite bewegen können. Warum das wichtig ist? Immer dann, wenn die Ohren des Pferdes sich in einer Linie mit dem Schweif befinden, ist das Pferd im Körper unflexibel. Nennen Sie es, wie Sie wollen: Widersetzlichkeit, mangelnde Flexibilität, Steifheit, Trägheit, zähe Reaktionen – das alles sind keine Eigenschaften, die wir bei unserem Pferd haben wollen –, also müssen wir sie durch Training korrigieren. Immer wenn wir eine Widersetzlichkeit bei unserem Pferd entdecken – wenn sich Drehungen anfühlen, als ob wir einen Lastwagen bewegen müssten, wenn es mit dem Kopf schlägt, wenn es nicht stoppen, drehen oder rückwärts gehen will, wenn es nicht still steht oder uns unter dem Sattel davonrennt –, lösen wir diese Probleme am besten mit dem Trensengebiss.

Unser Endziel im Training ist dann erreicht, wenn wir das Pferd gerade gerichtet reiten können – die Ohren in einer Linie mit dem Schweif – vollkommen gelöst und spannungsfrei, als ob es schweben würde, dabei aber bereit sofort auf unsere Hilfen zu reagieren. Dann haben wir das höchste Level von »Horsemanship« erreicht. Und ich wiederhole: Dieses Ziel kann am besten mit keinem schärferen Gebiss als der Wassertrense erreicht werden.

Die normale Wassertrense verteilt den Druck besser als eine O-Ring-Trense. Bei der O-Ring-Trense verteilt die abgewandte Seite den Druck und verursacht wunde Stellen. Bei der D-Ring-Trense wird der Druck besser verteilt als bei der O-Ring-Trense, aber Sie brauchen einen Kinnriemen. Zudem können Sie dem Pferd dieses Gebiss leicht durchs Maul ziehen.

Ich benutze keine Nasenriemen, weil das die Kommunikation des Pferdes mit mir beeinträchtigt. Wenn das Pferd das Maul aufsperrt, versucht es zu sagen: »Lass mein Maul in Ruhe!« Wenn ich das Maul mit einem Nasenriemen zuschnüre, dann verhindere ich diese Botschaft an mich.

Der Tag, an dem wir eigentlich die meiste Kontrolle benötigen würden, ist der Tag, an dem wir die geringste haben. Es ist der Tag, an dem wir das Pferd zum ersten Mal reiten. Wenn eine Wassertrense genügt um es an diesem Tag zu reiten, so sollte sie wohl auch für den Rest seines Lebens genügen.

Zu sagen, dass ein Pferd ein hartes Maul hätte, ist absurd. Selbst das »hartmäuligste« Pferd im ganzen Land fühlt die leichteste Berührung im oder am Maul. Wenn es Ihren Finger fühlt, der leicht gegen sein Maul drückt, dann wird es ganz sicher auch einen 20-Kilo-Zug am Zügel fühlen. Das gleiche Pferd wird das kleinste Haferkorn in seiner Futterkrippe finden. Wenn wir also ein »hartmäuliges« Pferd haben, so müssen wir uns darüber im Klaren sein, dass wir nichts an seinem Maul, sondern an seiner Rittigkeit verbessern müssen. Ich ziehe die Wassertrense dem Bosal vor, denn ich habe herausgefunden, dass ich dem Pferd die Trense schon am ersten Tag ohne Probleme anlegen kann. Ich habe bis jetzt keinen vernünftigen Grund gefunden, das Bosal der Wassertrense vorzuziehen. Es geht jedoch weniger darum, was Sie dem Pferd ins Maul oder auf die Nase schnallen, sondern darum, wie wir mit unseren Händen arbeiten um mit dem Pferd zu kommunizieren.

Wenn meine Kommunikation besser wird, komme ich an den Punkt, an dem ich alles von meinem Pferd verlangen kann – mit der Wassertrense. Wenn ich dann zu etwas Sanfterem übergehen will, dann benutze ich ein Halfter, später einen einfachen Strick um den Hals und schließlich gar nichts mehr.

Das Reiten ohne Gebiss hat ein paar Vorteile. Wenn Sie im Gelände reiten, dann haben Sie eine Hand frei für eine Cola und die andere für ein Sandwich. Wenn Sie ein genauso schlechter Lassowerfer sind wie ich, dann haben Sie zwei Hände frei um mit dem Lasso zu hantieren.

Wenn die Leute Zip ohne Kopfstück arbeiten sehen, sagen sie manchmal: Das ist ein Ausnahmepferd. Das ist überhaupt nicht der Fall. Sie können jedes Pferd ohne Gebiss reiten. Wir reden hier von einem »Kontrollsystem«, das bei jedem Pferd funktioniert.

Doch kommen wir zurück zum rohen Pferd, welches wir auf das Gerittenwerden vorbereiten.

Da wir im Kapitel 5 schon am Maul des Pferdes gearbeitet haben, sollte es nicht besonders verwundert sein, wenn wir die Lektionen jetzt wiederholen. Wir legen den Finger auf seine Zungenspitze und tun so, als ob wir das Gebiss einlegen wollten. Erinnern Sie sich: Wir haben keine Veranlassung dem Pferd in irgendeiner Form wehzutun um ihm das Gebiss ins Maul zu legen.

Wir haben ihm beigebracht, dass es sich immer entspannt, wenn wir seinen Kopf zur Seite bewegen – so werden wir seinen Kopf erst loslassen, wenn es nachgibt.

Unsere rechte Hand legt das Gebiss ins Maul. Wir legen den rechten Arm zwischen seine Ohren und heben mit dem linken Zeigefinger seine Lippe an. Schauen Sie genau, wo die Trense liegen soll. Legen Sie das Gebiss ins Maul. Wechseln Sie die Hände am Kopfstück und stecken Sie die Ohren vorsichtig unter den Genickriemen. »Verbiegen« oder knicken Sie nie die Ohren des Pferdes.

Prüfen Sie die richtige Lage des Gebisses. Sie können die richtige Position von außen nicht sehen, also öffnen Sie das Maul und schauen Sie rein. Wenn es bequem aussieht – nicht zu eng und nicht zu lose im Maul hängend, dann sollte es richtig sein. Verlassen Sie sich auf Ihre Urteilskraft. Wenn es so aussieht, als ob das Pferd lächelt, dann schnallen Sie das Kopfstück ein oder zwei Loch länger. Das exakte Verschnallen muss nicht auf den Millimeter genau sein; das Pferd sollte sich jedoch mit seinem Gebiss wohl fühlen – d. h., das Gebiss soll weder nach unten schlackern noch die Maulwinkel hochziehen. Idealerweise liegt es direkt im Maulwinkel an.

Das Auftrensen selbst sollten Sie nie an einem rohen Pferd üben. Legen Sie ihm das Gebiss ins Maul, lassen Sie es zum Reiten dort und nehmen Sie es dann wieder heraus. Es reicht, das Gebiss beim ersten Mal vernünftig ins Maul zu bekommen. Mit einem älteren Pferd, welches Probleme beim Auftrensen macht, verbringen wir mehr Zeit damit, es mehrmals hintereinander auf- und abzutrensen.

Lassen Sie das Pferd zehn bis zwanzig Minuten im Roundpen laufen und sich an das Gefühl der Trense im Maul gewöhnen. Das sollte normalerweise genügen. Es braucht nicht damit zu fressen, zu schlafen oder sie tagelang zu tragen.

Das Pferd wird auf dem Gebiss fünf bis zwanzig Minuten herumkauen, bevor es damit aufhört. Wenn es danach weiter herumknatscht, bedeutet das, dass wir etwas falsch machen. Wenn es begriffen hat, dass es das Gebiss nicht ausspucken kann, wird es die Versuche bald aufgeben.

Was die Zügel angeht: Ich benutze runde Zügel mit einem Knoten am Ende. Sie können verwenden, was immer Ihnen gut in der Hand liegt. Achten Sie nur darauf, dass die Zügel nicht so lang sind, dass das Pferd versehentlich drauftreten kann.

Wenn sich nun das Pferd mit Sattel und Trense arrangiert hat und sich einigermaßen wohl fühlt, können Sie es reiten.

KAPITEL 7

Der erste Ritt

An diesem Punkt haben wir mit dem Pferd schon eine ganze Menge erreicht. Es ist entspannt, wenn wir mit ihm arbeiten, es folgt uns, wenn wir es dazu auffordern, es lässt sich ohne Probleme aufsatteln und -trensen und es ist daran gewöhnt, dass wir über seinem Rücken auftauchen. Gurtriemen und Fender sind an ihm hin und her geschlenkert worden und es macht sich nicht mehr viel daraus, wenn wir am Sattel rütteln.

Ich lege keinen Wert darauf, ein bockendes Pferd zu reiten. Das überlasse ich lieber den professionellen Rodeoreitern. Wenn ich das Pferd nicht dazu bringen kann, den Sattel zu akzeptieren und entspannt im Roundpen herumzulaufen, wie soll ich dann auf seinen Rücken gelangen und es dazu bringen, das zu tun, was ich möchte? Deshalb ist es für diese Lektion so enorm wichtig, dass wir unsere Hausaufgaben gut gemacht haben: Wir müssen mit dem Pferd die Übungen in Kapitel 2 (»Die Arbeit im Roundpen«), Kapitel 4 (»Angstbewältigung«), Kapitel 5 (»Das Aussacken«) und Kapitel 6 (»Das erste Satteln«) absolviert haben, bevor wir das erste Mal auf seinen Rücken klettern. In diesem Kapitel müssen wir uns immer wieder fragen – wie auch schon bei den vorangegangenen Übungen –, ob wir nicht zu viel vom Pferd verlangen. Ist es zu viel verlangt, wenn ich das Pferd im Trab im Roundpen ohne Halfter kontrollieren will? Wenn es einen Sattel trägt? Mich tragen soll? Immer wenn ich das Gefühl habe, unvernünftig viel zu fordern, sollte ich einen Schritt zurückgehen.

In vielen meiner Kurse wollen mir die Leute weismachen, dass mir ihr Jungpferd, welches noch nie zuvor geritten wurde, sicher keine Schwierigkeiten machen wird. Nachdem ich über zweitausend von dieser Sorte geritten habe, kann ich Ihnen versichern: Niemand, auch derjenige nicht, der das Fohlen von Geburt an kennt und sich mit ihm jeden Tag beschäftigt hat, ist in der Lage vorauszusagen, ob es beim ersten Ritt buckeln wird oder nicht.

Manche Leute denken, dass die Reaktion des Pferdes davon abhängt, wie viel Gewicht der Reiter in den Sattel bringt. Ich kenne eine Menge Machos, die Frau oder Tochter auf das junge Pferd setzen – nach dem Motto: »Sie ist leicht, also wird das Pferd wahrscheinlich nicht bocken und wenn doch, dann kann ich es halten.« Hier ist der Wunsch der Vater des Gedankens – in der Realität sieht es anders aus.

Nehmen wir einmal zehn ganz normale Pferde. Sie können diese Lektion falsch angehen und 60 Prozent der Pferde werden trotzdem nicht buckeln beim ersten Ritt. Bleiben vier. Von diesen vieren können Sie bei zweien die Hälfte falsch machen – und sie werden auch noch nicht bocken. Jetzt haben wir noch zwei übrig. Bei einem von diesen beiden sollten Sie schon zu 80 bis 90 Prozent alles richtig machen, damit er nicht bockt. Und der letzte? Der kann immer noch buckeln – selbst wenn Sie alles richtig machen. Das ist das Gesetz der Wahrscheinlichkeitsrechnung.

Wir können dieses Pferd weder davon abhalten zu bocken, noch können wir es vorher an irgendetwas erkennen – wir können nur unsere Chancen verbessern, indem wir versuchen, bei allen zehn Pferden möglichst alles richtig zu machen.

Aber nun zur Sache:

Rütteln Sie ein wenig an den Steigbügeln und ziehen Sie an den Sattelriemen, wie wir es beim ersten Satteln getan haben (Kapitel 6). Tun Sie das von beiden Seiten. Heben Sie das Cantle mehrmals an und lassen Sie den Sattel zurück auf den Rücken fallen. Wenn dem Pferd das alles nichts mehr aus macht, ist es soweit, dass wir auf seinen Rücken steigen können.

Wenn wir zum ersten Mal unser rohes Pferd reiten wollen, ist es wichtig, so entspannt wie möglich zu sein, damit wir nicht unsere eigene Nervosität auf das Pferd übertragen. Die eigene Angst zu kontrollieren, ist wahrscheinlich der schwierigste Teil dieser Übung. Beim ersten Ritt Sporen zu tragen, bringt Ihnen bei, die Beine vom Pferd wegzuhalten – Sie sind jedoch bedeutend sicherer wenn Sie beim ersten Mal auf die Sporen verzichten. Tragen Sie auch keine losen Kleidungsstücke oder lose Gürtel mit denen Sie am Sattelhorn hängen bleiben könnten.

Nehmen Sie Mähne und Zügel in die linke Hand. Der linke Zügel sollte leicht anstehen, der rechte durchhängen. Auf diese Weise kann das Pferd seinen Kopf entspannt halten. Wir sollten seinen Kopf nicht zur Seite ziehen. Das Pferd soll ohne Spannung geradeaus schauen. Wenn es jedoch beim Aufsteigen einen Satz vorwärts macht, können wir den linken Zügel hart annehmen. Damit können wir gleichzeitig die Hinterhand des Pferdes von uns wegdrehen und verhindern, dass es uns tritt. Denken Sie daran: Die Zügel sind nicht dazu da, sich an ihnen festzuhalten. Bis jetzt hat das Pferd keine Ahnung, was das Gebiss im Maul überhaupt soll.

Das Pferd steht ruhig – es hat bis jetzt alle Dinge akzeptiert, die wir mit ihm angestellt haben.

Schauen Sie auf die Hinterhand des Pferdes. Je enger wir neben ihm stehen, desto weniger Druck üben Sie beim Aufsteigen aus – und desto geringer ist die Wahrscheinlichkeit, dass sich das Pferd von uns wegbewegt oder gar davonläuft. Ziehen Sie nicht seitlich am

Sattel oder am Sattelhorn. Und achten Sie darauf, dass sich Ihr Gesicht nicht zu nahe am Horn befindet.

Wenn wir den linken Fuß in den Steigbügel setzen, müssen wir seitlich vor den Vorderbeinen des Pferdes stehen. Wenn es sich beim Aufsteigen bewegt, nehmen wir den Fuß wieder aus dem Bügel, machen einen Schritt zurück, fordern das Pferd dazu auf, uns zu folgen, und loben es dafür. Dann wiederholen wir den Schritt: Wir setzen einfach nur den Fuß in den Steigbügel – ohne den Bügel zu belasten.

Sobald das Pferd das akzeptiert, beginnen wir den Bügel zu belasten. Wenn sich das Pferd bewegt, nehmen wir den Fuß wieder aus dem Bügel, nehmen den linken Zügel an um den Kopf des Pferdes zu uns zu wenden und das Hinterteil von uns weg.

Wenn das Pferd ganz entspannt bleibt, können wir den linken Bügel belasten, die linke Hand von der Mähne zum Horn bewegen und aufsteigen. Aber nur zur Hälfte – wir bleiben im linken Bügel stehen und lassen das rechte Bein locker neben dem linken hängen.

Der Grund, warum wir mit der Hand von der Mähne zum Horn gegangen sind, ist, dass sich unser Magen dann nicht über dem Horn befindet, wenn das Pferd losbuckeln sollte. Unsere rechte Hand liegt am Cantle. Wenn wir schließlich endgültig aufsteigen, legen wir die rechte Hand vorne rechts neben das Sattelhorn und schwingen das rechte Bein über den Sattel.

In dieser Phase sollten Sie jedoch das rechte Bein noch nicht hinüberschwingen.

Stattdessen sollten Sie mit der rechten Hand über den Hals langen und das Pferd loben. Bestätigen Sie es, sagen Sie ihm, dass alles in Ordnung ist. Sprechen Sie mit ihm und reiben Sie seinen Hals und seine Kruppe. Letzteres ist besonders wichtig, denn es kann beim Auf- oder Absteigen passieren, dass Sie mit dem rechten Bein seine Kruppe berühren. Wenn es daran nicht gewöhnt ist, kann es einen Satz machen und unter Ihnen losstürmen.

Bleiben Sie jedoch nicht allzu lange auf einer Seite im Steigbügel stehen. Wir wollen nicht, dass sich das Pferd beim Aufsteigen bewegt – also steigen wir wieder runter, bevor sich das Pferd bewegt, und nicht, nachdem es den ersten Schritt getan hat. Wenn sich das Pferd doch in Bewegung setzt, ist das nicht weiter tragisch; schließlich buckelt es wenigstens nicht.

Viele Leute haben Schwierigkeiten auf- und abzusteigen. Wir möchten so schnell wie möglich auf das Pferd gelangen. Je länger wir auf einer Seite hängen, desto größer ist die Gefahr, dass sich das Pferd bewegt um sich der unangenehmen, einseitigen Belastung durch das Reitergewicht zu entziehen.

Eine Menge Pferde gehen in die Luft, wenn der Reiter absteigen will. Deswegen drehen Sie sich, so dass Sie beim Absteigen nach vorne schauen und nicht im Steigbügel hängen bleiben. Wenn Sie heruntersteigen, drehen Sie das Pferd zu sich, indem Sie den linken Zügel annehmen.

Steigen Sie auf und ab und wiederholen Sie diese Übung sooft wie nötig – so lange, bis das Pferd dabei ganz entspannt bleibt.

Machen Sie alle Übungen auch auf der rechten Seite des Pferdes: Steigen Sie halb auf, belasten Sie den rechten Steigbügel voll, loben Sie das Pferd und steigen Sie wieder ab. Üben Sie wieder so lange, bis dem Pferd Ihre Bewegungen auch auf dieser Seite vertraut sind.

Wenn das Pferd bei alldem ganz gelassen bleibt, können wir das eigentliche Reiten in Angriff nehmen.

Die Entscheidung endgültig aufzusteigen sollte am Boden getroffen werden – und nicht, wenn wir schon zur Hälfte oben sind. Wenn wir unsere Bewegung nämlich unterbrechen, während wir im Steigbügel stehen, und sie fortsetzen, indem wir erst nach einer kurzen Pause das Bein über den Sattel schwingen, könnte das Pferd beim Ansatz der zweiten Bewegung erschrecken. Das Pferd wird uns jedoch signalisieren, was wir tun sollen. Wenn uns bei dem Gedanken vollständig aufzusteigen nicht ganz wohl ist, dann sollten wir es auch noch nicht tun.

Wenn wir uns für das Aufsitzen entscheiden, sollten wir uns einreden, dass wir auf das bravste Pferd der Welt aufsteigen. Wir sind dann nicht zögerlich oder fahrig in unseren Bewegungen. Wenn wir aufsitzen, dann sollten wir dies schnell tun – und nicht auf halber Strecke zögern. Wir steigen auf dieses rohe Pferd genauso auf, wie auf jedes andere gerittene Pferd. Wenn wir dabei normalerweise ein bisschen unsanft sind, dann sind wir das auch jetzt. Wenn wir unser Pferd beim Aufsitzen immer mit der Stiefelspitze leicht in den Bauch pieken, dann tun wir das heute ebenfalls. Andernfalls würden wir das Pferd verunsichern oder erschrecken, wenn wir nach zehn Tagen vorsichtigen Aufsteigens plötzlich zu unserer alten Routine zurückkehren.

Stellen Sie das Pferd gerade hin, bevor Sie aufsteigen: Es soll sein Gewicht mit allen Beinen gleichmäßig tragen, so dass es die beste Ausgangsposition hat um beim Aufsteigen nicht aus der Balance zu geraten.

Und nun steigen Sie ohne zu zögern auf.

Stellen Sie Ihren linken Fuß in den Steigbügel und schwingen Sie das rechte Bein über den Sattel, aber setzen Sie den rechten Fuß an diesem Punkt noch nicht in den rechten Steigbügel. Lassen Sie ihn neben dem Bügel hängen.

Loben Sie das Pferd.

Und jetzt steigen Sie rasch wieder ab. Wenn Sie sehr zögerlich absteigen – besonders dann, wenn Sie schon eine Weile auf seinem Rücken waren, haben Sie gute Chancen, dass es erschrickt.

Gratuliere! Sie haben gerade Ihren ersten Ritt hinter sich und es ist super gelaufen.

Was haben wir eigentlich getan? Wir haben uns auf ein Pferd gesetzt, das noch nie zuvor geritten wurde. Für uns war das ziemlich aufregend – doch was ist in dieser Zeit im Pferd vorgegangen? Welche Fragen hat das Pferd gestellt? Und wie haben wir darauf geantwortet?

Wir haben die Fragen des Pferdes beantwortet, indem wir wieder abgestiegen sind. Ein paar Minuten zuvor hat es nicht gewusst, dass wir überhaupt auf seinen Rücken klettern können. Dann waren wir oben und es hatte keine Ahnung, ob wir wieder absteigen würden. Getan haben wir jedoch beides. Dadurch, dass wir abgestiegen sind, bevor irgendetwas passiert war, hat das Pferd gelernt, dass wir einfach so sowohl auf- als auch absteigen können. Und nun fragt es sich: »Gut – war das alles, was er wollte?«

Steigen Sie oft auf und ab. Tun Sie das von beiden Seiten, so dass es keine besondere Affäre für das Pferd sein wird, wenn Sie einmal gezwungen sind von der rechten Seite aufzusteigen.

Wir kommen nun gleich zum eigentlichen Reiten. Doch vorher wollen wir noch ein paar Worte über das eine

Pferd von unseren zehn verlieren, welches doch bockt, wenn Sie das erste Mal aufsteigen.

Das bockende Pferd

Wie wir mit dem Problem des buckelnden Pferdes umgehen, hängt zum großen Teil davon ab, wann es bockt. Beginnt es schon wegzulaufen oder zu bocken, wenn wir einen Fuß in den Steigbügel setzen (egal, ob wir den anderen Fuß noch fest auf der Erde stehen haben oder schon halb aufgestiegen sind), dann steigen wir rasch wieder ab bzw. nehmen so schnell wie möglich den Fuß aus dem Steigbügel und drehen den Kopf des Pferdes zu uns.

Wenn wir aufsteigen wollen und es hopst neben uns wie eine Krähe auf und ab, dann sagt es uns damit, dass wir zu schnell in unserem Trainingsprogramm vorgegangen sind und nun einen oder zwei Schritte zurückgehen müssen.

Wenn das Pferd erst anfängt zu bocken, sobald wir im Sattel sitzen, dann sollten wir versuchen seinen Kopf nach links zu biegen, es zu kraulen und zu beruhigen. Sobald es aufhört zu bocken, lassen wir den Zügel los und steigen sofort ab.

Anschließend wiederholen wir die Auf- und Absteigeübung.

Wenn uns das Pferd abwirft, müssen wir es beruhigend kraulen und die Prozedur von neuem beginnen. Wir müssen uns dabei vergewissern, dass es sich bei jedem Teilschritt der Übung entspannt und wohl fühlt, bevor wir den nächsten Schritt machen.

Wenn uns das Pferd einmal abwirft, muss das nicht bedeuten, dass es das immer wieder tun wird. Wir sollten es nicht jagen oder irgendwie strafen. Das bringt überhaupt nichts.

Viel wichtiger ist, dass wir uns vergewissern, ob das Pferd uns versteht und ob es sich während der vorangegangenen Schritte entspannen konnte.

Der erste Ritt

Wir sind nun viele Male auf das Pferd auf- und wieder abgestiegen. Es weiß, dass wir in der Lage sind auf seinen Rücken zu gelangen – und wieder runter. Nun werden wir für einen kleinen Ritt auf seinem Rücken bleiben. Dazu setzen wir nach dem Aufsteigen auch den rechten Fuß in den Steigbügel.

Ich bin nur ein Gast auf dem Rücken meines Pferdes. Lassen Sie mich das vergleichen mit einer Einladung bei Ihnen zum Abendessen. Ich klopfe an Ihre Tür und Sie antworten und laden mich ein hereinzukommen. Wir plaudern eine Weile, bevor Sie sich entschuldigen, weil Sie nach dem Essen im Ofen schauen wollen. Wenn Sie wiederkommen, bin ich verschwunden; Sie finden mich in Ihrem Schlafzimmer, wo ich die Schubladen durchwühle. Sie haben mir in Ihrem Haus vertraut – und wie habe ich mich verhalten? Habe ich mich als Gast anständig benommen? Sind Sie ein glücklicher Gastgeber? Natürlich antworten wir auf beide Fragen mit Nein. Denken wir an diese Geschichte, wenn ich sage, dass wir auch bei unserem Pferd nur Gast sind.

Je langsamer wir vorgehen, umso schneller werden wir unser Ziel erreichen.

Wenn sich das Pferd in Bewegung setzt, sobald wir im Sattel sind, dann werden wir nicht am Zügel ziehen, sondern es laufen lassen. Alles, was wir im Moment von ihm wollen, ist, dass es sich entspannt und uns durch den Roundpen trägt. Wir brauchen es nicht zu lenken. Es ist völlig unwichtig, wohin es geht oder ob es stehen bleibt. Wenn es zu schnell wird, dann streicheln Sie es und beruhigen Sie es mit der Stimme um es zu verlangsamen. Wenn es bocken sollte, dann versuchen wir seine Bewegung umzudirigieren, indem wir einen Zügel annehmen und das Pferd damit auffordern sich umzuwenden.

Lassen Sie das Pferd nach seinem Belieben im Roundpen herumwandern. Das ist einer der großen Vorteile des Roundpen: Das Pferd kann nicht mit uns davonlaufen, über Zäune springen oder uns an Bäumen abstreifen. Da wir uns nicht darum zu kümmern brauchen, wohin es geht, müssen wir auch nicht am Zügel ziehen, sondern können uns auf sein Training konzentrieren. Der erste Ritt sollte ziemlich langweilig sein; Aufregung und Panikreaktionen wollen wir ja gerade vermeiden. Wir lassen die Zügel so lang, dass das Pferd die Nase bis zum Boden senken kann, wenn es will. Wenn es den Kopf tief nimmt, reißen Sie nicht am Zügel. Diese Aktion bedeutet nämlich nicht notwendigerweise, dass es buckeln will – es möchte vielleicht nur ein wenig im Sand schnüffeln.

Wir sollten das Pferd auch nicht mit unseren Unterschenkeln antreiben wollen. Sechs von zehn Pferden traben vielleicht dabei an – die anderen vier wissen mit diesem Unsinn wahrscheinlich nichts anzufangen. In diesem Stadium hat das Pferd nämlich keine Ahnung, was der Druck der Unterschenkel überhaupt bedeutet. Es denkt eher, wir traktieren es mit den Schenkeln zur Strafe. Wenn sich das Pferd mit Ihnen wälzen will, ziehen Sie seinen Kopf hoch. Wenn Sie das Hinlegen nicht mehr verhindern können, gleiten Sie von seinem Rücken herunter – Sie wollen schließlich nicht

unter das Pferd geraten. Wenn Sie doch oben bleiben, stehen die Chancen auf 80 Prozent, dass das Pferd buckeln wird, wenn es wieder aufsteht. Also steigen Sie ab, lassen es sich wälzen und beginnen von vorn.

Wenn das Pferd rückwärts rennt, nehmen Sie die Zügel nicht auf. Das würde es nur dazu bringen, noch schneller und noch weiter rückwärts zu rennen. Das Pferd läuft rückwärts, weil es Angst hat. Wir müssen ihm klarmachen, dass es völlig in Ordnung ist, dass wir auf seinem Rücken sitzen – also beruhigen und streicheln Sie das Pferd.

Während wir das Pferd nun im Roundpen reiten, sollten wir diesem Wesen ganz bescheiden dafür danken, dass es uns auf seinem Rücken trägt und uns nicht herunterbuckelt. Vergessen Sie dieses Gefühl nicht, denn auch umgekehrt ist das Pferd immer Ihrem Wohlwollen ausgeliefert, wenn Sie dem Pferd ein Gebiss ins Maul legen und es dabei denkt: »Um Himmels willen, zieh mir nicht im Maul, bitte tu mir nicht weh.«

Dem Gebiss nachgeben

Nun sitzen wir also auf dem Pferd und es ist mit uns durch den Roundpen gelaufen – in seinem eigenen Tempo und in der Richtung, die ihm gefiel. Es hat begonnen sich mit uns auf dem Rücken leidlich wohl zu fühlen und wir beginnen ebenfalls uns zu entspannen. Wir können ihm nun langsam beibringen, dass die Zügel seine Vorhand kontrollieren sollen. Wenn wir seine Nase nach rechts stellen, wird es nach rechts gehen – stellen wir sie nach links, dann geht es nach links.

Wir fangen damit an, den linken Zügel anzunehmen und sehr langsam und vorsichtig stetigen Zug aufzubauen und zu halten. Dieses »Kopf-geben-Lassen« ist besonders wichtig, denn wir haben nicht genug Kraft um das Pferd abzuwenden, wenn es sich aufregt. Das Pferd hat dabei mehrere Möglichkeiten: Es kann seinen Kopf nach rechts, nach links, hoch, runter, nach hinten oder nach vorne bewegen. Was wir wollen, ist folgende Reaktion des Pferdes: Wir möchten, dass sich das Pferd entspannt, indem es den Kopf senkt und seine Nase zu uns wendet – genauso, wie es dies natürlicherweise beim Fressen tut oder wenn es eine Fliege verscheucht. Wenn das Pferd seinen Kopf in die Richtung dreht, die wir möchten, dann belohnen wir es dafür, indem wir sofort den Zug am Zügel wegnehmen.

Wir benutzen runde Zügel mit einem Knoten darin. Unsere Hände gleiten nun beide auf die gleiche Seite des Knotens. Wenn wir die Hände am Sattel auflegen, fühlen wir, wann das Pferd dem Druck nachgibt. Wir lassen die Zügel vorsichtig zwischen dem Sattel und unseren Händen gleiten.

Wir nehmen die Zügel nicht auf, bevor wir nicht etwas von unserem Pferd fordern. Und wir lassen sie sofort wieder locker, wenn wir die Reaktion vom Pferd bekommen, die wir haben wollen.

Wir dürfen den Kopf des Pferdes nicht herumreißen oder -ziehen. Denken Sie daran: Wir wollen dem Pferd beibringen, dass es seinen Kopf zu uns wendet, wenn wir den Zügel leicht annehmen. Wenn wir diese Reaktion bekommen, haben wir auch die Kontrolle über das Pferd.

Wir nehmen also den Zügel auf und bauen etwas Spannung/Zug auf. Die natürliche Reaktion des Pferdes (und auch des Menschen) ist es, Widerstand gegen den Druck zu leisten. Das ist der Grund, warum das Pferd gegen den Zügel kämpft, wenn wir an ihm ziehen. Um dem Pferd nun die erwünschte Reaktion auf den Zug am Zügel klarzumachen, müssen wir erst verstehen, warum es korrekt (d. h. durch Nachgeben) reagieren sollte. Der Grund ist einfach – es will sich Erleichterung verschaffen. Erleichterung von dem Gebiss in seinem Maul, welches wir durch den Zug am Zügel bewegen. Wir können den Kopf des Pferdes in die erwünschte Position dirigieren, indem wir immer dann loslassen, wenn es tut, was wir von ihm verlangen.

Bei dieser Übung ist es wichtig, dass wir mit unseren Händen nicht zu schnell, sondern ganz behutsam und langsam arbeiten. Sobald wir »Spiel« im Zügel haben, nehmen wir sofort den Druck weg. Wir fordern kein weites Hin- und Herschwingen des Kopfes. Wir wollen nur, dass sich das Pferd bemüht dem Zügel nachzugeben – egal, wie klein der Erfolg ist. Wenn wir die richtige Reaktion haben, bauen wir darauf auf. Jedes Mal, wenn das Pferd dem Gebiss nachgibt, lassen wir locker, loben das Pferd und zählen im Geiste bis zehn, bevor wir die Übung auf der anderen Seite machen. Diese Übungen sollten Sie häufig wiederholen.

Üben Sie im Roundpen, wo das Pferd wenigen Ablenkungen ausgesetzt ist. Machen Sie die Übung als eine Art Aufwärmtraining vor jedem Ritt. Das ist vergleichbar mit dem Stretching eines Sportlers vor dem eigentlichen Trainingsbeginn. Das Pferd braucht ähnliche Aufwärmübungen, damit es aufnahmebereit und locker wird. Wenn Sie sich für dieses Warm-Up die nötige Zeit nehmen, erleichtern Sie sich und Ihrem Pferd viele Dinge.

Das Pferd wird immer schneller auf

immer weniger Druck reagieren, wenn wir konsequent im Timing sind und genau aufpassen, wann wir annehmen und wann wir nachgeben müssen.

Es wird aber von Anfang an auf einer Seite besser nachgeben als auf der anderen. Die gute Seite unseres Pferdes sollten wir uns merken – wenn wir in eine brenzlige Situation geraten und es schnell seitlich abwenden müssen, sollten wir diese Seite wählen. Natürlich müssen wir während des Trainings versuchen beide Seiten gleichmäßig weich und nachgiebig zu bekommen, bevor wir es dazu auffordern, schneller zu laufen oder zu stoppen – andernfalls könnten wir massive Schwierigkeiten bekommen. Je länger wir diese kleine Übung trainieren, desto sicherer werden wir sein. Wenn wir diese Lektion gut lehren, können wir schon bald das Pferd auf einer Parade reiten.

Wir warnen das Pferd jedes Mal vor, bevor wir den Zügel annehmen. Indem wir den Zügel am Hals entlang verkürzen, geben wir ihm das Signal, dass wir im Begriff sind etwas von ihm zu fordern.

Es ist wichtig, mit einem leichten Zug zu beginnen und diesen langsam zu verstärken, bis wir die gewünschte Reaktion bekommen.

Wir benutzen entweder den rechten oder den linken Zügel – wir ziehen jedoch nie gleichzeitig an beiden Zügeln. Wenn wir damit beginnen, dem Pferd das Nachgeben aufs Gebiss beizubringen, ist es nicht notwendig, dass es dabei die Beine bewegt. Es reicht, wenn es den Kopf bewegt. Wenn es das gelernt hat, folgen die Beine von allein. Es spielt auch keine Rolle, wie hoch das Pferd den Kopf trägt – die Hauptsache ist, dass es dem Zügeldruck nachgibt.

Wir setzen auf dem rohen Pferd noch keinen Schenkeldruck ein. Die Zügel kontrollieren die Vorhand des Pferdes. Wenn wir die Beine zusätzlich zum Zügel einsetzen, dann vergeuden wir eines unserer »Werkzeuge« für die Hilfengebung. Mit den Beinen werden wir andere Kommandos geben. Im weiteren Training werden wir Schenkeldruck einsetzen um unserem Pferd zu sagen: »Beweg deine Beine.«

Wenn das Pferd auf unseren angenommenen Zügel mit unwilligem Kopfschütteln oder Kopfschlagen reagiert und nicht weich und entspannt nachgibt, dann dürfen wir nicht einfach im Programm weitergehen. Erst muss diese Übung ohne Probleme klappen.

Wenn wir dem Pferd diese Lektion korrekt beibringen, werden wir nie wieder ein schärferes Gebiss als die Wassertrense brauchen. Der Lernprozess dafür dauert meistens nur zwanzig bis dreißig Minuten – und diese Zeit ist äußerst gewinnbringend investiert.

Einige Gedanken zum Ausbinden

Ich werde immer wieder danach gefragt, ob es sinnvoll ist, ein Pferd ans Gebiss zu gewöhnen, indem man es seitlich an verschiedenen Teilen des Sattels ausbindet. Ich halte nichts davon. Wenn ich Ihnen den Arm auf dem Rücken festbinde, dann lehre ich Sie damit nicht, den Arm später dauernd auf dem Rücken zu tragen, sondern ich verursache Ihnen Schmerzen im Arm. Das Pferd seitlich auszubinden hat den gleichen Effekt. Es bringt ihm nicht bei nachzugeben oder den von uns ausgeübten leichten Druck zu fühlen und darauf zu reagieren – es führt einfach nur dazu, dass die Muskeln des Halses ermüden und wehtun. Das seitliche

Ausbinden verhindert sogar einen vernünftigen Lerneffekt, denn das Pferd wird unwillig, seitlich nachzugeben, wenn es beständig Schmerzen empfindet. Zudem gibt es eine Reihe von Pferden, die gegen das Ausbinden ankämpfen und sich dabei sogar rückwärts überschlagen können. Und schließlich kann sich das Pferd durch seinen Widerstand im Maul verletzen.

Wenn ich das Pferd auch nur ansatzweise zum Nachgeben gebracht habe, kann ich selbst mit der Hand nachgeben. Es gibt nichts Besseres für die Kommunikation mit dem Pferd als die eigenen Hände. Und das ist es, was wir wollen – Kommunikation. Roboter arbeiten mechanisch und kommunizieren nicht. Wenn ich gemütlich im Wohnzimmer vor dem Fernseher sitze, während mein Pferd einen Tobsuchtsanfall bekommt, weil sein Kopf am Sattel ausgebunden ist, dann lerne ich nichts über Kommunikation. Selbst mit dem Pferd zu arbeiten und es mit den Händen dazu aufzufordern, dem Gebiss nachzugeben, ist für beide weniger gefährlich und letztendlich, was den gewünschten Lernerfolg betrifft, auch effektiver.

Die Wirkung der Zügel verstehen

Die Zügel sind dazu da, dem Pferd die Richtung anzugeben. Wenn wir erkennen, wie der Zügel wirkt, wozu er gut ist und warum wir den Zügel annehmen oder nachgeben, haben wir einen besonders wichtigen Teil des Pferdetrainings verstanden.

Wenn wir begreifen, was das Pferd von uns erwartet, haben wir es leichter, dem Pferd verständlich zu machen, was wir von ihm erwarten. Das Pferd möchte, dass wir ihm nicht im Maul herumziehen. Wenn wir das wissen, dann wissen wir prinzipiell auch, wann wir annehmen und nachgeben sollten.

Die meisten Leute haben eine genaue Vorstellung davon, in welcher Position das Pferd seinen Kopf halten soll. Wenn wir z. B. den Kopf des Pferdes nach unten bekommen wollen, dann möchten wir ihn dort halten, sobald es ihn einmal gesenkt hat. Vom Standpunkt des Pferdes aus sieht die Sache jedoch anders aus; es senkt den Kopf, weil wir am Zügel ziehen und es uns sagen will: »Lass locker!«

Folgendes Beispiel verdeutlicht dieses Prinzip: Stellen Sie sich vor, jemand hält Ihre Hand zu fest und sie beginnt zu schmerzen. Ihre erste Reaktion ist Ihre eigene Hand zu öffnen um die andere loszulassen. Wenn das nicht funktioniert und der andere nicht loslässt, versuchen Sie als Nächstes Ihre Hand wegzuziehen. Genauso, wie Sie versuchen, der anderen Person klarzumachen, dass sie loslassen soll, indem Sie Ihre Hand wegbewegen, versucht das Pferd uns zu vermitteln, dass wir aufhören sollen an seinem Maul zu ziehen, indem es den Kopf wegbewegt.

Wenn das Pferd also den Kopf in die Richtung bewegt, die wir haben wollen (in dem Fall nach unten), dann müssen wir locker lassen und den Druck in seinem Maul verringern.

Der nächste bedeutende Grundsatz, den wir verinnerlichen müssen, ist, dass wir es nicht mit einem starren Objekt zu tun haben, sondern mit einem lebenden Wesen, welches auf unsere Aktionen reagiert. Wir sollten so reiten, dass wir eine (erwünschte) Antwort vom Pferd bekommen. Wir sollten den Kopf des Pferdes nicht in einer bestimmten Position fixieren wollen. Wir können ihn zwar z. B. in einer idealen Position für das Western Pleasure halten, indem wir dauernd am Zügel ziehen – wir können jedoch das Tempo des Pferdes damit nicht kontrollieren. Das Pferd trägt zwar den Kopf in der richtigen Haltung, aber es reagiert z. B. nicht auf eine Aufforderung sein Tempo im Galopp zu verlangsamen. Wenn wir das Pferd zu einer richtigen Reaktion, zu einer erwünschten Antwort auf unsere Forderungen, veranlassen wollen, müssen wir andere Prioritäten setzen.

Bevor wir vom Pferd verlangen können, dass es seinen Kopf in der richtigen Haltung trägt, seine Füße in einer bestimmten Richtung bewegt oder im gewünschten Tempo läuft, muss es lernen zu antworten, zu reagieren. Es ist immens wichtig, dass das Pferd immer weich, d. h. durchlässig reagiert – egal, welches Manöver gefordert wird.

Wenn wir die Zügel aufnehmen und das Pferd dazu auffordern, seine Vorhand z. B. nach rechts zu bewegen und es entspannt sich dabei nicht und gibt im Genick nicht nach, kann es gut sein, dass wir seine Beine nicht in Bewegung setzen können. Also müssen wir beim Training sehr genau darauf achten, dass das Pferd zuerst im Hals und im Maul unseren Händen nachgibt. Kopf und Hals leiten die Bewegung der Beine immer ein.

Pferde, die sich nicht in Bewegung setzen, und Pferde, die nicht anhalten wollen

Während meiner Kurse habe ich Leute mit zwei Grundproblemen beim Reiten ihrer jungen Pferde getroffen. Die eine Gruppe hatte Probleme ihre Pferde in Bewegung zu setzen, die andere hatte

Schwierigkeiten sie zu stoppen. Beiden Problemen können wir auf die gleiche Weise begegnen.

Jedes dieser Pferde arbeiten wir so, dass es dem Druck im Maul besser nachgibt. Erst wenn es sauber nachgibt, kümmern wir uns um das eigentliche Problem.

Wir können das Pferd dazu bringen, nach rechts oder links zu schauen, indem wir den entsprechenden Zügel leicht annehmen. Wenn das Pferd z. B. nach rechts schaut, halten wir seinen Kopf mit dem angenommenen Zügel, der noch minimal Spiel hat (also locker ist), in der gewünschten Position. Das Pferd steht nun so eine Weile und wird schließlich versuchen seinen Hals wieder gerade zu stellen. Wenn es das tut, nimmt es sich selbst das verbleibende Spiel aus dem Zügel und stößt auf Widerstand im Maul. Deswegen wird es seinen Hals wieder biegen. Es steht nun mit leicht durchhängendem Zügel nach rechts gestellt und bekommt seinen Hals nicht komplett gerade. Wenn wir diese Stellung beibehalten, wird sein Hals langsam ermüden und schmerzen und es wird seine Beine bewegen um sich Erleichterung zu verschaffen. Fast immer, wenn es nach rechts schaut, wird es zuerst sein linkes Vorderbein bewegen und dann erst das rechte. Wenn sich das rechte Bein bewegt, lassen wir den Zügel los und loben es. Mit dieser Methode kann man Pferde, die sich weigern sich zu bewegen, meist sehr schnell korrigieren.

Wenn sich das Pferd dagegen konstant bewegt, gehen wir nach dem gleichen System vor. Denken wir daran, dass wir normalerweise eine Bewegung erschweren, wenn wir den Zügel annehmen. Wir fordern das Pferd nun wiederholt auf rechts und links abwechselnd nachzugeben. Wenn es die Richtung des Nachgebens wechselt, wird es dabei kurz stoppen. Wenn es stoppt, dann fordern Sie sofort das Nachgeben auf den entgegengesetzten Zügel. Versuchen Sie immer längere Stopps zu erreichen und loben Sie das Pferd immer, wenn es stehen bleibt.

Weiche Hände und das Nachgeben des Pferdes im Genick

Ich reite nicht um eine bestimmte Kopfhaltung des Pferdes zu erreichen – ich reite, weil ich bestimmte Reaktionen des Pferdes haben will. Wenn sich das Pferd schwer und zäh anfühlt und sich aufs Gebiss legt, dann gehe ich im Training zurück zur Basis, auch wenn es die ihm gestellten Aufgaben gut ausgeführt hat. (Es gibt Situationen und bestimmte Prüfungen, bei denen wir den Kopf des Pferdes in einer bestimmten Position brauchen – dazu kommen wir in Kapitel 11.)

Das Pferd wird den Kopf dort halten, wo es am wenigsten Druck im Maul verspürt. Unser Loslassen ist seine Belohnung (und sein Grund) dafür, dass es den Kopf dort trägt, wo wir es verlangen. Weder ein Tie Down noch ein Martingal kann gefühlvolle Hände ersetzen.

Unsere Zügelhände sollten sich immer innerhalb der Schulterbreite des Pferdes befinden und keine weit ausladenden Bewegungen machen. Die Hände sollten nie weiter von unserem eigenen Körper entfernt sein als Hüftbreite. Wenn wir zu wenig Spiel im Zügel haben oder unsere Hände zu schnell bewegen, wird unsere Handeinwirkung hart und unflexibel. Meistens geben wir dann dem Pferd die Schuld, statt uns zu fragen, was wir tun um seine zähe Reaktion zu verursachen.

Mit einer guten und weichen Hand geben Sie dem Pferd die Möglichkeit auf sehr leichte Zügelhilfen zu reagieren. Es bedeutet, seine Hände langsam genug zu bewegen und genug Spiel im Zügel zu lassen, damit das Pferd genug Zeit hat, um zu reagieren. Wir müssen uns darauf konzentrieren, die Hände weich einzusetzen, so dass wir nie unabsichtlich zurückziehen, wenn das Pferd schon nachgegeben hat. Wenn wir das Pferd darauf trainieren, mit weniger Zügelhilfen auszukommen, dann müssen wir irgendwann gar nicht mehr im Maul ziehen.

Wenn das Pferd zufrieden, sicher und weich nachgibt, können wir das erste Mal mit ihm ins Gelände reiten. Wir gehen aber nur dann aus dem Roundpen heraus, wenn wir uns unserer Sache sicher sind und ein gutes Gefühl dabei haben. Wenn wir es im Gelände reiten, dann lehren wir es, dass es in Ordnung ist, mit uns im Sattel überall hinzugehen. Denken Sie daran: Wir sind immer noch Gäste auf seinem Rücken.

Das Pferd wird es einfacher und bequemer finden, sich im Gelände zu bewegen als im engen Roundpen. Wenn wir das erste Mal mit ihm in den Wald reiten, wird es das genießen.

KAPITEL 8

Die ersten paar Ritte

Bevor wir nun das zweite Mal auf unser Pferd steigen, absolvieren wir die gleichen Vorbereitungsübungen wie beim ersten Mal. Diese Wiederholung wird uns zeigen, wie gut wir unseren Job beim ersten Mal erledigt haben.

Das Pferd wird uns sagen, mit was wir heute beginnen können. Wir lassen es in den Roundpen und schauen, wie es läuft. Ist es genauso müde wie nach dem ersten Ritt? Sicher nicht – es ist frisch und munter. Und diese Energie brauchen wir. Wir geben eine Menge Geld für Kraftfutter aus, und wenn wir das Pferd lange im Roundpen laufen lassen, dann verpufft diese Energie, ohne dass wir sie nutzen. Wir brauchen diese Energie vielleicht erst vier oder fünf Stunden später an diesem Tag und wir brauchen sie ganz sicher um das Pferd trainieren zu können. Idealerweise sollte es maximal eine Runde im Roundpen laufen, bevor es uns seine Aufmerksamkeit schenkt. Wenn es länger Zeit rennt und uns dabei ignoriert, dann wissen wir, dass wir unseren Job bei der Vorbereitung auf den ersten Ritt nicht zufrieden stellend erledigt haben. Wenn wir jedoch erwünschte Reaktionen des Pferdes sehen, werden wir in unserer Vorgehensweise bestätigt.

Bei jedem der vorbereitenden Schritte behalten wir das Pferd also genau im Auge und beobachten seine Verhaltensweisen. Wir beginnen es mit der Hand und später mit dem Seil und der Satteldecke abzureiben. Schließlich satteln wir es.

Dann lassen wir das Pferd in den Roundpen – bis dahin haben wir alle Schritte wieder ohne Halfter gemacht. Wenn das Pferd bockt, dann lassen wir es so lange laufen, bis es sich entspannt, bevor wir es auftrensen und auf seinen Rücken klettern. Wenn das Pferd am ersten Tag mit dem Sattel auf seinem Rücken bockt, ist das nicht so bedeutend – wenn es das am zweiten Tag tut, sollte ich mir Gedanken darüber machen. Am dritten Tag lege ich ihm dann ein Halfter an und versuche das Buckeln zu unterbinden, indem ich seinen Kopf zu mir ziehe. Ich möchte verhindern, dass das Pferd denkt, es könne immer erstmal fünf Minuten bocken, wenn es gesattelt wird. Solche Verhaltensmuster sollte sich das Pferd auf keinen Fall angewöhnen – klären Sie da besser rechtzeitig die Fronten.

Wir können es dem Pferd erleichtern, sich zu beruhigen, indem wir es im Roundpen hinter uns herlaufen lassen. Wenn es entspannt ist, dann beginnen wir mit den gleichen Schritten wie am ersten Tag, bis wir aufsteigen können. Nach dem Auftrensen stellen wir unseren rechten Fuß in den Steigbügel und setzen ihn wieder ab. Wir steigen von beiden Seiten halb auf und wieder runter. Wenn es dabei entspannt ist, schwingen wir uns endgültig in den Sattel. Wir steigen danach mehrmals auf und ab. Wir sollten bei unseren ersten Ritten nie zu lange auf dem Pferderücken bleiben.

Denken Sie daran: Wir wollen immer, dass sich das Pferd bei jedem Schritt entspannt und wohl fühlt, bevor wir den nächsten tun. Wenn es bei unserem Auf- und Absitzen ruhig und gelassen ist, dann beginnen wir mit den Übungen des Nachgebens aufs Gebiss. Wenn das Pferd dem Druck im Maul nachgibt, seinen Kopf senkt und Sie sich auf ihm wohl und sicher fühlen, dann gehen Sie mit dem Pferd raus ins Gelände oder auf einen großen Platz. Wenn Sie das Pferd ein Stück an der Trense führen, dann seien Sie vorsichtig, damit Sie ihm nicht im Maul wehtun. Setzen Sie nicht voraus, dass es sich sofort mit der Trense genauso wie am Halfter führen lässt. Je länger wir das Pferd im Roundpen

reiten, desto mehr wird es sich langweilen und desto träger wird es auf unsere Signale reagieren. Wenn wir es jedoch mit ins Gelände nehmen und ihm eine Aufgabe geben, z. B. sich durch Bäume zu schlängeln oder mit Rindern zu arbeiten, dann wird es einen Sinn darin sehen, sich rechts und links zu biegen. Es versteht, warum wir das Nachgeben von ihm fordern.

Sobald das Pferd unter dem Reiter entspannt ist und im Genick nachgibt, können wir es also ins Gelände reiten.

Im Gelände

Das Geländereiten ist ein kritischer Punkt im Pferdetraining. Sie können ein Pferd fünfzehn Jahre in der Bahn reiten und es ist trotzdem noch nicht sicher im Gelände. Wenn es jedoch nicht geländesicher ist, dann ist es eigentlich auch nicht sicher in der Bahn oder mit anderen Pferden. Für die nächsten paar Stunden reiten wir also das Pferd ins Gelände. Das soll beiden Spaß machen und wir werden nicht viel vom Pferd verlangen. Wir können mit dem Pferd allein oder in einer Gruppe ins Gelände gehen – die Gesellschaft von anderen Pferden gibt dem Jungpferd zusätzlich Gelassenheit und Sicherheit.

Sobald das junge Pferd im Gelände entspannt geht, beginnen wir in der Vorwärtsbewegung damit, es rechts und links auf leichten Zügelzug nachgeben zu lassen. Denken Sie daran: Wir haben bis zu diesem Zeitpunkt noch nie unsere Schenkel eingesetzt. Machen Sie nicht den Fehler anzunehmen, Sie könnten nun dieses gerade eingerittene Pferd mit Schenkeldruck reiten. Vielleicht klappt das, vielleicht auch nicht – auf jeden Fall wird der Schenkeleinsatz für uns erst später ein Thema sein.

Während das Pferd bei den vorherigen Übungen mit dem Kopf rechts und links nachgeben konnte ohne seine Füße zu bewegen, muss es nun in der Vorwärtsbewegung die Vorderbeine auch nach rechts und links setzen. Wenn wir das Pferd in dieser Weise beschäftigen, halten wir uns gleich eine Menge Probleme vom Hals.

Wenn wir genug Zeit investiert haben, so dass das Nachgeben auf den seitlich wirkenden Zügel hundertprozentig klappt, dann haben wir auf jeden Fall die Kontrolle über das Pferd und wir können es im Gelände überall hinreiten. Wenn sich das Pferd aufregen will und es hat gelernt seitlich nachzugeben, dann können wir zumindest entscheiden, wo wir unser Rodeo haben wollen. Wenn wir das Pferd jedoch dauernd abwenden, ablenken und die Richtungen ändern, dann wird es vielleicht bald vergessen haben, dass es eigentlich bocken wollte.

Wenn das Nachgeben gut funktioniert, können wir beginnen es um natürliche Hindernisse herumzulenken. Schließlich wollen wir unser Pferd nicht zwanzig Jahre im Gelände reiten und immer noch ein schlecht kontrollierbares Pferd haben. Wenn wir es auf einem breiten Weg einfach nur geradeaus reiten, hat das Pferd am Ende des Ritts nichts gelernt. Besser ist es, den Weg zu verlassen und um Bäume oder Büsche herumzuzirkeln. Das lehrt uns als Reiter auch das korrekte Timing. Wenn wir das Pferd um einen Busch herumsteuern wollen und es wendet einen halben Meter zu spät ab, dann haben wir es zu spät zu der Wendung aufgefordert.

Diese Übungen tragen wesentlich zu unserer Sicherheit bei. Wenn Sie merken, dass Ihre Kontrolle über das Pferd immer besser wird, dann suchen Sie sich Hindernisse, die enger beieinander stehen. Später klettern Sie mit dem Pferd kleine Hügel hinauf und hinunter. Wenn das Pferd beim Bergauf- und Bergabklettern und beim Umrunden von Hindernissen routinierter wird, steigern Sie die Anforderungen. Je eher Sie mit dem Pferd Wasserdurchquerungen oder Gräben angehen, umso leichter wird es ihm fallen – doch überfordern Sie es nicht, indem Sie zu viel auf einmal wollen.

Unsere Ziele für diese ersten paar Tage im Gelände sind:

1. Das Pferd freundet sich mit seiner Umgebung an.
2. Das Pferd lernt, mit uns auf dem Rücken ganz entspannt überall hinzugehen.
3. Es gibt dem Gebiss/Zügel nach.
4. Es lernt diverse Geländehindernisse zu meistern.
5. Das Pferd geht an Furcht einflößenden Objekten vorbei.
6. Wir können das Pferd kontrollieren und in die Richtung reiten, in die wir wollen.

Furcht erregende Objekte

Irgendwo im Gelände wird uns schließlich etwas begegnen, vor dem das Pferd Bedenken oder gar Angst hat. Die meisten Leute lehren ihre Pferde die Überwindung der Angst, indem sie sie zu den Furcht erregenden Objekten hinreiten oder führen. Das Pferd soll das betreffende Ding beschnüffeln und feststellen, dass die Sache ungefährlich ist. Wenn Sie darüber nachdenken, ist das jedoch albern und in der Praxis oft nicht durchführbar. Diese Methode ist nämlich sehr zeitaufwendig – und wenn ich auf einem Turnier oder einer Show bin, verpatze ich vielleicht meinen Ritt, weil mein Pferd erst in aller Ruhe diverse Furcht erregende Objekte begutachten muss.

Wenn mein Pferd vor etwas Angst hat, will ich, dass es diese Furcht erregende Sache ignoriert. Das bedeutet, dass es vorbeiläuft, als ob das Objekt unsichtbar wäre.

Wenn es das Objekt zum ersten Mal sieht, dann ist es wahrscheinlich, dass sein Fluchtinstinkt die Oberhand gewinnt. Es will vor allem davonlaufen, was es ängstigt – es dreht sich um, um zu entkommen. Ich will das natürlich verhindern. In der Lektion »Angstbewältigung« (Kapitel 4) sollte das Pferd lernen sich seiner Angst zu stellen.

Zuerst sollten wir vergessen, dass das Pferd angstvoll auf ein Objekt starrt – damit wir uns darauf nicht konzentrieren müssen.

Wie wir mit dem Angst auslösenden Objekt umgehen, hängt davon ab, in welcher Phase unseres Trainings wir uns befinden. Auf unserem ersten Geländeritt müssen wir mit dem Problem anders umgehen als nach dem zwanzigsten Ritt. Wenn Sie auf einem gerade erst zugerittenen Pferd sitzen oder sich in einer Situation befinden, in der Sie nicht abwenden und zirkeln oder der ganzen Sache irgendwie ausweichen können, dann entspannen Sie sich einfach und lassen das Pferd anhalten, wenn es will. Wenn sich das Pferd dabei ebenfalls entspannt und Sie das Gefühl haben, dass es auf Ihre Aufforderung weiterzugehen reagieren wird, dann fordern Sie es dazu auf. Lassen Sie es nicht an der Furcht einflößenden Sache schnuppern. Ihr Ziel ist es, ein entspanntes Pferd an dem Objekt vorbeizureiten, welches es beunruhigt. Wenn das Pferd rückwärts rennt, versu-

chen Sie nicht es zu stoppen. Entspannen Sie sich und bleiben Sie einfach sitzen. Es wird schon wieder anhalten. Wenn es das tut, dann bleiben Sie einfach noch ein paar Minuten entspannt auf ihm sitzen und fordern es dann wieder dazu auf, vorwärts zu gehen. Fahren Sie in dieser Weise fort, bis Sie an dem Objekt vorbei sind.

Furcht erregende Objekte, die sich bewegen

Sich bewegende, Angst auslösende Objekte, wie z. B. Autos, Lastwagen, Hunde, Rinder oder Fahrräder, sollten Sie anders in den Griff bekommen als unbewegliche.

Es liegt auf der Hand, dass wir in größerer Gefahr sind, wenn ein großer Truck auf uns zukommt und das Pferd vielleicht so aus der Fassung bringt, dass es direkt davorspringt, als wenn sich nur ein Fahrrad nähert. Unsere Urteilskraft, ob wir als Reiter in Gefahr sind, ist deswegen wichtig. Wenn ein Lastwagen oder ein Auto kommt und wir über die Reaktionen unseres Pferdes im Zweifel sind, dann ist es besser abzusteigen und das Pferd am Zügel zu halten. Wenn wir uns unsicher fühlen, können wir immer absteigen. Es zeugt nicht von besonderer Intelligenz, auf dem Pferd in einer solchen Situation verletzt zu werden. Lieber ein lebendiger Feigling als ein verletzter oder toter Held.

Wenn wir der Meinung sind, dass unsere Sicherheit gewährleistet ist und wir die Kontrolle über das Pferd behalten können, dann bleiben wir auf ihm sitzen und drehen es, so dass es das Furcht erregende Objekt ansehen kann. Wenn das Objekt vorbei ist, lassen wir das Pferd so lange hinterherschauen, bis es verschwunden ist. Wenn wir es mit Hunden zu tun haben, dann ist es am besten, wir lassen das Pferd den Hund anschauen, bis es sich entspannt oder der Hund verschwindet.

Das Pferd trabt

Es wird Momente geben, in denen das Pferd von sich aus den Trab anbietet. In den ersten Trab werden wir es dementsprechend nicht hineintreiben, sondern wir werden es einfach antraben lassen, wenn es das will. Es ist seine Entscheidung. Das ist wichtig, denn es lehrt das Pferd, dass es völlig in Ordnung ist, mit einem Reiter auf dem Rücken zu traben.

Wenn das Pferd unaufgefordert antrabt, lassen Sie es fünfzehn oder zwanzig Tritte gehen und nehmen dann den Zügel auf, dem es am leichtesten nachgibt. Wenden Sie es um 180 Grad und lassen Sie es in den Schritt fallen. Wenn es dabei ruhig bleibt, lassen Sie es das nächste Mal, wenn es in Trab fällt, etwas länger traben, so lange, bis es sich entspannt und weich anfühlt und Sie sich auf seinem Rücken wohl fühlen.

Alle Gangarten sind auf diesen ersten Ritten okay – solange sich das Pferd dabei nicht verspannt und solange Sie es nicht dazu antreiben. Eine höhere Gangart sollte die Idee des Pferdes sein – nicht Ihr Wunsch. Wenn das Pferd galoppieren will, dann lasse ich es ein paar Sprünge gehen, dann wende ich es ab und reite Schritt. Im Galopp ist es wichtig, dass wir dem Pferd nicht erlauben im Tempo zuzulegen. Andernfalls kommen wir in Schwierigkeiten.

Dem Pferd beibringen zu verlangsamen und zu stoppen

Wir müssen das Pferd natürlich erst lehren zu verlangsamen, bevor wir es zum Stoppen auffordern.

Wenn wir ein sehr bewegungsfreudiges und energiegeladenes Pferd reiten, dann sollten wir uns darüber im Klaren sein, dass das die besten Voraussetzungen sind um dem Pferd sowohl den Stopp als auch das Nachgeben aufs Gebiss beizubringen. Solange das Pferd nicht buckelt, können wir damit gut umgehen.

Wenn wir ein hochblütiges Pferd mit viel Bewegungsdrang haben, können wir manche Übungen schneller abhandeln als mit einem trägen Pferd, das im Gelände keinen Schritt zu viel macht.

Unser Pferd ist z. B. angetrabt und wir wissen nicht, ob wir die Kontrolle noch haben. Wir möchten in diesem Moment nicht, dass das Pferd in den Galopp fällt, womöglich zu rennen beginnt und uns in eine gefährliche Situation bringt.

Das Pferd trabt – wir würden uns jedoch sicherer fühlen, wenn es Schritt ginge.

Was tun wir also?

Wir lassen es knapp 20 oder 30 Meter geradeaus traben. Nun wenden wir es in einer scharfen 180-Grad-Wendung nach rechts ab. Es ist wichtig, dass das Pferd eine abrupte Kehrtwendung um 180 Grad macht und keinen Zirkel. Direkt nach der Wendung wird das Pferd mindestens einen Schritt machen, bevor es wieder in Trab fällt. Wenn Sie diesen einen Schritt spüren, geben Sie sofort den Zügel nach.

Wenn das Pferd wieder trabt, wiederholen Sie die ganze Prozedur und wenden es nach 15 oder 20 Metern in die Gegenrichtung. Wenn Sie das erste Mal nach rechts gewendet haben, wenden Sie das zweite Mal nach links. Das Pferd bewegt sich dabei auf einer geraden Linie auf und ab, es beschreibt keinen Kreis. Zudem führt das Pferd, wenn auch nur für einen kurzen Moment, dabei einen Stopp aus.

Machen Sie das sooft wie nötig – so lange, bis das Pferd nach der Wendung im Schritt bleibt.

Werden Sie nicht ungeduldig, auch wenn das Pferd stundenlang immer wieder in Trab fällt. Üben Sie einfach ruhig weiter.

Wenn das Pferd sich drei Stunden bewegt hat und Sie geben ihm die Möglichkeit anzuhalten, dann wird es das wahrscheinlich tun. Nebenbei wird es noch lernen, dass es immer anhalten und die Richtung wechseln soll, wenn Sie den Zügel aufnehmen. Es wird schließlich den Stopp vorwegnehmen und immer länger still stehen bleiben, bevor es die Richtung wechselt.

Wenn Sie merken, dass das Pferd stoppen will, müssen Sie Ihren Körper völlig entspannen um sicherzugehen, dass Sie dem Pferd nicht unbewusst ein Signal für Bewegung geben.

Das Pferd weigert sich in die gewünschte Richtung zu gehen

In diesem Beispiel arbeiten wir mit einem Pferd, welches nicht in die Richtung gehen will, die wir vorgeben.

Reiten Sie das Pferd 15 Schritte in eine andere Richtung. Drehen Sie es um 180 Grad. Reiten Sie es wieder 15 Schritte. Wenden Sie es um 90 Grad und lassen Sie es erneut 15 Schritte gehen. Drehung um 90 Grad – wieder 15 Schritte, wieder Drehung – usw. Verstehen Sie die Idee dahinter? Das Prinzip ist das Pferd in Bewegung zu halten. Wenn es bei der Übung traben will, soll es das ruhig. Wichtig dabei ist, dass das Pferd sich nicht der von Ihnen vorgegebenen Bewegungsrichtung durch eine kleine Pause entziehen kann. Irgendwann hat es die Faxen dick und denkt: »Mein Gott, warum kann ich nicht einfach in dieser Richtung weiter geradeaus laufen?«

Auf den ersten paar Ritten können Sie diese Lektionen üben. Wie immer in unserem Trainingsprogramm sagen uns die Reaktionen des Pferdes, wann wir den nächsten Schritt tun können.

KAPITEL 9

Bodenarbeit

Um dem Pferd am Boden grundsätzlich Manieren beizubringen, egal, ob wir ihm die Hufe aufheben, die Ohren ausrasieren, es mit dem Schlauch abspritzen oder irgendetwas anderes mit ihm anstellen wollen, benutzen wir die gleichen Methoden wie schon bei der Arbeit im Roundpen und bei der Angstbewältigung (Kapitel 2 und 4).

Dem Pferd die Hufe aufheben

Zu diesem Zeitpunkt können wir das Pferd drehen und es dazu bringen, uns anzusehen, wenn wir in den Roundpen kommen.

Beginnen Sie damit, sich neben das Pferd zu stellen und dabei nach vorne, in Richtung Pferdekopf zu schauen. Solange es Widerstand leistet, versuchen wir nicht einen Huf aufzuheben. Wieder gilt das Prinzip der kleinen Schritte und des langsamen Hocharbei-

tens zum Ziel. In diesem Fall bedeutet das, dass wir anfangen das Pferd an der Schulter zu reiben und uns dann mit unseren Händen allmählich am Vorderbein herunterarbeiten. Immer wieder kraulen wir dem Pferd dazwischen den Kopf um es zu loben und ihm unsere guten Absichten zu versichern.

Wenn es an irgendeinem Punkt heftig reagiert und ausschlägt oder zurückschreckt, arbeiten Sie es eine Weile im Roundpen. Wir sollten allerdings bei dieser Lektion nur dann zur Arbeit im Roundpen zurückkehren, wenn wir denken, dass wir in Gefahr sind. Ansonsten üben Sie sich in Geduld und versuchen dem Pferd beruhigende Antworten auf seine Zweifel zu geben. Zudem müssen wir dem Pferd durch viele Pausen die Gelegenheit geben sich wieder komplett zu entspannen.

Wenn Sie mit dem Pferd die bereits bekannten Roundpen-Lektionen wiederholen, werden Sie merken, dass es meist nicht allzu lange dauert, bis das Pferd kooperativ wird. Es mag nur ein bis zwei Runden dauern, bis es uns seine »Ich-will-ja-Einstellung« vermittelt.

Wenn das Pferd nicht unbedingt heftig reagiert hat, Sie sich aber trotzdem nicht sicher fühlen, wenn Sie an seinen Beinen herumhantieren, dann benutzen Sie statt Ihrer Hände ein aufgerolltes Lasso (wie in Kapitel 5 beschrieben).

Wenn sich das Pferd daran gewöhnt hat, dass wir seine Schulter mit der Hand reiben, dann gehen wir tiefer – so lange, bis wir den Huf berühren können; zwischendurch ist immer wieder Kopfstreicheln angesagt.

Im nächsten Schritt bringen wir das Pferd dazu, sein Gewicht auf das andere Vorderbein zu verlagern. Das erreichen wir, indem wir uns mit unserer Schulter an seine Schulter lehnen und etwas dagegen drücken. Wenn wir merken, dass es nachgibt und das Gewicht auf die andere Seite nimmt, hören wir sofort mit dem Druck auf, denn andernfalls wird es Gegendruck aufbauen und sich bei uns anlehnen.

Wenn wir es ohne Probleme dazu bringen, dass es sein Gewicht hin und her verlagert, und wenn wir denken, dass es uns den Huf geben könnte, dann versuchen wir es und heben den Fuß erstmal für den Bruchteil einer Sekunde an. Später sollte es uns gelingen, den Huf eine ganze Sekunde zu halten, bevor wir ihn wieder abstellen. Wir heben ihn erneut hoch und versuchen ihn für eine Sekunde länger als beim ersten Mal zu halten. Es ist wichtig, dass wir immer von uns aus den Huf abstellen, bevor uns das Pferd dazu zwingt, es zu tun. Bald werden wir in der Lage sein jedes seiner Vorderbeine aufzuheben und zu halten. Wenn wir so weit sind, können wir einen Hufkratzer benutzen um den Huf zu säubern. Wenn wir zudem leicht

gegen die Hufsohle klopfen, gewöhnen wir es gleich an die Arbeit des Schmiedes, wenn er Nägel einschlägt.

Nachdem diese Übungen mit den Vorderbeinen erfolgreich absolviert wurden, kommen die Hinterbeine an die Reihe. Lassen Sie uns mit dem linken Hinterbein beginnen. Wenn ich an den Hinterbeinen arbeite, lege ich dem Pferd ein Halfter an und lege den Führstrick so über den Hals, dass sein Ende auf der mir abgewandten Seite des Pferdes herunterhängt.

Wir reiben das Pferd an der Hinterhand wieder mit dem zusammengerollten Lasso. Wir starten z. B. an der Hüfte, reiben ihm dann bestätigend den Kopf und arbeiten uns wieder langsam zum Huf hinunter. Wenn das Pferd Anstalten macht nach uns zu treten, können wir auch eine kurze Gerte nehmen um die Hinterbeine zu berühren. Das hat den Vorteil, dass wir mehr Abstand zum Pferdebein haben. Sie brauchen das Pferd nicht mit der Gerte zu schlagen, denn es wird von allein müde werden dauernd danach zu treten, vor allem, wenn es merkt, dass wir nicht nach ihm greifen und dass ihm auch sonst nichts passiert. Wenn es aufgehört hat nach der Gerte zu treten, nehmen Sie das Lasso und schließlich die Hände um es bis zum Huf hinunter zu berühren.

Wenn es die Berührung der Hinterbeine akzeptiert hat, können wir einen Schritt weitergehen.

Lassen Sie das Pferd etwas zurücktreten, so dass das Hinterbein auf Ihrer Seite möglichst nah am gleichseitigen Vorderbein steht. Wenn das Pferd in dieser Position steht, platzieren Sie Ihr linkes Bein so, dass es vor und zwischen den beiden Vorderbeinen des Pferdes steht. Auf diese Weise schubst Sie das

Pferd aus dem Weg, wenn es nach vorne wegläuft. Ihre linke Hand hält den Führstrick. Der Führstrick sollte locker genug sein, damit das Pferd den Hals nicht in Ihre Richtung biegen muss – er sollte jedoch auch kein unnötiges Spiel haben. Ihre linke Hand sollte zudem in die Mähne greifen. Dadurch befindet sich Ihr Körper fast automatisch nah genug am Pferd und Ihr Gesicht nah genug an seiner Flanke – mit einiger Sicherheit außerhalb der Reichweite seiner Hinterhufe. Ich weiß, dass diese Position furchtbar aussieht. Wenn Sie sie die ersten Male probieren, fühlt sie sich auch so an. Doch das ist die sicherste Methode die Hinterhufe des Pferdes aufzuheben.

Wir bauen nun auf dem Vorangegangenen auf, indem wir erst die Hüfte berühren, zum Kopf zurückkehren und das Pferd wieder dort kraulen und uns schließlich bis zum Unterschenkelmuskel (Gaskin) vorarbeiten. Dort üben Sie mit der rechten Hand Druck aus und holen damit das Bein etwas nach vorne. Wenn das Pferd versucht zu treten, strafen Sie es nicht. Beruhigen Sie es und positionieren Sie sich und das Pferd neu um von vorn zu beginnen.

Machen Sie weiter, bis Sie mit der Hand am Gaskin-Muskel den Huf etwas vom Boden nach vorne bringen können, ohne dass sich das Pferd aufregt oder tritt. Der Bruchteil einer Sekunde reicht erstmal; loben Sie das Pferd dafür. Versuchen Sie danach allmählich die Phase auszudehnen, in der sich der Huf in der Luft befindet. Wenn Sie den Huf auf diese Weise zehn Sekunden vom Boden weghalten können, können Sie zum nächsten Schritt übergehen.

Fahren Sie mit der Hand weiter runter bis über das Sprunggelenk hinaus und versuchen Sie nun den Huf mit der Hand am Röhrbein anzuheben und wieder abzustellen.

Arbeiten Sie sich weiter herunter, bis Sie das Bein am Ballen aufnehmen können. Wenn Sie das geschafft haben, halten Sie mit der rechten Hand den Huf auf der Unterseite und bewegen ihn einige Zentimeter nach außen um zu sehen, ob das Pferd entspannt ist.

Während der ganzen Prozedur ist es wichtig, immer wieder zum Kopf des Pferdes zurückzukehren und es dort zu kraulen. Halten Sie das Bein nie zu lange hoch. Wir sollten das Bein immer abstellen, bevor das Pferd anfängt es wegzuziehen.

Wenn Sie merken, dass sich das Pferd wohl fühlt, während Sie an seinen Beinen herumhantieren, können Sie Ihr linkes Bein, das ja bis jetzt vor den Vorderbeinen des Pferdes gestanden hat, seitlich neben das Pferd stellen und sich schließlich auch in Richtung Hinterhand bewegen. Bleiben Sie aber trotzdem so nah wie möglich an der Seite des Pferdes.

Wenn wir die Hinterhufe problemlos aufnehmen können, ohne dass das Pferd dabei angespannt ist, stellen wir uns wieder mit unserem linken Bein zwischen die Vorderbeine des Pferdes und heben erneut den Hinterhuf ein paar Zentimeter vom Boden auf, diesmal aber mit der linken Hand. Die rechte brauchen wir um mit einem Hufkratzer an die Seite des Hufs zu klopfen.

Sobald das alles auf einer Seite klappt, wenden wir uns der anderen zu.

Das Pferd abspritzen

Der einfachste Weg ein Pferd daran zu gewöhnen, abgespritzt zu werden, ist, es in einen sicheren, gut eingezäunten

Auslauf zu stellen und einfach den Schlauch aufzudrehen. Stellen Sie den Wasserstrahl nicht zu hart ein, so dass er dem Pferd nicht wehtut – jedoch sollte er stark genug sein um das Pferd noch zu erreichen, wenn es 3 bis 5 Meter entfernt steht.

Gehen Sie am Pferdekopf sehr vorsichtig vor: Jedes Pferd akzeptiert Wasser im Gesicht, solange Sie es nicht direkt in Nüstern, Ohren oder Augen spritzen. Sie sollten deswegen mit geringem Wasserdruck arbeiten, wenn Sie den Kopf des Pferdes waschen.

Gehen Sie langsam mit dem Schlauch immer näher ans Pferd, so dass Sie es schließlich überall abspritzen können. Beginnen Sie an den Beinen und arbeiten Sie sich langsam hoch.

Eine weitere sichere Lösung für Pferd und Trainer ist, sich in die Mitte des Auslaufs zu stellen, das aufgehalfterte Pferd an einem weichen Baumwoll-Führstrick zu nehmen und es um sich herumlaufen zu lassen, während man den Schlauch auf es richtet – wieder zuerst auf die Beine und dann auf den Rest des Körpers.

Beide Methoden sind viel ungefährlicher als ein Pferd bei seiner ersten Dusche am Waschplatz anzubinden. Wenn wir unsere Sache bei der Gewöhnung an den Wasserstrahl gut gemacht haben, sollten weitere Waschaktionen kein Problem mehr sein.

Longieren

Wir können jedem halfterführigen Pferd in recht kurzer Zeit beibringen an der Longe zu gehen. Ein töltendes Pferd ist am schwersten zu longieren, weil seine Beine sich anders bewegen. Für ein solches Pferd ist zu viel Longenarbeit nicht gut, denn sie verändert seine Fußfolge und kann zu schlechten Angewohnheiten führen.

Beim Longieren müssen wir immer darauf achten, ein junges Pferd nicht zu lange und kein Pferd in zu tiefem oder auf zu hartem Boden zu longieren. Immer wenn Sie das Gefühl haben, dass Ihr Pferd müde wird, lassen Sie es ausruhen. Die Ruhepausen können Sie benutzen um an verbalen Kommandos wie »Zurück« oder »Komm« zu arbeiten. Achten Sie auch darauf, das Pferd gleich viel links- und rechtsherum zu longieren.

Wir beginnen mit einem 2 Meter langen Seil am Halfter des Pferdes. Wir nehmen das Seil etwa 30 bis 60 Zentimeter unterhalb des Karabiners – in der anderen Hand halten wir eine etwa 1,20 Meter lange Peitsche. Wir positionieren das Pferd zwischen dem Führseil am Kopf und der Peitsche, die auf seine Hinterhand zeigt, so dass wir und das Pferd ein Dreieck bilden – mit uns als Spitze.

Wir stehen seitlich vom Pferd und fordern es auf um uns herumzulaufen, indem wir es an der Hüfte antippen – nicht am Rücken oder am Rumpf. Wir lassen das Führseil locker. Es ist wichtig, dass wir das innere Hinterbein und die Flanke des Pferdes beobachten, denn dort zeigt sich zuerst, ob das Pferd gedenkt uns einen Tritt zu verpassen. Wenn das Pferd im Kreis läuft, drehen wir uns in der Mitte mit.

Wenn wir denken, dass das Pferd treten will, ziehen wir kurz am Führseil: Damit bringen wir seine Nase näher zu uns, sein Hinterteil von uns weg und uns selbst hoffentlich aus dem Gefahrenbereich der Hinterbeine.

Wenn wir einem Pferd auf diese Weise das Longieren beibringen, lehren wir es gleichzeitig kontrolliert an der Longe zu gehen. Wenn das Pferd am Ende einer 10 Meter langen Longe mit einem Affenzahn um uns herumrast, bringt diese Übung nämlich wenig.

Wir entwickeln diese Kontrolle, indem wir das Pferd dazu auffordern, im Abstand von 1 Meter um uns herumzugehen. Wenn das Pferd den Abstand konsequent beibehält, dann lassen wir das Seil durch die Hand gleiten und geben dem Pferd mehr Raum, so dass es sich weiter von uns entfernen kann. Das Pferd ist wie ein Tanzpartner – wenn es nicht entspannt ist oder uns keine Aufmerksamkeit schenkt, dann müssen wir so lange arbeiten, bis beide Voraussetzungen erfüllt sind.

Wir lassen es etwa 1,2 bis 1,5 Meter von uns entfernt im Kreis gehen. Wenn das gut klappt, dann fordern wir es zum Trab auf. Wir schnalzen, damit es im Tempo zulegt. Wenn es nicht reagiert, dann tippen wir es mit der Peitsche zusätzlich zum Schnalzen leicht an der Hüfte an. Wenn sich das Pferd dreht, uns anschaut und anhalten möchte, verkürzen wir die Longe und arbeiten erstmal wieder mit weniger Abstand.

Wenn wir das Pferd longieren, gibt es eine Reihe von Gründen, weswegen wir niemals zulassen sollten, dass das Pferd an der Longe zieht bzw. eine zu feste Verbindung zu unserer Hand hat. Erstens lernt das Pferd Gegendruck aufzubauen. Zweitens gerät es durch das Ziehen selbst aus der Balance und bringt zu viel Gewicht auf das innere Vorderbein – was auf Dauer zu Schäden am Huf und an der Sehne führen kann.

Wenn ich merke, dass ein Pferd an der Longe ziehen will, dann ziehe ich zuerst daran, und zwar heftig.

Wenn wir das Pferd um uns herumlaufen lassen und merken, dass es zieht, dann lehren wir es, genau dies weiter zu tun, wenn wir nichts dagegen unternehmen. Wenn es zieht, dann verstärken Sie den Zug an der Longe, bis es entweder nachgibt oder stehen bleibt. Wenn es stoppt, dann verkürzen Sie die Longe und beginnen von neuem zu longieren. Denken Sie daran: Das Pferd soll nie außer Kontrolle geraten und nicht so schnell oder langsam laufen, wie es selbst gern möchte. Wir müssen seine Geschwindigkeit kontrollieren können, und wenn es sich um uns herumbewegt, soll es gefälligst auf unsere Kommandos achten.

Damit ein Pferd auf 6 Meter Distanz korrekt an der Longe geht, muss es erstmal auf 1 Meter korrekt gehen. Wenn es in 1 Meter Entfernung zieht, dann zieht es bei 6 Metern noch viel mehr. Longierprobleme sollten wir also auf kurze Distanz lösen.

Die einzige Ausnahme von dieser Regel ist der Galopp. Im Galopp soll das Pferd nicht näher an uns dran sein als etwa 4 Meter. Doch der Galopp an der Longe ist eine schon recht fortgeschrittene Übung – und wir müssen zuerst den Schritt und Trab in den Griff bekommen.

Wenn wir unserem Pferd verbale Kommandos beibringen wollen, ist das Longieren die beste Gelegenheit dazu. Wir können damit beginnen, ein Kommando häufig zu wiederholen, wenn sich das Pferd in einer bestimmten Gangart bewegt. Es ist wichtig, dass wir jeder Stimmhilfe notfalls Nachdruck verleihen. Ein Beispiel: Das Pferd befindet sich im Trab und wir geben ihm ein verbales Kommando für den Schritt. Jetzt warten wir zwei Sekunden, bevor wir kurz an der Longe ziehen und es auf diese Weise in den Schritt bringen. Im Training sollten Sie immer zwei Sekunden warten, bevor Sie nach einer verbalen Hilfe direkt auf das Pferd einwirken.

Wenn wir das nicht tun, wird das Pferd eher auf die körperliche Einwirkung als auf das verbale Kommando reagieren.

Um dem Pferd beizubringen auf Stimme rückwärts zu gehen, stellen wir uns seitlich von ihm hin und schauen es an. Wir nehmen das Seil 15 Zentimeter unterhalb des Karabiners. Wir halten in der anderen Hand eine steife Dressurgerte, sagen das Wort »Zurück« (oder das englische »Back«, das einfacher ist), warten zwei Sekunden und tippen das Pferd dann unterhalb der Vorderfußwurzelgelenke mit der Gerte an. Wenn es einen Schritt rückwärts gemacht hat, halten Sie es an und loben es. Wiederholen Sie die Prozedur so lange, bis das Pferd beginnt rückwärts zu gehen, sobald Sie die verbale Hilfe geben.

Um dem Pferd beizubringen auf Kommando zu uns zu kommen, benutzen wir ein 3 Meter langes Seil. Wir geben das verbale Kommando »Komm«, warten zwei Sekunden und ziehen dann kurz am Seil. Das wiederholen wir so lange, bis das Pferd kommt, wenn wir es mit der Stimme dazu auffordern.

Wenn das Pferd erst einmal das akustische Kommando »Komm« verstanden hat, können wir das Tempo, in dem es sich nähert, beschleunigen, indem wir die Technik benutzen, die in Kapitel 2 beschrieben wurde. Wir können es rufen und dann zur Seite treten. Wir fordern es auf sich zu beeilen, indem wir ihm das Seil an die Hinterhand werfen und weiter zur Seite treten. So wird das Pferd schneller und eifriger reagieren.

Ground-Tying

Um dem Pferd das Ground-Tying beizubringen, benutzen wir ein Halfter und ein 3 bis 4 Meter langes Seil. Wir beginnen damit, dem Pferd die Bedeutung des verbalen Kommandos »Whoa« (»Halt«) zu lehren, indem wir neben ihm laufen, »Whoa« sagen und dann am Führstrick nach unten ziehen. Wenn das Pferd schließlich bei dieser Übung gut stoppt und die Bedeutung von »Whoa« gelernt hat, werden wir ein paar Schritte von ihm weggehen. Wenn es hinter uns herlaufen will, sagen wir wieder »Whoa« und schütteln das Seil auf und ab, so dass ihm der Karabiner am Führstrick gegen das Kinn schlägt. Das Pferd sollte dann stoppen und still stehen.

Wir fahren in dieser Weise fort, gehen immer weiter vom Pferd weg und lassen es immer länger stehen, bevor wir zu ihm zurückgehen und es loben.

Immer wenn sich das Pferd entfernen will, bevor wir zu ihm zurückgekommen sind, nehmen wir den Führstrick und setzen ihn wieder in wellenförmige Bewegungen, so dass ihm der Anbindehaken einen Ruck gegen das Kinn versetzt.

Wenn das Pferd die verbalen Kommandos »Zurück« und »Komm« versteht, sind die Voraussetzungen für das Ground-Tying gegeben. Beim Ground-Tying sollte das Pferd dort auf uns warten, wo wir es »geparkt« haben.

Beim weiteren Training des Ground-Tying werden wir dem Pferd etwas Futter in Reichweite legen. Wir entfernen uns, und wenn es sich in Bewegung setzt um an das Futter zu gelangen, ziehen wir am Seil und sagen »Whoa«. Um das Pferd beim Ground-Tying noch sicherer zu machen, wiederholen wir diese Übung auf einer saftigen Wiese. Wieder unterbinden wir die Versuche des Pferdes zu fressen, indem wir mit einem Ruck am Strick seine Aufmerksamkeit zurückgewinnen.

Das Pferd mit Seilen an die Einschränkung seiner Bewegungsfreiheit gewöhnen

Um dem Pferd beizubringen sowohl Hobbles (Fußfesseln) oder Seile um seine Beine zu akzeptieren als auch stillzuhalten, wenn es sich einmal im Draht verfangen hat, üben wir zuerst wieder im Roundpen.

Wir brauchen einen Sattel und ein Halfter mit einem langen Strick. Ein zweites Seil schlingen wir locker um das Sattelhorn und schwingen es um und über den Körper des Pferdes und an seinen Hinterbeinen entlang, so dass sich das Pferd daran gewöhnt. Auf diese Weise lehren wir es sich mit dem Seil abzufinden.

Wenn das Pferd erschrickt und weglaufen will, dann ziehen wir am Strick und bringen es dazu, zu drehen und uns anzuschauen. Wenn sich das Pferd beruhigt hat, beginnen wir von neuem. Wir fahren mit der Prozedur fort, bis wir mit dem Seil, welches um das Sattelhorn geschlungen ist, das Pferd überall (inklusive Beine) »einwickeln« können, ohne dass es sich wehrt.

Wenn sich zu irgendeinem Zeitpunkt das Pferd im Seil verfängt, lassen wir sofort los, damit es sich nicht verletzt. Wenn es diese Lektion korrekt gelernt hat, stehen die Chancen gut, dass es still steht und sich befreien lässt, sollte es sich im Gelände jemals in einem Draht oder Ähnlichem verheddern, was leicht zu Panik führen kann.

Hobbles (Fußfesseln)

Fesseln Sie nie die Hinterbeine des Pferdes mit Hobbles.

Ich persönlich verwende auch keine Hobbles für beide Vorderbeine, denn mir sind schon ein paar Pferde damit weggelaufen. Ich hobble nur ein einzelnes Vorderbein. Diese Methode ist sehr effektiv, verursacht keine Scheuerverletzungen und das Pferd kann sich damit auch problemlos hinlegen und wälzen.

Um dem Pferd beizubringen diese Beschränkung seiner Bewegungsfreiheit zu akzeptieren, gehen Sie mit ihm in den Roundpen und legen Sie eine Seilschlinge um die Fessel eines Vorderbeines. Halten Sie das andere Ende des Seils und entfernen Sie sich vom Pferd.

Das Pferd wird sich zuerst wehren und am Seil ziehen; üben Sie in diesem Moment leichten Zug am Seil aus. Sobald das Pferd aufhört gegen das Seil zu kämpfen, nehmen Sie sofort jeden Druck bzw. Zug vom Seil weg. Wenn es das Seil akzeptiert und brav mit allen vier Füßen auf der Erde steht, geben Sie wieder etwas Zug auf das Seil, geben jedoch wieder nach, bevor es eine Reaktion zeigt.

Wenn das Pferd seinen gehobbelten Fuß immer länger auf dem Boden stehen lässt und immer mehr Seilzug akzeptiert, dann ziehen Sie so fest am Seil, dass Sie den Fuß damit zur Seite anheben können. Wenn das Pferd dies zulässt, können Sie den Zug noch etwas verstärken, so dass es einen Schritt auf Sie zu macht.

Wenn Sie es mit dieser Seilfessel im Schritt herumführen können, schicken Sie es im Trab im Roundpen herum, ohne dass Sie Zug auf die Fußfessel ausüben. Wenn es ruhig vor sich hin trabt, dann bauen Sie sehr langsam Druck auf, so lange, bis es anhält und Sie anschaut.

Wenn Sie das gefesselte Vorderbein hin und her bewegen können, ohne dass das Pferd dagegen kämpft, können Sie es an einem Anbindepfosten festbinden. Verwenden Sie dazu Ein-Fuß-Hobbles oder schneiden Sie Zwei-Fuß-Hobbles in zwei Teile. Achten Sie darauf, dass Sie zwischen dem Pferdebein und dem Pfosten vier bewegliche Wirbelringe (Drehgelenke) haben. Sonst wird das Pferd das Seil in einen gordischen Knoten verwandeln, während es herumläuft, und Sie müssen das Ganze mit dem Messer auseinander schneiden. So bauen Sie einen doppelten Wirbelring am Hobble ein, jeweils einen weiteren an beiden Enden des Seils, welches Sie am Hobble befestigen, und den vierten am Pfosten. Diese Drehgelenke sorgen dafür, dass das Seil sich nicht verheddern kann. Vergewissern Sie sich auch, dass sich im Umkreis des Pfostens keine Baumstümpfe, Bäume, Sträucher oder andere Hindernisse befinden, wo sich das Pferd mit seinem Fußseil verheddern kann.

Wenn Sie das Pferd das erste Mal mit der Fußfessel an den Pfosten binden, sollte das Seil nicht länger als 3 bis 5 Meter sein. Wenn sich das Pferd nämlich doch einmal aufregen sollte und durchstartet, wird es von der Fußfessel gestoppt, bevor es richtig schnell geworden ist.

Ein zwischen zwei Bäumen oder Pfosten gespanntes Seil ist eine andere gute Möglichkeit Pferde für eine längere Zeit anzubinden. Das Seil sollte knapp 3 Meter hoch gespannt sein – also über Kopfhöhe des Pferdes. Das Seil am Halfter des Pferdes sollte lang genug sein, so dass das Pferd mit der Nase auf den Boden kommt.

Stangentraining (Cavalettiübungen)

Diese Übungen können in den ersten paar Tagen des Trainings durchgeführt werden. Auch mit Jährlingen können Sie sie schon absolvieren.

Das Treten über Bodenstangen trainiert die Koordination des Pferdes zwischen Augen und Beinen. Besonders für junge Pferde ist diese Übung sinnvoll, denn sie lehrt es nicht nur, wo seine Füße sind, sondern auch sich besser auszubalancieren. Sie wird bei der späteren Galopparbeit zudem die Fähigkeit des Pferdes auf der Hinterhand zu arbeiten, verbessern.

Wir brauchen fünf bis sieben Stangen, etwa 3 bis 5 Meter lang. Die eine Seite der Stangen legen wir auf die unterste Zaunlatte des Roundpen auf. Je nach Bauart des Roundpen sollte diese etwa 30 bis 60 Zentimeter über dem Boden sein. Damit haben wir ein Ende der Stangen auf dieser Höhe, das andere liegt innen im Roundpen auf dem Boden. Die Stangen sollten schließlich wie die Speichen eines Rades im Roundpen angeordnet sein, jedoch mit unterschiedlichen Abständen dazwischen. So kann der Abstand zwischen der ersten und der zweiten Stange 2,1 Meter betragen, der zwischen der zweiten und der dritten 3 Meter usw.

Ich selbst benutze leichte Stangen. Es sind die Pappzylinder, auf denen Teppichboden aufgerollt war, und die ich mit wasserfestem Klebeband umwickle. Sie sind billig und verletzen das Pferd nicht, wenn es sich die Beine anstößt. Besonders für junge Pferde ist das von Bedeutung, denn eine solche Pappstange tut nicht halb so weh wie eine schwere Holzstange, wenn es dagegenspringt. Unser Ziel ist es, das Pferd in gleichmäßigem Tempo über die Stangen traben zu lassen, ohne dass es sie mit den Hufen berührt.

Wir beginnen damit, das Pferd im Roundpen zu bewegen. Es wird die Tendenz haben den Kreis kleiner zu machen, damit es nur über die niedriger liegenden Enden der Stangen laufen muss. Wir erlauben ihm das, bis es sich an die Stangen gewöhnt hat. Dann schicken wir es weiter raus, so dass es über den höheren Teil der Stangen traben muss. Wir lassen es so lange laufen, bis es trotz der höheren Stangen ein gleichmäßiges Trabtempo geht.

Es kann mehrere Tage dauern, bis das Pferd nicht mehr an die Stangen anstößt. Nach einer Weile wird man jedoch feststellen, dass diese Übungen die Gesamterscheinung des Pferdes, seine Bewegungen und Wendungen ungemein verbessern.

Später können wir dem Pferd diese Übung auch im – langsamen – Galopp zumuten.

Danach können wir Wendungen miteinbauen. Wir werden das Pferd dazu auffordern, zwischen den Stangen zu drehen und dabei im Galopp zu bleiben. Wenn es auch diese Aufgabe gut bewältigt, heben wir das innere Ende der Stangen auf die gleiche Höhe wie das äußere.

Wir fordern dann das Pferd auf zuerst im Trab über diese kleinen Sprünge zu gehen und später im Galopp. Damit versuchen wir dem Pferd beizubringen, mehr auf der Hinterhand zu arbeiten. Nachdem es im Galopp über eine Stange gesprungen ist und gerade die Hinterbeine wieder aufgesetzt hat, fordern wir es so schnell wie möglich zum Richtungswechsel auf. Beim Richtungswechsel dreht es auf der Hinterhand und es hebt seine Vorderbeine wieder in die Luft, wenn es zurück über die Stange springt.

Diese Übung sollten Sie mit dem Pferd immer mal wieder machen – sein Leben lang. Wenn Sie nicht genug Zeit zum Reiten haben, ist das eine nützliche Lektion, die dem Pferd meist auch Spaß macht.

Das Überqueren von Planen

Um das Pferd dazu zu bringen, über eine Plane oder über ein »unsicheres« Objekt, z. B. eine Trail-Brücke, zu gehen, beginnen wir wieder im Roundpen. Wir können eine Plane oder eine Brücke nahe am Zaun platzieren. Die Methoden, die wir jetzt benutzen, können wir auch auf das Verladen eines noch nicht halterführigen Pferdes (siehe S. 159 ff.) übertragen.

Legen Sie die auseinander gefaltete Plane an den Zaun und lassen Sie das Pferd im Roundpen laufen. Unser Ziel ist es, das Pferd zu überzeugen, dass der beste Platz im Roundpen auf dieser Plane ist. Wenn das Pferd nun die ersten Male an die Plane kommt, wird es höchstwahrscheinlich den Weg abschneiden um nicht auf dieses furchtbare Ding treten zu müssen.

Lassen Sie das Pferd bei den ersten paar Runden ruhig den Weg abschneiden. Versuchen Sie nicht es vor oder auf der Plane zu stoppen oder es zum Drübergehen zu zwingen.

Erst wenn das Pferd ohne große Aufregung an der Plane vorbeigeht, machen wir den nächsten Trainingsschritt. Wir können das Pferd nicht davon abhalten zu rennen. Wir können aber entscheiden, von welcher Seite es die Plane überwinden soll. Zum Beispiel soll es die Plane von der rechten Seite her überqueren.

Stellen Sie sich den Roundpen als Zifferblatt einer Uhr vor, auf dem die Plane auf 12 Uhr liegt. Wenn sich das Pferd ihr nähert und beginnt den Weg nach innen abzuschneiden, dann lassen wir es nach rechts wenden, so schnell wir können. Wenn das Pferd nach rechts gedreht hat und in Bewegung bleibt, so drehen wir es erneut, wenn es die 5-Uhr-Marke erreicht hat. Wir beschränken es damit in seiner Bewegungsfreiheit auf etwas weniger als den halben Roundpen. Wir wollen, dass es sich nur in der einen Hälfte aufhält. Wir fahren nun fort, das Pferd zwischen 12 und 5 Uhr hin und her wenden zu lassen. Es darf immer nur stillstehen, wenn es die Plane ansieht.

Unter Umständen wird das Pferd stehen bleiben, dabei aber uns ansehen oder irgendwohin – weg von der Plane – schauen. Das Stehen in dieser Position wollen wir verhindern und so setzen wir das Pferd so schnell wie möglich wieder in Bewegung oder bringen es dazu, in Richtung der Plane zu schauen. Der Abstand zur Plane ist dabei nicht von Bedeutung, sondern nur, dass es dorthin schaut.

Wenn wir das erreicht haben – sagen wir, es steht bei 5 Uhr, 9 Meter von der Plane entfernt, und schaut sie an – lassen wir es dort stehen; je länger wir es stehen lassen, umso leichter wird es uns schließlich fallen, es in Richtung der Plane in Bewegung zu setzen.

Wenn es sich in dieser Entfernung entspannt und beruhigt hat, werden wir es dazu auffordern, sich in Richtung der Plane zu bewegen. Es ist wichtig, dass wir es auf jeder Stufe dieses Trainings erst wieder ruhig werden lassen, bevor wir einen Schritt weitergehen.

Wenn wir es Richtung Plane bewegen wollen, macht es idealerweise einen halben oder ganzen Schritt darauf zu. Wenn es das tut, dann lassen wir es stehen und ein bis zwei Minuten in Ruhe. Das wiederholen wir so lange, bis das Pferd einen Meter von der Plane entfernt steht: Ein Schritt auf die Plane zu und stehen lassen – wieder ein Schritt – stehen lassen usw.

Nun haben wir also unser Pferd ruhig neben der Plane stehen. Dort lassen wir es wieder für eine Minute in Ruhe und fordern es dann zum Weitergehen auf. Auf unsere Forderung wird es entweder reagieren, indem es nach innen ausweicht um die Plane zu umgehen oder indem es über eine Ecke der Plane springt und damit ebenfalls nach innen ausweicht. Immer wenn es nach innen ausweicht, wenden wir es so schnell wie möglich, um es wieder auf die rechte Hälfte der Uhr zu bekommen – mit Blick auf die Plane. Dann beginnen wir erneut mit der obigen Prozedur.

An jedem Punkt unseres Trainings, an dem das Pferd einen Schritt auf die Plane zu macht oder gar einen Huf darauf setzt, gehen wir selbst einen Schritt zurück und lassen es ausruhen. Unser Ziel ist nicht nur das Pferd auf die Plane (oder in den Transporter) zu bekommen, sondern es gelassen darauf (darin) stehen zu lassen. Deswegen muss es während des ganzen Trainingsprozesses ruhig bleiben. Wenn wir daran arbeiten, das Pferd zu verladen, ist es noch wichtiger, dem Pferd zwischen den Forderungen sich vorwärts zu bewegen genug Ruhepausen zu geben.

Irgendwann wird das Pferd ruhig mit einem oder gar zwei Hufen auf der Plane stehen. Je länger wir dem Pferd jetzt Zeit geben, umso einfacher können wir diese Position wieder erreichen, wenn sich das Pferd erschrecken sollte und wieder zu rennen beginnt. Ganz allmählich wird die Plane für das Pferd zu einem Platz, auf dem es sich ausruhen kann.

Diese Übung gewöhnt das Pferd zudem daran, auch über andere Gegenstände zu treten.

Und wie haben wir das gemacht? Haben wir an ihm herumgezerrt? Es geschlagen? Mit den Sporen bearbeitet? Haben wir uns bei dieser Lektion in Gefahr gebracht? War das Pferd in Gefahr? War es nach der Übung ruhiger als vorher?

Die Angst vor der Wurmkur überwinden

Um das Pferd dazu zu bringen, seine Angst vor einem speziellen Gegenstand – z. B. der Wurmkurspritze – zu überwinden, müssen wir darüber nachdenken, wie wir beim Pferd einen Lernprozess in Gang setzen können, der ihm vermittelt, dass es nichts zu befürchten hat.

Es ist normalerweise nicht der Geschmack der Wurmkur, der beim Pferd eine Abwehrreaktion hervorruft. Es widersetzt sich vielmehr deswegen, weil ihm ein unbekanntes Objekt ins Maul geschoben wird und weil ihm etwas Unbekanntes ins Maul gespritzt wird. Da es nun nicht die Wurmkur selbst ist, die den Widerstand verursacht, können wir das Pferd in folgender Weise trainieren.

Zuerst nehmen wir eine alte Wurmkurspritze. Wir streichen Honig auf die Außenseite und versuchen dem Pferd davon etwas auf die Lippe zu schmieren. Es wird schnell auf den Geschmack kommen und wir wiederholen dies einige Tage. Dann füllen wir Honig in die Spritze und spritzen ihn dem Pferd ins Maul. Immer wenn wir mit dem Pferd

arbeiten oder ins Gelände reiten wollen, »behandeln« wir es nun vorher mit der Spritze. Um die Konsistenz der Wurmkur zu imitieren, ersetzen wir den Honig irgendwann durch Apfelsirup und wiederholen auch das einige Male. Nach einer Weile wird das Pferd uns im Auslauf entgegenkommen und darum bitten, einen Spritzer »Wurmkur« zu erhalten. Danach ist die eigentliche Wurmkur ein Kinderspiel, für das wir nicht einmal ein Halfter brauchen.

Die Angst vor dem Fliegenspray überwinden

Es ist viel schwerer, das Pferd an einem sehr kalten Tag ans Einsprühen zu gewöhnen als an einem warmen Tag. Für diese Übung suchen Sie sich also einen schönen heißen Tag aus. Da wir das Pferd nicht mit Fliegenspray zukleistern wollen und das Zeug zudem ziemlich teuer ist, füllen wir für unser Training eine Sprühflasche mit Wasser.

Legen Sie dem Pferd ein Halfter und einen Führstrick an und gehen Sie in die Mitte des Auslaufs oder des Roundpen. Beginnen Sie zu sprühen. Das Pferd wird dabei sicherlich eine Weile um Sie herumtanzen. Versuchen Sie nicht es festzuhalten – dirigieren Sie nur die Bewegung in eine Ihnen genehme Richtung. Irgendwann wird es sich entspannen und stillstehen. Schnell wird es auch entdecken, dass es das ganz angenehm findet, wenn es eingesprüht und dabei abgekühlt wird.

Wenn wir die Übungen in diesem Kapitel Schritt für Schritt absolviert haben, sind wir nun in der Lage dem Pferd die Hufe aufzuheben, es mit dem Schlauch abzuspritzen, ihm eine Wurmkur zu verabreichen und es einzusprühen. Wir können es im freien Gelände longieren und es durch Hobbles oder Ground-Tying daran hindern, uns im offenen Gelände wegzulaufen. Das Stangentraining hilft dem Pferd bei der Koordination seiner Beine, was beim Reiten auch für uns von großem Vorteil sein wird.

Alles in allem haben wir das Pferd nun so trainiert, dass der tägliche Umgang mit ihm eine Freude ist.

KAPITEL 10

Verbesserung
der Geländearbeit

Nachdem wir das Pferd einige Male ins Gelände geritten haben, sollten wir beginnen, unsere Anforderungen langsam zu erhöhen. Wir fahren fort, unsere Kontrolle aufzubauen, und achten darauf, dass wir bei einer Übung immer die richtigen Antworten vom Pferd bekommen, bevor wir zur nächsten gehen. Inzwischen gibt das Pferd dem Gebiss gut nach. Es lässt sich um natürliche Hindernisse herumlenken, geht bergauf und bergab und an Furcht erregenden Gegenständen vorbei. Es ist schon mal in Trab gefallen und hat gelernt auf unsere Aufforderung zu verlangsamen und zu stoppen. Jetzt ist es an der Zeit, unser Training im Gelände auszubauen.

Die Einführung der Hilfen zum Trab

Obwohl es den einen oder anderen Wegabschnitt geben wird, auf dem Sie gern traben würden, ist es wichtig, dass Sie die ersten Dutzend Male warten, bis das Pferd von selbst den Trab anbietet, bevor Sie ihm die Hilfe dafür beibringen. Der Grund dafür ist, dass wir das Pferd mit dem Unterschenkel an die Seiten drücken müssen um es zum Traben aufzufordern – das sollten wir am Anfang noch nicht tun, weil es dabei bocken könnte.

Wenn das Pferd beim Antraben schon sicherer und gelassener ist und wir merken, dass es gerade antraben möchte, können wir die Trabhilfe einführen.

Wir halten dabei die Hand tief – nur ein paar Zentimeter über dem Hals des Pferdes und eine Handbreit vor dem Sattelhorn.

Wenn das Pferd nun von sich aus antrabt, dann nehmen wir die Hand ein paar Zentimeter höher und bewegen sie gleichzeitig ein wenig nach vorne – Richtung Pferdekopf. Außerdem drücken wir nun beide Unterschenkel gegen die Seiten des Pferdes. Es ist wichtig, dass wir drücken und nicht klopfen

– wir wollen das Pferd schließlich nicht in den Trab »kicken«.

Der Sinn dieser Art von Trabhilfe ist, dass sowohl das nervige als auch das träge Pferd dabei sensibel auf leichte Schenkelhilfen bleibt. Wir erleichtern uns die Sache noch, weil wir den Trab in einem Moment fordern, in dem das Pferd sowieso im Sinn hat anzutraben.

Bei einem faulen Pferd, welches die Schenkelhilfe gern ignoriert, neigen wir dazu, aggressiver mit dem Schenkel zu klopfen – wenn wir das tun, desensibilisieren wir jedoch das Pferd auf die Schenkelhilfe. Damit haben wir später ein durch ständiges Klopfen und Andrücken der Schenkel völlig abgestumpftes Pferd.

Wir können allerdings ein träges Pferd auffrischen, indem wir im Gelände viel traben und galoppieren.

Wenn das Pferd den Schenkeldruck mit dem Trab assoziiert, haben Sie es leichter, es in den Trab zu bekommen. Nach zehn- bis fünfzehnmal wird es wissen, dass es traben soll, wenn wir mit den Unterschenkeln drücken.

Trabtraining

Wenn wir im Gelände unterwegs sind, sollten wir stets nach Möglichkeiten suchen, wie wir die Kontrolle über unser Pferd verbessern können. Wenn wir es antraben können, sollten wir 90 Prozent der Strecke im Trab zurücklegen – mit unserer Konzentration nicht auf dem Gelände und dem Trab an sich, sondern auf dem Training. Wir sollten auch im Trab stets nach Hindernissen Ausschau halten, egal, ob zum Durchreiten, Drüberreiten oder Vorbeireiten. Damit prüfen wir, ob wir in der Lage sind unser Pferd dorthin zu reiten, wohin wir wollen. Wir üben deswegen

im Trab, weil das Pferd so schneller lernt und wir die Trainingszeit abkürzen können.

Trailübungen

Wenn Sie Ihr Pferd im Gelände trainieren, denken Sie daran, dass es viele Trainingsmöglichkeiten gibt, die den Ritt nicht unterbrechen. Wir können mit unserem Pferd üben, ohne dass Mitreiter etwas davon merken. Es macht sogar besonders Spaß, sein Pferd »heimlich« zu trainieren! Wir können dabei auf simple Übungen aufbauen. Hier sind ein paar zur Auswahl:

1. Lenken des Pferdes durch Gewichtsverlagerung:

Wenn wir am Rand eines Feldweges reiten, dann verlagern wir unser Gewicht im Sattel, so dass wir 2 Kilo mehr Gewicht in unserem rechten Steigbügel haben. Irgendwann wird das Pferd auf die linke Seite des Weges laufen. Dann verlagern wir unser Gewicht wieder, so dass 2 Kilo mehr Druck im linken Steigbügel sind. Wir setzen bei dieser Übung keinen Schenkeldruck ein – wir wollen, dass das Pferd sensibel auf unsere Gewichtsverlagerung reagiert.

Zum Spaß können wir unseren Mitreitern erzählen, dass unser Pferd rechts und links unterscheiden kann: Wir kündigen an, wohin es gehen wird, lenken es mit dem Gewicht nach rechts oder links und sitzen dabei mit verschränkten Armen und ohne die Zügel anzurühren auf dem Pferd.

2. Das Pferd im Genick nachgeben lassen:

Wir reiten auf der rechten Seite eines Feldweges, nehmen sanft den rechten Zügel an und fordern das Pferd auf, den Kopf zu senken und dem Gebiss nachzugeben, ohne dass es den Kopf dabei nach rechts wendet. In dieser Weise versuchen wir, Durchlässigkeit und aufmerksame Reaktionen zu erreichen. Wir lassen den Zügel sofort wieder locker, wenn das Pferd nachgegeben hat. Wir versuchen nicht, seinen Kopf herumzuziehen. Stattdessen geben wir ihm eine Hilfe, die ihm sagt, dass es seinen Kopf bewegen soll. Wir wollen seinen Kopf nicht herumziehen, denn damit würden wir nur beweisen, dass wir stärker sind als das Pferd mit entspanntem Hals – und wir können sicher sein, dass wir nicht mehr stärker sind, wenn sich das Pferd aufregt oder massiv Angst hat. Wenn wir den Zügel also aufnehmen, dann wollen wir nicht seinen Kopf bewegen. Wir wollen nur langsam eine leichte Spannung im Zügel aufbauen und es dem Pferd überlassen seinen Kopf selbständig zu bewegen.

3. Das Pferd ganz genau steuern und unser Timing perfektionieren:

Wir suchen uns draußen einen Busch oder Felsen und versuchen das Pferd möglichst dicht an diesem Objekt vorbeizureiten. Damit lehren wir es wieder dorthin zu gehen, wohin wir es haben wollen. Wenn das Pferd zu weit entfernt daran vorbeigeht, dann müssen wir unsere Aufforderung dazu früher geben. Mit diesen Übungen lernen wir, wie unser Timing bei diesem Pferd funktioniert. Das Timing kann schnell wichtig werden, wenn wir 3 Meter weiter den Abhang hinunterfallen oder uns die ausschlagende Stute vor uns treffen würde. In solchen Fällen lernen die Leute, dass sie keine Kontrolle über ihr Pferd hatten. Probieren Sie, ob Sie Ihr Pferd dazu

bringen, auf einen bestimmten Stein oder ein kleines Stück Papier zu treten. Schaffen Sie es, dass Ihr Pferd einen 15 Zentimeter kürzeren Schritt macht, um auf das Papier zu treten?

4. Zielgenau reiten:

Wir können zwei Felsen, zwei Holzstapel oder zwei Pflanzen aussuchen und das Pferd dazu auffordern, genau zwischendurch zu laufen. Wenn wir die Lücke verfehlen, dann wissen wir, dass wir am Timing arbeiten müssen. Es macht für das Pferd viel mehr Sinn, im Gelände zwischen zwei Büschen hindurchzulaufen als in der Bahn ohne einen Grund wenden zu müssen. Je enger die ausgewählten Stellen sind, umso gezielter können wir unser Pferd reiten. Wir fordern von ihm keine Wendung in einem weiten, offenen Gelände, sondern schlängeln es lieber zwischen zwei Objekten hindurch und lenken es schließlich durch eine Engstelle, die wenig breiter ist als das Pferd. Das meine ich mit »zielgenau reiten«.

5. Das Pferd um unseren Schenkel biegen:

Wir suchen uns einen einzelnen Baum aus – möglichst ohne tief hängende Äste – und testen, wie dicht wir das Pferd an den Stamm heranreiten können und ob wir es zur Hälfte um den Stamm biegen können. Sinn dieser Übung ist es, zu überprüfen, ob wir das Pferd um unseren Schenkel biegen können. Außerdem lehren wir das Pferd damit, dass es unser Bein nicht an den Baum quetscht. Wenn wir um den Baum herumreiten, lehnen wir uns in Richtung äußere Hüfte (des Pferdes) und drücken leicht mit dem inneren Schenkel. Wir drücken damit den Brustkorb des Pferdes nach außen und holen gleichzeitig die Nase des Pferdes nach innen – zum Baum hin. Üben Sie das nach beiden Seiten.

6. Das Pferd dazu bringen, seinen Körper auf unseren auszurichten:

Wir können uns zwei Bäume aussuchen, die dicht beieinander stehen, und das Pferd lehren sich zwischen den beiden durchzuschlängeln. Wir verlagern leicht unser Gewicht, wie in Punkt 5. Das lehrt unser Pferd genau das Gleiche mit seinem Körper zu tun, wie wir im Sattel mit unserem. Das Pferd wird bald sowohl nach der einen als auch nach der anderen Richtung nachgeben und sich nach beiden Seiten um Objekte herumschlängeln lassen. Das funktioniert bei Hindernissen, wie z. B. Toren und Felsbrocken, zwischen denen kaum genug Platz ist um durchzukommen. Was wir wollen, ist, dass das Pferd sich mit uns bewegt, so dass unser Bein nicht gegen den Felsen oder das Tor gequetscht wird. Diese Übung ist von unschätzbarem Wert, wenn wir zwischen dicht stehenden Bäumen oder durch andere Engstellen reiten. Es ist immer wieder erstaunlich, wie ein darin ungeschultes Pferd seinen Reiter in schwierigem Gelände schrammen und verletzen kann, ohne dass es selbst einen Kratzer abbekommt.

7. Weiche Übergänge:

Wir suchen uns eine Reihe von Objekten aus, zwischen denen wir durchreiten wollen (z. B. zwei Bäume, zwei Felsen oder ein Felsen und ein Baum – jeweils etwa 60 Zentimeter voneinander entfernt). Bevor wir zwischen den ersten beiden durchreiten, suchen wir schon die nächsten beiden aus um darauf zuzureiten. Bevor wir die beiden nächsten durchreiten, richten wir unse-

ren Blick auf das dritte Paar usw. Auf diese Weise bringen wir dem Pferd weiche Übergänge von einem Hindernis zum nächsten bei. Wir sollten sanfte Kurven reiten können, ohne dass wir dem Pferd im Maul herumziehen müssen um es durch die Hindernisse oder darum herum zu reiten. Diese Übung kann später (beim fortgeschrittenen Pferd) im Trab und schließlich auch im Galopp durchgeführt werden.

Das sind nur einige der Übungen, die Sie im Gelände praktizieren können. Wenn Ihr Pferd feinfühliger wird, können Sie z. B. versuchen, im Trab Ihr Hinterteil aus dem Sattel zu heben, kurz bevor Sie einen Stopp verlangen. Wenn wir das 15mal wiederholen, wird das Pferd immer sofort anhalten, wenn es fühlt, dass wir uns von ihm trennen. Das ist fast so etwas wie ein Sicherheitshebel auf einem lebendigen Rasenmäher und kann eine Menge Unfälle vermeiden.

Der erste Zirkel

Wir alle möchten ein williges, aufmerksames Pferd, welches sich nicht aufs Gebiss legt und vorwärts geht, wenn wir es dazu auffordern. Um ein solches Pferd zu bekommen können Sie sich den Zirkel zu Nutze machen.

Da das Pferd immer dann steif und unbiegsam ist, wenn sich seine Ohren in einer Linie mit dem Schweif befinden (d. h. wenn es gerade gestellt ist), wird die Zirkelarbeit in unserem Trainingsprogramm helfen es »weich zu kneten« und es ermutigen sich um den inneren Schenkel des Reiters zu biegen.

Das Pferd hat bis zu diesem Punkt schon gelernt um und durch Hindernisse zu gehen. Wir wählen nun im Gelände ein einzelnes Hindernis aus und lassen das Pferd einen gleichmäßigen Kreis um dieses herum beschreiben.

Im Umkreis dieses Hindernisses muss die Fläche eben sein. Das Hindernis selbst kann alles Mögliche sein – ein größerer Stein oder eine gut sichtbare Pflanze reichen schon –, wir müssen nur in der Lage sein unseren Abstand von diesem Mittelpunkt genau zu bestimmen.

Wir beginnen mit einem Zirkel von etwa 6 Meter Radius um das Objekt herum. Unsere Prioritäten während dieser Übung sind – in der folgenden Reihenfolge:

1. Das Pferd davon abhalten, sich auf das Gebiss zu legen.
2. Die Nase des Pferdes nach innen stellen.
3. Den Kopf des Pferdes auf der Höhe halten, die wir wollen.
4. Das Pferd in einem konstanten Abstand vom Mittelpunkt halten und seine Rippenbiegung der Biegung der Zirkellinie angleichen.
5. Das Pferd in einem gleichmäßigen Tempo halten – am besten im Trab.

Das Pferd korrekt zirkeln zu lassen, bedeutet eine Menge Arbeit für den Reiter. Das kann frustrierend sein, denn das Pferd dazu zu kriegen, auch nur einen der oben beschriebenen Schritte korrekt auszuführen, kann ziemlich lange dauern. Wir müssen unsere Punkte der Reihe nach abarbeiten. Ein Beispiel: Wenn das Pferd zwar einen gleichmäßigen Abstand zum Mittelpunkt einhält, aber dabei seine Nase nach außen stellt, dann ist sein Körper nicht gebogen und es ist steif in seiner Längsachse. Das zieht weitere Probleme nach sich – z. B. dass sich das Pferd aufs

Gebiss legt oder den Kopf zu hoch trägt. Wir möchten ein braves, durchlässiges, sensibles Pferd ausbilden und um das zu erreichen, müssen wir der Reihe nach vorgehen.

Die gleiche Übung kann auch auf dem Reitplatz um einen Plastikkegel herum ausgeführt werden, doch es ist für den Reiter einfacher, das Pferd im Gelände in Bewegung zu halten. Zudem lehrt der unebene Boden draußen das Pferd, seine Beine zu heben und aufzupassen, wohin es läuft. Die Geländearbeit bedeutet außerdem für das Pferd eine willkommene Abwechslung von der Arbeit daheim; wenn wir immer nur im Roundpen oder auf dem Platz arbeiten, kann es sein, dass das Pferd mit der Zeit schwerer und schwerer auf der Hand liegt.

Es gibt noch andere Dinge, die wir bei der Zirkelarbeit beachten sollten. Wenn das Pferd versucht die Zirkellinie nach innen abzukürzen (in den Zirkel hineindrängelt), dann drücken wir mit dem inneren Schenkel. Wir klopfen oder bolzen nicht, sondern üben nur sanften Druck aus. Stellen Sie den Kopf des Pferdes weiter nach innen – in den Zirkel hinein. Nehmen Sie den äußeren Zügel etwas an um das Pferd dazu zu animieren, im Genick nachzugeben. Lassen Sie den inneren Schenkel mit Druck am Pferd, bis das Pferd die Beine (nach außen) bewegt und auf die Original-Kreislinie des Zirkels zurückkehrt. Wenn sich das Pferd zu weit vom Mittelpunkt des Kreises entfernt, dann nehmen wir den inneren Zügel so stark wie nötig (und das sollte nicht viel sein) an um das Pferd zurück auf die Zirkellinie zu führen. Vergewissern Sie sich, dass das Pferd immer, wenn Sie diesen inneren Zügel annehmen, auch den Hals biegt und nicht nur die Beine bewegt.

Dieser Trainingsprozess wird ein paar Stunden dauern – inklusive der immer wieder nötigen Pausen für das Pferd. Unsere Beine werden müde sein und unsere Zirkel immer noch nicht rund. Das Pferd wird sich aufs Gebiss legen wollen und wir werden die Tendenz haben den Kopf des Pferdes in den Zirkel hineinzuziehen und dort festzuhalten. Wir können diesen Fehler vermeiden, indem wir darauf achten, den Kopf des Pferdes immer dann loszulassen, wenn es ihn in der gewünschten Position trägt.

Immer dann, wenn wir locker lassen, wird das Pferd den Kopf gerade stellen und wieder geradeaus gehen wollen. Wir nehmen den Zügel auf, führen es wieder dorthin, wo wir es haben wollen (auf die gebogene Linie), und lassen erneut los. Stellen Sie sich darauf ein, dass Sie bei dieser Übung viel Geduld brauchen. Wir wollen dem Pferd beibringen den Kopf immer dort zu lassen, wohin wir ihn einmal gestellt haben – und es dauert eine Weile, bis das Pferd das lernt. Doch es wird sich langsam verbessern und dann den Kopf für immer längere Zeitabschnitte in der Position lassen, die wir vorgeben.

Wenn das Pferd auf der einen Hand korrekt um das Objekt in der Mitte zirkelt, dann üben wir das Gleiche auf der anderen Hand. Die Übung verlangt vom Pferd eine Menge Biegsamkeit und Geschmeidigkeit und es kann passieren, dass es einen leichten Muskelkater bekommt. Es kann am nächsten Tag etwas steif sein; sein Körper muss sich erst an die ungewohnte Gymnastik gewöhnen.

Kombinieren Sie die Zirkelübungen mit den Übungen, die wir vorher beschrieben haben – dem Durchreiten und Umrunden von Hindernissen.

Geradeaus reiten

Pferde gehen normalerweise nicht geradeaus – deswegen müssen wir auch das trainieren.

Wir beginnen die Übung auf freier Flur. Wir benutzen keine Straße und keinen geraden Feldweg, denn diese geraden Linien sind für das Pferd eine Orientierungshilfe. Wir suchen uns zwei Objekte als Fixpunkte; diese Objekte können 50 bis 100 Meter voneinander entfernt liegen. Nun stellen wir uns so auf, dass wir beide Objekte in einer Linie sehen – eins hinter dem anderen, so dass das hintere vom vorderen verdeckt wird. Wir traben auf das erste Objekt zu. Wenn sich das Pferd direkt auf das Objekt zubewegt, dann lassen wir den Zügel durchhängen und stellen jeden Schenkeldruck ein.

Mit dem Loslassen kann es passieren, dass das Pferd nach einer Seite – rechts oder links – wegdriftet und wir in der Lage sind das zweite Objekt zu sehen. Dann nehmen Sie den direkten Zügel auf und führen das Pferd zurück auf die gerade Linie. Wenn es sich wieder gerade auf das Objekt zubewegt, lassen Sie erneut locker, bis das Pferd abdriftet. Korrigieren Sie das Pferd, lassen Sie wieder locker usw.

Das machen Sie, bis das Pferd immer länger auf der Geraden bleibt, ohne dass wir es korrigieren müssen.

Diese Übung sollte im Laufe des Trainings schließlich in allen Gangarten ausgeführt werden können. Sie verbessert die Leistung bei jedem Pferd – egal, ob Springpferd oder Reining-Pferd, denn sie lehrt das Pferd sich nicht einseitig auf den Zügel zu legen. Diese wichtige Übung ist auch grundlegend für spätere Lektionen, wenn wir etwa am fliegenden Wechsel arbeiten.

Der erste Galopp

Den ersten Galopp leiten wir ähnlich ein wie den ersten – gewollten – Trab. Wir warten, bis das Pferd den Galopp anbietet.

Wichtig dabei ist, dass wir dem Pferd nicht erlauben nach dem Angaloppieren schnell im Tempo zuzulegen. Deswegen lassen wir es beim ersten Galopp nur ein paar Sprünge gehen, bevor wir es wieder in den Trab und schließlich in den Schritt bringen. Das tun wir, indem wir es abwenden, so wie wir das Pferd auch schon vom Trab zum Schritt zurückgeführt haben. Je öfter wir diese »Paraden« zur nächstniedrigeren Gangart geübt haben, desto entspannter wird das Pferd schließlich angaloppieren.

Die Galopphilfen für den korrekten Handgalopp sind hier noch kein Thema, weil ihr Einsatz verfrüht wäre. Da wir noch nicht genug Kontrolle über den Körper des Pferdes haben, würde es uns und dem Pferd noch sehr schwer fallen, den »richtigen« Galopp aufzunehmen. Es würde zu unnötigen Problemen führen: Kopfschlagen, Nervosität oder Verwirrung des Pferdes vor dem oder beim Angaloppieren, das starke Anheben der Vorhand beim ersten Galoppsprung und weitere unerwünschte »Nebenwirkungen«.

Das erste Rückwärtsrichten

Um korrekt rückwärts gehen zu können, muss das Pferd dem Gebiss nachgeben und seinen Kopf senken, wenn wir die Zügel aufnehmen. Es muss zudem im Genick nachgeben und auf die Hilfe zum Trab reagieren.

Um es aufzufordern die ersten paar Tritte rückwärts zu gehen, müssen wir das Pferd dazu bringen, seinen Kopf nach rechts oder nach links zu stellen. Nehmen Sie den äußeren Zügel auf, damit das Pferd im Genick nachgibt, und warten Sie dann. Das Pferd wird sein Gewicht nach hinten verlagern. Wenn es das tut, dann lassen Sie den Zügel locker und loben es. Wiederholen Sie diese Lektion, bis es einen Tritt rückwärts macht. Wenn es stattdessen vorwärts läuft, dann verlagern Sie vorsichtig den Zügeldruck von dem jetzigen Zügel auf den anderen, bis es seine Vorwärtsbewegung stoppt.

Was wir grundsätzlich tun, ist, den Kopf des Pferdes zur Seite zu stellen – z. B. nach rechts. Sobald es dann nach rechts nachgibt, nehmen wir den Druck vom Zügel weg.

Wenn das Pferd beginnt nach vorne wegzulaufen, verstärken wir den Druck. Wenn es die Vorwärtsbewegung einstellt, dann nehmen wir einen Teil des Zügeldrucks weg, behalten aber so viel bei, dass es seinen Kopf seitlich stellt und im Genick nachgibt. Wir müssen nun zusätzlich unseren Körper einsetzen um dem Pferd klarzumachen, dass wir eine Rückwärtsbewegung wollen. Deswegen verlagern wir unser Gewicht leicht nach hinten und drücken leicht mit beiden Unterschenkeln kurz hinter dem Ellbogen des Pferdes. Sie wissen: Schenkeldruck bedeutet für das Pferd, dass es sich bewegen soll. Die Zügel haben nichts mit der Bewegung zu tun und auch nichts damit, wie schnell sich das Pferd bewegt – deswegen wird es nichts bringen, wenn Sie an ihnen ziehen.

Wenn wir das Pferd zum Rückwärtstreten auffordern, ist es sehr hilfreich, sich die Rückwärtsbewegung im Geiste vorzustellen. Wir müssen uns am Anfang mit wenigen Rückwärtstritten zufrieden geben, bevor wir mehr verlangen. Für Rückwärtsbewegungen von 10 bis 12 Tritten brauchen Sie jedoch nicht allzu lange, wenn die Grundlagen stimmen. Im ersten Stadium sind die Geschwindigkeit und die gerade Linie beim Rückwärtsgehen noch nicht von Bedeutung. Das Wichtigste ist, dass kein Zug mehr auf dem Zügel ist, wenn das Pferd rückwärts geht.

Nach dem Rückwärtsrichten warten Sie ein paar Sekunden, bevor Sie das Pferd auffordern vorwärts zu gehen.

Hindernisse überqueren

Auf unseren Geländeritten werden wir in Situationen kommen, in denen wir Flüsse, Stege, Brücken oder andere Hindernisse überqueren müssen. Die Trainingsmethode ist für alle diese Hindernisse gleich. Wir beschreiben sie hier am Beispiel »Wasserdurchquerung«.

Ich glaube, dass Leute, die mit ihrem Pferd an jedem kleinen Bach kämpfen müssen um es durchzubekommen, viel geduldiger sind als ich es bin. Ich möchte die Angst des Pferdes vor dem Wasser erstens so schnell wie möglich überwinden und zweitens so effektiv, dass es bei diesem Pferd nie wieder ein Thema sein wird.

Damit das Pferd diese Lektion lernt, muss es seine Angst überwinden. Für jeden, der Angst vor dem Wasser hat, ist es ziemlich schwierig, sich auf das Überqueren eines rauschenden Baches zu konzentrieren, wenn jemand hinter ihm steht und ihn mit der Peitsche schlägt, damit er sich beeilt. Wenn Sie ein ängstliches Pferd nun mit den Sporen und der Peitsche bearbeiten, werden Sie nur erreichen, dass es sich in seiner Angst bestätigt fühlt. Wenn wir ein Pferd dazu bringen wollen, ein Hinder-

nis ruhig zu überwinden, dann müssen wir versuchen, dass es während der ganzen Übung möglichst ruhig bleibt. Wenn das Pferd lernen soll, dass ihm das Hindernis nicht wehtut, ist Ruhe eine Grundvoraussetzung.

Mit der nachfolgend beschriebenen Methode bekomme ich ein Pferd am allerschnellsten durch einen Bach. Sie ist zuverlässiger und sicherer als das Pferd durchs Wasser »zu prügeln« und wir haben später nie wieder ein Problem mit dem Pferd, wenn wir so vorgegangen sind.

Zu Beginn müssen wir unsere Ziele festlegen. Wenn es uns nur darum ginge, das Pferd irgendwie durch den Bach zu bekommen, dann könnten wir es auch an einen Bulldozer hängen und an die andere Seite ziehen. Diese Methode unterscheidet sich nämlich nicht grundlegend von der Art, ein Pferd mit einem zweiten »Führpferd« durchs Wasser zu lotsen, oder davon, abzusteigen und selbst im Wasser herumzuwaten, um das Pferd zu ermutigen sich an unserem Wassersport zu beteiligen.

Unser Ziel wird sein, das Pferd in einem ruhigen, gleichmäßigen Tempo durch den Bach zu reiten, so dass wir bei der nächsten Wasserdurchquerung nicht wieder den gleichen Zirkus mit ihm haben.

Während dieser Übung wird das Pferd sich abwechselnd bewegen und stillstehen. Wir sollten unsere drei Trainingsregeln dabei nicht aus dem Auge verlieren – erinnern Sie sich? Die Lektion muss sicher sein für uns, sicher fürs Pferd und das Pferd muss nach der Übung ruhiger sein als vorher. Wenn wir diese Regeln im Gedächtnis behalten, helfen Sie uns unsere Ungeduld im Zaum zu halten.

Wenn wir eine allgemeine Frage stellen,

werden wir eine allgemeine Antwort bekommen – also müssen wir unsere Forderungen präzisieren. Wir suchen uns eine rund 15 Quadratzentimeter große Stelle aus, von der aus das Pferd starten soll, wenn es den Bach durchquert. Dann arbeiten wir daran, dass das Pferd diese Stelle immer ansieht. Sie kann irgendwo auf unserer Seite des Bachufers liegen.

Wenn Sie sich damit wohler fühlen, können Sie das Pferd auch zu Fuß an diesen Punkt führen. Doch steigen Sie nicht ab um das Pferd durchs Wasser zu führen. Ich bin dabei schon zu oft vom Pferd überrannt worden, als dass ich dies eine sichere Trainingsmethode nennen könnte.

Wenn Sie diesen Punkt ausgewählt haben, ändern Sie ihn nicht nachträglich – auch wenn Sie merken, dass er als Ausgangspunkt nicht ideal ist. Wir haben uns festgelegt – und das Pferd weiß das. Wenn wir unsere Meinung ändern, dann geben wir dem Pferd Anlass, unsere Forderungen in Zweifel zu ziehen. Wir geben ihm damit zu verstehen, dass es okay ist, wenn es selbst den Punkt wählt. Doch das ist es eben nicht. Wir wollen nicht, dass das Pferd den Punkt aussucht, sondern wir wollen es selbst tun.

Die Zügel kontrollieren die Nase und damit die Blickrichtung des Pferdes. Bringen Sie das Pferd dazu, seinen Blick auf die ausgewählte Stelle zu richten, indem Sie den direkten Zügel annehmen. Tun Sie das auch, wenn Sie ein gut ausgebildetes Pferd (einhändig) reiten.

Zur Wiederholung: Unsere Unterschenkel signalisieren Bewegung – was jedoch nicht unbedingt mit Vorwärtsbewegung gleichgesetzt werden muss. Wenn wir mit dem Schenkel drücken oder klopfen und sich das Pferd daraufhin bewegt, dann bedeutet das, dass wir nicht erneut drücken können, bevor es nicht wieder angehalten hat. Es hat ja schließlich getan, was wir wollten. Wenn wir bei der hier beschriebenen Übung ein sehr junges Pferd reiten, dann sollten wir auf Schenkelhilfen an diesem Punkt ganz verzichten.

Wie immer in unserem Training ist es wichtig, auf unser Pferd zu hören. Es sagt uns, was wir tun können und was nicht. Wenn sich das Pferd dem Bach nähert, wird es stoppen. Damit signalisiert es uns, dass wir nun mit unserem Training beginnen können.

Das Pferd mag 12 Meter vom Wasser entfernt zögern; wenn es gut ausgebildet ist, wird es sich vielleicht noch bis auf 9 Meter nähern. Es wird ein wenig nervös und angespannt sein, da es nicht völlig freiwillig an diesem Punkt steht.

Viele Reiter und Pferde gehen die Übung mit dem Wissen an, dass es ein Problem geben wird. Das Pferd sagt: »Ich will nicht« und der Reiter antwortet: »Du musst aber«. An diesem Punkt sehen Sie oft noch keine sichtbare Auseinandersetzung: keine große Aufregung, keine Schläge, kein Rückwärtsrennen des Pferdes. Was aber schon geschehen ist, ist Folgendes: Der Reiter hat das Pferd mit den Schenkeln an das Hindernis herangetrieben und das Pferd ist nervös, weil es sich dort befindet.

Wenn das Pferd sich in 9 Meter Entfernung unwohl fühlt, dann vergrößern wir den Abstand auf 12 Meter, um die Lektion zu beginnen; seine Bedenken sagen uns, dass wir falsch gehandelt haben, als wir es näher herantrieben. An diesem dem Pferd angenehmen Punkt lassen wir es stehen, bis es vollkommen entspannt ist. Je länger wir dort warten, umso besser. Wenn wir es dann später näher an den gewünschten

Startpunkt heranreiten und es sich dabei aufregt, dann soll es wissen, dass es zum jetzigen Punkt zurückkehren und dort entspannen kann.

Wenn das Pferd völlig entspannt ist und wir denken, dass wir damit durchkommen könnten, dann geben wir ihm die Hilfen zum Vorwärtsgehen durch Schenkeldruck. Egal, wie weit das Pferd auf diesen Druck hin vorwärts geht, bevor es stoppt – loben Sie es dafür. Das ist seine Belohnung dafür, dass es getan hat, wozu wir es aufgefordert haben. Bleiben Sie mit dem Pferd wieder so lange ruhig stehen, bis es fast gelangweilt erscheint, bevor Sie einen weiteren Schritt verlangen. Denken Sie daran: Das Pferd muss immer erst vollständig entspannt sein, bevor wir weitermachen. Darin liegt das Geheimnis dieser Übung. Wir behalten das langsame Tempo bei, bis wir nur noch einen halben Meter vom Bach weg sind, ohne dass sich das Pferd dabei aufgeregt hat. Wenn das Pferd einmal einen Schritt zurück machen sollte, entspannen Sie sich. Wenn es rückwärts geht, gibt es nichts, was wir mit den Zügeln oder den Schenkeln machen könnten um es davon abzuhalten. Wir müssen einfach sitzen bleiben und warten, bis es stoppt. Es ist sowieso schon aufgeregt und ängstlich und sein Körper befindet sich in einer guten Position zum Rückwärtsgehen.

Entspannen Sie sich also und lassen Sie das Tier in Ruhe, solange es weiter unseren ausgewählten 15 Quadratzentimeter großen Punkt anschaut. Es muss ihn nicht gerade gerichtet anschauen, sein Köper kann parallel zum Bach stehen, solange nur seine Nase auf den Punkt gerichtet ist.

Ein Freund hat mir einen weisen Rat gegeben, den er selbst von seinem Großvater bei der Rinderarbeit erhalten hat. Mein Freund war besorgt, dass die Herde von ihm weglaufen könnte.

Der Großvater meinte nur: »Warte einfach. Die USA sind auf drei Seiten von Wasser umgeben – wenn wir auf die kanadische Grenze aufpassen, gehen uns unsere Rinder nicht verloren.«

Hier gilt das Gleiche. Warten Sie. Denken Sie daran: Das hat nichts mit Geduld zu tun, sondern mit Sicherheit für Leib und Leben.

Wenn das Pferd aufhört rückwärts zu rennen, dann warten Sie, bis es sich entspannt. Das kann zwischen zehn Sekunden und zwei Minuten dauern. Wenn es sich entspannt hat und wir denken, dass wir ihm die Hilfe zum Vorwärtsgehen geben können, dann tun wir es. Jede Richtung, in die es sich dann bewegt, ist in Ordnung. Wir nehmen den Schenkeldruck in dem Moment weg, in dem es sich bewegt, und konzentrieren uns nur darauf, dass es unseren Punkt am Wasser weiterhin ansieht.

Je schmaler der Bachlauf, desto schwieriger wird es sein, das Pferd dazu zu bringen, seinen Huf hineinzusetzen. Wenn wir ein Rinnsal überwinden wollen, dann haben wir eine Menge zu tun um die Hufe des Pferdes hineinzubekommen.

Immer wenn das Pferd sich Richtung Wasser bewegt, streicheln und loben Sie es. Es kann sich nach links oder nach rechts wenden oder auch rückwärts gehen – solange seine Beine sich bewegen, werden wir ihm nicht signalisieren, dass es in die falsche Richtung geht.

Irgendwann wird das Pferd anhalten. Dann wiederholen wir die Prozedur, es wieder Richtung Wasser in Bewegung zu setzen. Bald wird das Pferd nur noch einen knappen Meter vom Bach entfernt sein. Dann sind wir wahrscheinlich auch sehr dicht an unserem ausgewählten 15 Quadratzentimeter großen Punkt. Pferde können auch Wasserläufe mit recht steilen Ufern problemlos bewältigen – also machen Sie sich keine Sorgen, wenn Ihr ausgewählter Punkt nicht so günstig liegen sollte, wie es von weitem den Anschein hatte. Machen Sie einfach weiter, bis das Pferd dicht am Wasser ist.

Achten Sie wieder auf das Verhalten Ihres Pferdes; wenn es nervös ist, sich schlecht benimmt oder gar steigt, dann haben wir ihm zu viel zugemutet. Wir müssen es dann an einen Punkt zurückkehren lassen, an dem wir wieder eine positive Antwort von ihm bekommen. Wir sind immer nur dann in Gefahr, wenn wir das Pferd überfordert und seine Aufmerksamkeit verloren haben. Lassen Sie das Pferd eine Weile am Ufer stehen, drei bis vier Minuten mindestens. Wir können ruhig dabei auf die Uhr schauen, denn vielen von uns sind zehn Sekunden schon zu lang. Grundsätzlich können wir so lange stehen bleiben, wie wir wollen und uns nicht in Gefahr befinden.

Wir haben dabei etwas Spiel im Zügel, denn wir können nicht die ganze Zeit den Kopf des Pferdes festhalten. Am besten haben Sie so viel Spiel im Zügel, dass das Pferd den Kopf bis zum Wasser senken kann. Wenn es das Wasser erkundet, wird es schnauben und prusten und vielleicht auch einen Schluck nehmen wollen. Lehnen Sie sich zurück, aber ziehen Sie ihm dabei auf keinen Fall im Maul, denn dann würden Sie ihm vermitteln, dass es ein Problem gäbe. Der schlimmste Fehler, den Sie an dieser Stelle machen können, ist, das Pferd mit dem Gebiss zu stören. Denken Sie daran: Immer wenn Sie dem Pferd ein Signal mit dem Zügel geben (auch unabsichtlich), fragt es Sie: »Was ist los? Was willst du von mir?« Der Effekt ist der gleiche, als wenn wir unseren Zahnarzt bei einer Wurzelbehandlung »O je« sagen hörten.

Ich bin einmal zu einem Arzt gegangen, weil ich Schwierigkeiten mit meinem Daumen hatte. Als er mich untersuchte, sah ich, dass er abwechselnd mit meinem seinen eigenen Daumen begutachtete. »Hmm«, murmelte er, »sieht aus, als ob wir hier zwei Sehnen hätten.« Er schüttelte seinen Daumen und sagte schließlich: »Na ja, das ist schon in Ordnung.«

Das ist dann schon in Ordnung? Sie können sich vorstellen, wie beruhigt ich war . . . Also – ziehen Sie nicht am Zügel, wenn das Pferd das Wasser untersucht.

Wenn das Pferd nun entscheidet, dass es Wasser nicht leiden kann, und sich z. B. nach rechts wendet, um sich aus dem Staub zu machen, dann reiten Sie es genau den gleichen Weg zurück zu dem Punkt, an dem es sich vom Wasser abgewandt hat. Beschreiben Sie keinen Zirkel. Selbst wenn es um 270 Grad gedreht hat – drehen Sie es um 270 Grad den selben Weg zurück. Es muss den gleichen Weg zurückgehen, den es gegangen ist, als es entkommen wollte. Auf diese Weise sieht es die gleiche Szenerie (in umgekehrter Reihenfolge) – es hat nichts gewonnen. Das ist ein psychologisches Spielchen: Wenn Sie es in einem Kreis zurück zur Ausgangsstelle bugsieren, dann hat es eine mentale Pause gewonnen – eine Unterbrechung seiner Konzentration auf die ausgewählte Stelle am Wasser. Wenn Sie es jedoch in der entgegengesetzten Richtung wieder auf dem gleichen Weg zurückgehen lassen, dann bleibt seine Konzentration auf dem Punkt am Wasser, von dem aus wir den Bach überwinden wollen.

Wenn der Bach weniger als 3 Meter breit ist, wird das Pferd mit einiger Wahrscheinlichkeit beim ersten Mal drüberspringen. Dabei können Sie den größten Schaden während dieser Übung anrichten. Seien Sie also auf einen Sprung gefasst – reißen Sie das Pferd nicht im Maul und fallen Sie ihm nicht in den Rücken. Nach seinem Satz lassen Sie es 30 oder 40 Meter laufen – als Belohnung für das Überwinden des Baches. Drehen Sie es dann um und geben ihm nach dem nächsten Sprung nur noch 20 Meter Auslauf.

Es mag vielleicht zehn- bis fünfzehnmal über den Bach springen. Jedes Mal sollten Sie den belohnenden Auslauf nach dem Sprung verkürzen, bevor Sie es umdrehen und zum erneuten Überwinden des Baches auffordern.

Das Springen übers Wasser macht nicht nur keinen Spaß, es kann auch gefährlich sein. Es kann zudem das Pferd irritieren, dass Sie auf ihm landen.

Wenn das Pferd entspannt über den Bach springt, wird unser nächstes Ziel sein, dass es seinen Fuß ins Wasser setzt. Bei seinem nächsten Sprung werden wir es bewusst im Maul stören, während es sich noch mitten in der Luft befindet. Ziehen Sie nicht am Gebiss zurück, sondern wenden Sie das Pferd nach rechts oder links parallel zum Bach ab. Nun haben Sie das Pferd überrumpelt – es landet mit allen vieren im Bach. Reiten Sie es im Wasser ein paar Schritte und lassen Sie es plantschen. Reiten Sie es aus dem Wasser heraus,

ein paar Meter am Bach entlang und wieder ins Wasser hinein. Das wiederholen Sie etwa zwanzigmal, so dass Sie schließlich an mehreren verschiedenen Stellen den Bach durchquert haben.

Zwingen Sie das Pferd nicht mit klopfenden Schenkeln oder Sporenstichen durchs Wasser oder über irgendein anderes Hindernis.

Das gleiche System wie für die Wasserdurchquerung können wir für alles benutzen, was wir mit dem Pferd durchqueren oder überwinden wollen. Wenn wir eine Brücke im Trailparcours überwinden wollen, dann werden wir einen Punkt auf der Brücke aussuchen, den das Pferd fixieren soll. Da es eine Trainingsbrücke ohne Wasser darunter ist, können wir uns die Richtung aussuchen, in der wir sie überwinden. Bei den ersten Versuchen kann es sein, dass sich die Vorderbeine des Pferdes schon auf der Brücke befinden und die Hinterbeine noch auf dem Boden. Wenn die Vorderbeine sicher auf der Brücke bleiben, dann widmen wir uns den Hinterbeinen. Wir splitten unser Ziel wie bei der Wasserdurchquerung wieder in kleinere Teilziele auf.

Wenn wir eine Plane oder ein Stück Plastik überqueren wollen, dann suchen wir uns z. B. eine Öse aus, auf die wir den Blick des Pferdes richten.

Hier zahlt sich mein »Mangel an Geduld« aus: Wenn der ganze Trainingsprozess, z. B. der Wasserdurchquerung, beim ersten Mal zwanzig Minuten gedauert hat, dann stehen die Chancen gut, dass es das nächste Mal nur noch eine Minute dauert.

Das nenne ich Fortschritt.

KAPITEL 11

Fortgeschrittenes Geländetraining

Wenn wir unser Trainingsprogramm bis zu diesem Punkt absolviert haben, haben wir ein Pferd, welches wir im Gelände in allen drei Gangarten reiten können, mit dem wir Hindernisse überwinden und das wir rückwärts richten können. Es ist nun an der Zeit, die Reaktionen des Pferdes allmählich zu verbessern und mehr von ihm zu verlangen.

Das Schöne am Pferdetraining ist, dass wir jeden Tag von neuem beginnen können. Wir alle machen Fehler, doch das Pferd ist wie eine große Tafel, auf der wir alles Geschriebene auswischen und die wir dann neu beschreiben können. Unser Pferd kann 15 Jahre alt sein – doch wenn wir entscheiden, dass wir etwas an seinem Verhalten ändern wollen, dann können wir das auch.

Die Sensibilität des Pferdes

Wenn wir verstehen, wie sensibel ein Pferd ist, dann hilft uns das bei der Erkenntnis, wie viel bzw. wenig Schenkeldruck oder Gewichtsverlagerung wir brauchen, wenn wir eine Hilfe geben.

Wenn ein Pferd einen Druck unter einem Kilogramm nicht wahrnehmen würde, dann wäre es unsinnig, es mit einem Pfund Druck zu einer Handlung veranlassen zu wollen. Die Ansicht, dass ein Pferd hart im Maul oder unsensibel am Schenkel ist, ist jedoch falsch.

Alle Pferde sind in der Lage die leichteste Gewichtsverlagerung auf ihrem Rücken zu spüren. Wenn wir den Punkt erkennen, ab dem das Pferd eine Bewegung auf dem Rücken wahrnimmt, dann wissen wir, wie leicht wir eine Hilfe geben können.

Erinnern Sie sich an das kleine achtjährige Mädchen, welches mit ihrem Pferd aufgewachsen ist und mit ihm die professionelle Konkurrenz auf dem Turnier geschlagen hat? Sie ist jetzt siebzehn und kann alles von ihrem Pferd verlangen. Ihm etwas Neues beibringen? Kein Problem – ihr Pferd hat es in null Komma nichts begriffen. Das Mädchen möchte nun auch andere Pferde trainieren, weil sie so großen Erfolg mit ihrem eigenen Pferd hatte. Sie stellt schnell fest, dass das sehr viel schwieriger als erwartet ist. Die anderen Pferde lernen nicht so leicht wie ihr eigenes. Der Grund dafür, dass ihr die anderen Pferde »dümmer« vorkommen, liegt darin, dass sie ihrem eigenen Pferd so »nah« ist, dass sich ihr eigenes Pferd so sehr an ihre Art der Hilfen, an ihre »Körpersprache« gewöhnt hat und deswegen sehr viel schneller als jedes fremde Pferd versteht, was seine Reiterin meint.

Wir sind instinktgesteuerte Wesen. Wenn wir uns in Bewegung setzen um z. B. vorwärts zu gehen, dann beginnen wir die Bewegung mit unserem Oberkörper (Kopf, Schultern und Armen) und bereiten damit die Bewegung der Beine und Füße vor. Das sind mehr oder weniger unbewusste Handlungen und wir agieren im Sattel in ähnlicher Form – egal, ob wir das Pferd zum Vorwärtsgehen, zum Wenden oder zum Rückwärtstreten auffordern. Wenn wir erkennen, dass das Pferd diese unbewussten Bewegungen wahrnimmt, dann können sie als Hilfe für das Pferd genügen – es wird automatisch darauf reagieren.

Wenn wir daran denken, unser Pferd rückwärts zu richten, dann verlagern wir unser Körpergewicht oft unbewusst nach hinten. Das Pferd fühlt diese Gewichtsverlagerung und reagiert darauf mit Rückwärtstreten. Dieses »Denken ans Rückwärtsrichten« (in Verbindung mit der damit einhergehenden unbewussten Verlagerung des Gewichtes) soll nun unsere Hilfe zum Rückwärtsrichten werden – ohne Zug am Zügel,

ohne klopfenden Schenkel; einfach ans Rückwärtsgehen denken – und das Pferd geht zurück.

»Handarbeit«

Bevor wir das Pferd dazu bringen können, auf unsere Gedanken (oder auch lautlose Hilfen) zu reagieren, müssen wir unsere Zügelführung verbessern. Wenn Sie mit einer Hand reiten, z. B. der linken, dann halten Sie sie eine Handbreit über das Sattelhorn. Lassen Sie den Zügel durchhängen. Wenn Sie mit zwei Händen reiten, sind beide am Zügel. Diese Position soll später »Zurück« bedeuten. Jetzt bewegen Sie die Hand 10 Zentimeter vor das Sattelhorn. Diese Position soll dem Pferd später »Stopp« vermitteln. Wenn Sie die Hand weitere 10 Zentimeter nach vorne bewegen, soll das schließlich »Vorwärts« signalisieren.

Es ist wichtig zu verstehen, dass die Handposition keine Bewegung an sich signalisiert, sie sagt dem Pferd nur, in welche Richtung es sich bewegen soll, wenn es das Signal zur Bewegung erhält. Also: 20 Zentimeter vor dem Sattelhorn: Vorwärts. 10 Zentimeter vor dem Horn: Stopp. Kurz vor und über dem Sattelhorn: Zurück. Wir benutzen unsere Unterschenkel um dem Pferd Bewegung zu signalisieren. Wenn unsere Beine nun dem Pferd sagen, dass es sich bewegen soll, und unsere Hände die Richtung angeben, dann sollten wir in der Lage sein, das Pferd sowohl in Bewegung zu setzen als auch die Richtung, in die es sich bewegt, zu kontrollieren.

Das ist schwer zu lernen und zu praktizieren, wenn Sie daran gewöhnt sind, das Pferd an den Zügel zu stellen und ständig Kontakt mit dem Pferdemaul zu haben. Es erfordert eine Menge Konzentration, loszulassen und mit alten Gewohnheiten zu brechen.

Zur Wiederholung: Die Schenkel zeigen dem Pferd, dass es sich bewegen soll, die Zügel zeigen ihm wohin.

Der Stopp

Der Stopp wird aus dem Schritt gelehrt. Mit manchen Pferden ist das ein einfaches Unterfangen, andere haben mehr Vorwärtsdrang und stoppen nur sehr unwillig.

Zuerst bringen wir das Pferd nur dazu, kurz zu zögern, seine Schritte zu verlangsamen – ein Stopp ist noch nicht nötig. Wir lassen es eine Sekunde pausieren und dann weiterlaufen. Das ist ein guter Anfang, vor allem, wenn Sie es mit einem Pferd zu tun haben, welches nicht so gerne stillsteht. Auf diesen ersten kleinen Schritt wollen wir aufbauen und eine längere Pause erwirken. Bei Verwendung einer Wassertrense mit beiden Zügeln gerade nach hinten zu ziehen, wird keinen besonderen Eindruck auf ein 500-Kilo-Tier machen – und alles andere als einen Stopp bewirken. Wenn wir also am Stopp arbeiten, werden wir nie an beiden Zügeln gleichzeitig ziehen, sondern erst den einen, dann den anderen Zügel annehmen. Da wir bei der Wassertrense nicht auf Hebelwirkung bauen können, müssen wir den Kopf des Pferdes von der Geraden wegbewegen.

Das Pferd geht also im Schritt. Wir nehmen den rechten Zügel auf und stellen den Kopf des Pferdes 3 bis 10 Zentimeter nach rechts. Damit »unterbrechen« wir die Gerade zwischen Schweif und Ohren. Wir benutzen dabei den rechten Zügel genauso, wie wir es gemacht haben, als wir das Pferd zum Nachge-

ben auf das Gebiss veranlassen wollten. Danach nehmen wir den linken Zügel auf. Der rechte Zügel macht das Pferd durchlässig (es gibt im Genick nach) und der linke wird in diesem Fall eine Änderung der Richtung verursachen. Das veranlasst das Pferd mitten im Schritt einen Augenblick zu zögern, zu pausieren. Das ist der Beginn eines Stopps. Wenn Sie verbale Hilfen benutzen, können Sie zusätzlich in dem Moment »Whoa« sagen, in dem das Pferd beim Annehmen des linken Zügels kurz pausiert um seine Füße in die neue Richtung zu »sortieren«.

Dieses erste Zögern werden wir allmählich immer mehr ausdehnen, erst eine Sekunde, dann zwei, dann vielleicht zehn usw.

Wenn das Pferd längere Zeit stehen bleibt, dann können wir im Training fortschreiten. Geländeritte können für das Pferd ein Kinderspiel sein, sie können jedoch auch zu den fortgeschrittensten Lektionen zählen. Wir können uns die Arbeit beim Stopp erleichtern, indem wir das Pferd vor anderen Pferden oder von anderen Pferden wegreiten – es wird gern auf unsere Forderung zum Anhalten reagieren, weil es lieber bei seinen Genossen bleiben möchte. In dieser Position haben wir zudem die Möglichkeit mit dem Pferd das Vorangehen zu trainieren.

Es ist viel schwerer, dem Pferd einen Stopp beizubringen, wenn es hinter den anderen Pferden herläuft, denn dann möchte es nah bei der Herde bleiben. Immer wenn wir die Übung von dieser Position aus starten, finden wir uns schnell in einen Ziehkampf verwickelt. Wenn sich das Pferd in der Führungsposition vor den anderen Pferden gut stoppen lässt, dann lassen Sie die anderen langsam aufschließen, bis sie neben dem Trainingspferd sind. Danach versuchen Sie das Pferd eine Sekunde warten zu lassen, so dass es hinter die anderen Pferde kommt. Machen Sie weiter, bis das Pferd auch auf gleicher Höhe mit den anderen auf Aufforderung eine Sekunde anhält, um dann schnell wieder der Gruppe hinterherzueilen. Lassen Sie das Pferd schließlich länger und länger stehen und die anderen sich weiter und weiter entfernen. Wenn sich das Pferd beispielsweise nicht fünf Sekunden und 2 Meter hinter dem Pulk der anderen Pferde stoppen lässt, dann probieren Sie es einen Meter hinter den anderen und nur zwei Sekunden lang. Bauen Sie die Übung einfach langsam genug auf.

Achten reiten

Wenn wir mit dem Pferd saubere Zirkel reiten können, in gleichmäßigem Tempo, mit der richtigen Kopfhaltung am lockeren Zügel, dann können wir einen Schritt weitergehen und eine Acht in Angriff nehmen – mit einem Richtungswechsel zwischen zwei Zirkeln.

Die Acht hilft uns den Pferden das Neck Reining (die einhändige Zügelführung, bei der das Pferd dem an den Hals gelegten Zügel weicht) beizubringen.

Für diese Übung wähle ich zwei Objekte, Felsen, Bäume o. Ä., welche 10 bis 12 Meter voneinander entfernt sind. Diesen Abstand brauchen wir, damit wir zwei Zirkel von etwa 4,5 bis 6 Meter Radius reiten können. Wir konzentrieren unsere Aufmerksamkeit auf die Nase des Pferdes, wenn es von einem Zirkel auf den anderen wechselt. Wir wollen einen weichen Übergang erreichen, bei dem die Nase nicht in Richtung Zirkelaußenseite zeigt, der Kopf

nicht nach oben kommt und das Pferd nicht mit dem Kopf schlägt, wenn es von einem Zirkel auf den anderen wechselt. Auf dem Zirkel darf das Pferd nie gerade gestellt sein. Wenn es das ist, dann arbeiten wir mit einem steifen und sich widersetzenden Pferd.

Wenn wir uns darauf vorbereiten, von einem Zirkel auf den anderen zu wechseln, dann müssen wir uns vergewissern, dass das Pferd entspannt ist und seine Körperhaltung korrekt ist. Das bedeutet im Einzelnen: Das Pferd legt sich nicht aufs Gebiss, seine Nase zeigt leicht in den Zirkel hinein, sein Kopf befindet sich auf der von uns gewünschten Höhe, es hält einen gleichmäßigen Abstand vom Zirkelmittelpunkt, sein Körper ist so gebogen, dass er dem Bogen der Zirkellinie entspricht, und es hält ein gleichmäßiges Tempo ein. Wenn Sie einen Punkt für den Wechsel aus dem Zirkel ausgesucht haben und das Pferd geht an diesem Punkt zu verspannt, um einen weichen Richtungswechsel ausführen zu können, dann vergessen Sie das Ganze und reiten so lange weiter auf dem ursprünglichen Zirkel, bis es in der richtigen Körperhaltung und Versammlung für einen anständigen Wechsel ist.

Wir können auch die beiden Zirkel auseinander ziehen. Wir reiten dabei erst einen Zirkel auf der einen Hand – anschließend eine gerade Linie – und dann wieder einen Zirkel auf der anderen Hand. Die Figur sieht etwa so aus:

Wechsel aus dem Zirkel
mit deutlicher Umstellung.

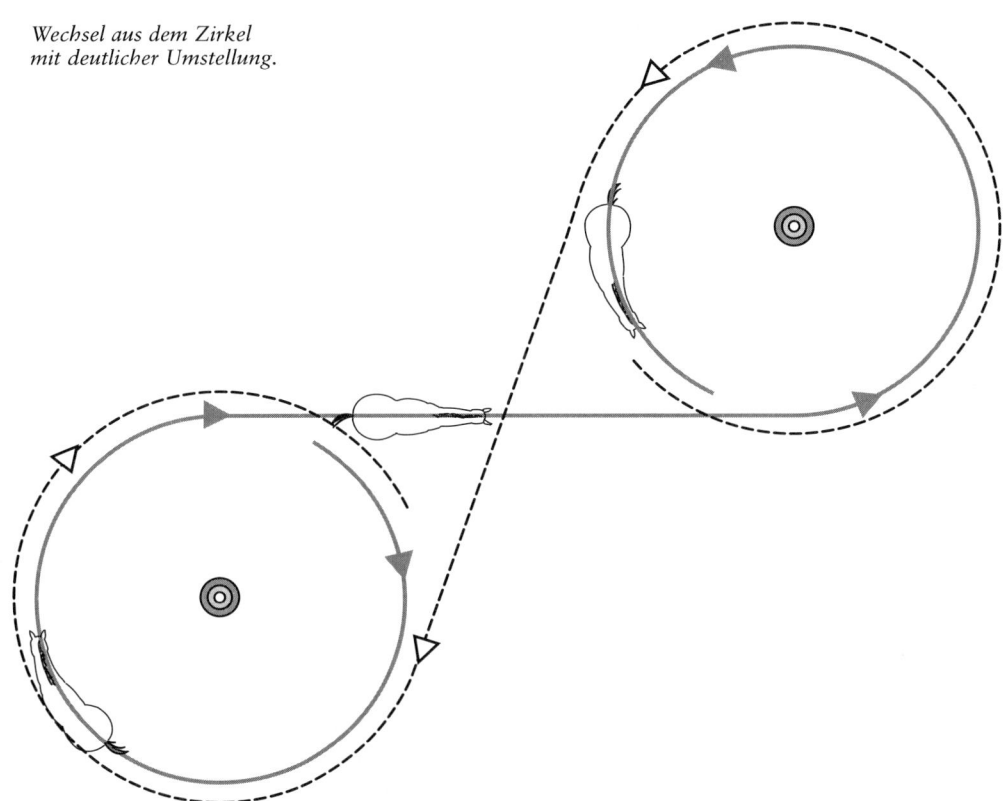

Wenn wir die gerade Linie reiten, wollen wir, dass der Körper des Pferdes sich dabei auch gerade stellt. Seine Ohren sollen sich in einer Linie mit dem Schweif befinden, sein Kopf gerade und in der korrekten Position sein, und es soll im Genick nachgeben. Je länger das Pferd dabei in dieser korrekten Haltung bleibt, umso länger können wir zwischen den Zirkeln geradeaus reiten.

Das Pferd wird sich nicht ewig perfekt auf der Geraden bewegen; wenn sich also seine Kopfhaltung oder die Stellung verändert, ist die Zeit gekommen auf den anderen Zirkel abzuwenden (z. B. nach links, wenn wir vorher rechtsherum geritten sind). Immer wenn das Pferd seine korrekte Haltung verliert,

können wir es durch das Abwenden auf den Zirkel korrigieren.

Wenn das Pferd im Trab auf einem großen Zirkel seine Richtungswechsel in schöner Manier ausführt, dann können wir seine Fähigkeiten noch weiter fördern, indem wir das Tempo im Trab erhöhen und/oder den Zirkel verkleinern. Das Pferd muss viel aufmerksamer und schneller reagieren um einen Richtungswechsel aus einem kleineren Zirkel sauber auszuführen.

Es ist wichtig, dass das Pferd während des Wechsels mit dem Körper nicht auf die eine oder andere Seite fällt. Wir müssen auch darauf achten, unseren eigenen Körper während des Richtungswechsels nicht zu stark in den Zirkel hineinzulehnen. Wenn wir das tun, bringen wir das Pferd dazu, seine Schulter fallen zu lassen, was schnell zu einer schlechten Angewohnheit werden kann. Die heruntergedrückte Schulter wird vor allem Probleme bei den fliegenden Galoppwechseln verursachen, die wir in Kapitel 13 besprechen werden.

Die richtige Kopfhaltung (am Zügel gehen)

Es wird Zeiten geben, in denen wir den Kopf des Pferdes in eine bestimmte Position bringen wollen. Die erwünschte Kopfhaltung des Pferdes wird nicht für jede Klasse auf dem Turnier gleich sein. Meine Erfahrung hat mich gelehrt, dass Tie Downs (eine Art Stoßzügel – jedoch manchmal auf die Nase wirkend) und Martingals, egal, welcher Art, langfristig dem Pferd die richtige Kopfposition nicht beibringen! Denn das Problem bei all diesen Hilfszügeln ist, dass das Pferd genau weiß, wann wir sie ausgeschnallt haben.

Wenn wir jedoch nach der Methode vorgehen, den Kopf des Pferdes immer dann loszulassen, wenn er sich in der gewünschten Position befindet, dann können wir ihn in jede Position bewegen und dort halten, indem wir den Punkt variieren, an dem wir loslassen. Rasse des Pferdes oder Reitstil spielen dabei keine Rolle, denn dieses System funktioniert für alle Pferde und alle Reitdisziplinen.

Je besser das Pferd auf die verschiedenen »Loslass-Punkte« reagiert, desto schneller können wir seinen Kopf in die gewünschte Haltung bringen bzw. dort halten. Mit dieser Trainingsmethode können wir nun verschiedene Kopfpositionen verlangen.

Wenn wir ein Pferd mit zu hoher Kopfhaltung reiten, dann müssen wir die Funktionsweise der Wassertrense gut verstehen. Wir können dieses Gebiss nämlich sehr effektiv einsetzen um die Kopfhaltung eines solchen Pferdes zu verbessern – wir können das Pferd damit »umschulen«.

Eine natürliche Verhaltensweise von Menschen – und Pferden – ist es, auf Druck mit Widerstand (Gegendruck) zu reagieren. Das erklärt, warum unser Pferd sich auf den Zügel legt (also gegenzieht), wenn wir am Zügel ziehen. Um ihm die richtige Reaktion auf den Zügel beizubringen, müssen wir erst einmal selbst verstehen, warum es überhaupt reagieren sollte: Es will sich nämlich Erleichterung von unserem Zug im Maul verschaffen.

Wir müssen nun zuerst entscheiden, wo wir den Kopf des Pferdes haben möchten – und dann müssen wir die Zügel locker lassen, wenn es tut, was wir von ihm verlangt haben. Das Pferd wird mit der Zeit immer leichter, feinfühliger und schneller auf den Zügel reagieren, wenn wir in unserem Timing konsequent sind und genau darauf achten, wann wir annehmen und wann wir den Zügel wieder locker lassen, denn es wird sich immer schneller Erleichterung von dem Druck aufs Gebiss verschaffen wollen.

Teilen wir einmal die Möglichkeiten der vertikalen Kopfbewegung des Pferdes in eine Skala mit hundert Abstufungen ein – von den »Spürhunden« mit der Nase am Boden bei Punkt 0 bis zum »Sterngucker«, der die Nase so hoch wie nur irgend möglich bei Punkt 100 in die Luft hält. Wenn wir entscheiden, dass wir den Kopf des Pferdes zwischen 40 und 50 halten wollen, dann müssen wir immer dann den Zügel annehmen, wenn sich der Kopf des Pferdes nicht in diesem Bereich befindet. Wir lassen nur dann los, wenn er sich in der gewünschten Position befindet.

Wenn die Kopfhaltung zwischen Punkt 40 und Punkt 50 unser Ziel ist, dann können wir dort nicht beginnen. Wir beginnen bei einer natürlichen Kopfhaltung und bauen von dort aus auf.

Am Beginn unseres Trainings hält das Pferd den Kopf bei – sagen wir mal – 85. Wenn wir anfangen den Zügel anzunehmen, wird sich das Pferd diesem Druck entziehen wollen und seinen Kopf vielleicht auf 88 hochheben. Wir geben an diesem Punkt nicht nach, sondern halten den Druck konstant. Da es oben keine Erleichterung findet, wird es den Kopf vielleicht wieder auf 85 herunternehmen – wenn es das tut, lassen Sie locker und loben das Pferd.

Das wiederholen wir, bis das Pferd den Kopf vielleicht auf 82 herunternimmt, dann lassen wir wieder los und loben es.

Das Pferd lernt, dass der Druck im Maul aufhört, wenn es den Kopf etwas senkt. Durch Herunternehmen des Kopfes findet es also Erleichterung vom Zügeldruck. Die meisten Leute wissen gar nicht, warum und wann sie am Zügel ziehen sollten. Die Redensart »Hohe Hand = hohe Kopfhaltung« ist dummes Zeug; nur das fehlende Nachgeben mit der Hand führt zu einer hohen Kopfhaltung des Pferdes.

Wir fahren nun in unserem Training fort, bis das Pferd den Kopf auf dem gewünschten Level zwischen 40 und 50 trägt.

Eine Tabelle kann dieses Trainingskonzept verdeutlichen:

100	=	höchster Punkt
90	=	den Zügel annehmen
80	=	den Zügel annehmen
70	=	den Zügel annehmen
60	=	den Zügel annehmen
50	=	nachgeben
40	=	nachgeben
30	=	den Zügel annehmen
20	=	den Zügel annehmen
10	=	den Zügel annehmen
0–9	=	niedrigster Punkt

Das Prinzip funktioniert natürlich auch bei dem Pferd, welches seinen Kopf zu tief hält.

Wir nehmen dann den Zügel an, wenn es den Kopf tiefer als erwünscht hält. Wenn es den Kopf dann noch weiter herunternimmt, halten wir den Druck aufrecht, wenn es ihn hebt, dann geben wir nach. Das führen wir wieder so lange fort, bis es den Kopf in der korrekten Position trägt.

Wenn wir nach dieser Methode vorgehen, dann können wir den Kopf des Pferdes in jede Position bringen ohne irgendwelche Hilfszügel benutzen zu müssen.

KAPITEL 12

Die Arbeit auf dem Platz

Es gibt eine Anzahl von Übungen, die Sie auf dem Reitplatz ausführen können. Sie bieten sich vor allem dann an, wenn Sie keine Zeit haben ins Gelände zu gehen oder an einer speziellen Lektion arbeiten wollen.

Übungen mit Kegeln/ Pylonen

Das Platzieren von Pylonen oder anderen Markierungen auf dem Platz gibt dem Trainer die Möglichkeit eine große Anzahl von Übungsfolgen zu reiten ohne abzusteigen und die Pylone zu versetzen. Solche Übungen sind sowohl für das fortgeschrittene Turnierpferd als auch für das unerfahrene Pferd nützlich. Als tägliches Aufwärmtraining sind sie eine wertvolle Gymnastizierung für Pferd und Reiter.
Die Kegel erlauben dem Reiter zielgenau zu reiten und sich dabei auf die Haltung des Pferdes zu konzentrieren.

Bei den nachfolgenden Übungen sollten wir unsere Prioritätenliste nicht aus den Augen verlieren. Was wir von unserem Pferd wollen, ist Folgendes:

1. Das Pferd muss in jeder Wendung nach innen gestellt sein.
2. Der Kopf des Pferdes soll auf der gewünschten Höhe getragen werden.
3. Das Pferd steht weich an der Hand – es gibt im Genick nach, wenn es auf unsere Forderungen reagiert; es sollte kein Druck auf dem direkten – oder inneren – Zügel ausgeübt werden.
4. Der ganze Körper des Pferdes muss gebogen sein, wenn Sie auf gebogenen Linien reiten. Seine Längsbiegung muss der Linie, auf der Sie reiten, entsprechen (z. B. der Zirkellinie). Sie benutzen Ihren inneren Schenkel um das Pferd zu biegen bzw. seine Schulter nach außen zu drücken, wenn es nach innen in den Zirkel hineinfällt.

5. Das Pferd soll auf dem vorgegebenen Kurs bleiben und dorthin gehen, wohin wir es lenken. Es soll einen gleichmäßigen Abstand zu den jeweiligen Pylonen halten und Richtungswechsel weich und ohne Ecken ausführen.

6. Das Tempo des Pferdes soll gleichmäßig sein. Wir haben die Gangart gewählt – Schritt, langsamer oder schneller Trab oder Galopp – und in dieser Gangart sollte es ein konstantes Tempo gehen. Der langsame Trab ist mein bevorzugtes Übungstempo – mit ein paar Abschnitten schnelleren Trabes dazwischen. Galopp ist den fortgeschrittenen Pferden vorbehalten. Wenn wir mit einem unerfahrenen Pferd diese Übungen im Galopp reiten, führt das nur dazu, dass wir Fehler provozieren, die sich oft einprägen.

7. Bei den Richtungswechseln darf das Pferd den Kopf weder hochreißen noch die Nase nach vorn strecken.

Sein Kopf sollte sich weich und leicht in die jeweils neue Richtung stellen lassen.

Diese Übungen sind eine wichtige Ergänzung unseres Trainingsprogrammes. Oft ist es viel einfacher, einen schönen langen Geländeritt zu machen, als auf dem Platz zu trainieren, dazu Übungen, die manchmal langweilig sind und auf die Sie sich nur schwer konzentrieren können. Doch im Hinblick auf die Trainingsfortschritte Ihres Pferdes bei diesen Lektionen auf dem Platz ist es die Mühe auf jeden Fall wert. Wenn Sie nur zwanzig Minuten zusätzliche Zeit erübrigen können um mit Ihrem Pferd auf dem Platz zu üben, bevor Sie ins Gelände gehen, dann haben Sie schon viel gewonnen.

Für die folgenden Übungen stellen Sie drei Pylonen im Dreieck auf, so dass die Seitenlänge des Dreiecks etwa 18 Meter beträgt.

4,5-Meter-Zirkel

Reiten Sie Zirkel mit 4,5 Meter Durchmesser, bis das Pferd seine Sache zufriedenstellend macht. Wiederholen Sie es auf der anderen Hand.

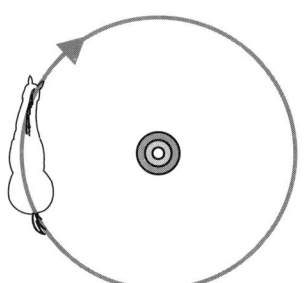
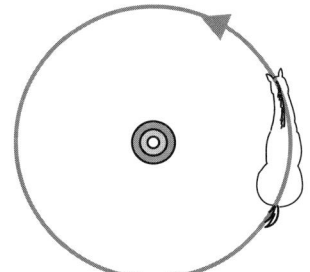

Achten

Reiten Sie große Zirkel von etwa 9 Meter Durchmesser. Wenn das auf jeder Hand gut klappt, beginnen Sie mit den Achten.

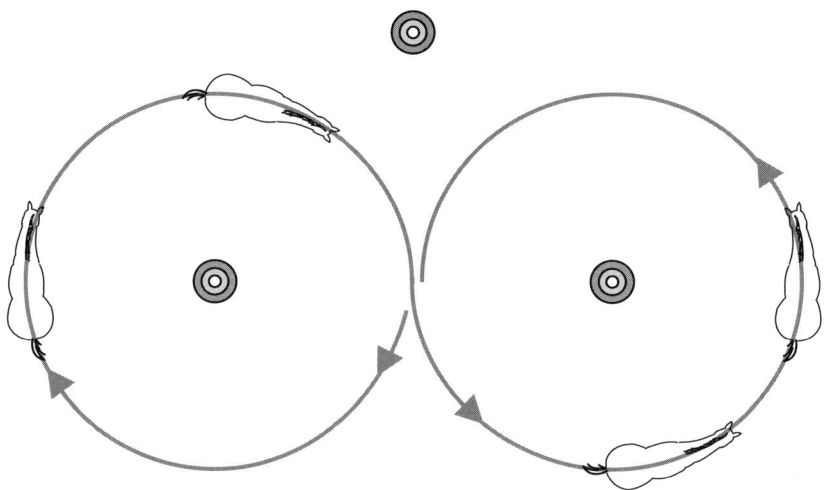

Verkleinerte Achten

Reiten Sie große Achten um die oberen Pylonen. Wenn das Pferd diese Übung sicher beherrscht, dann reiten Sie weiche Übergänge in kleinere Achten von einem der oberen Pylonen zum unteren.

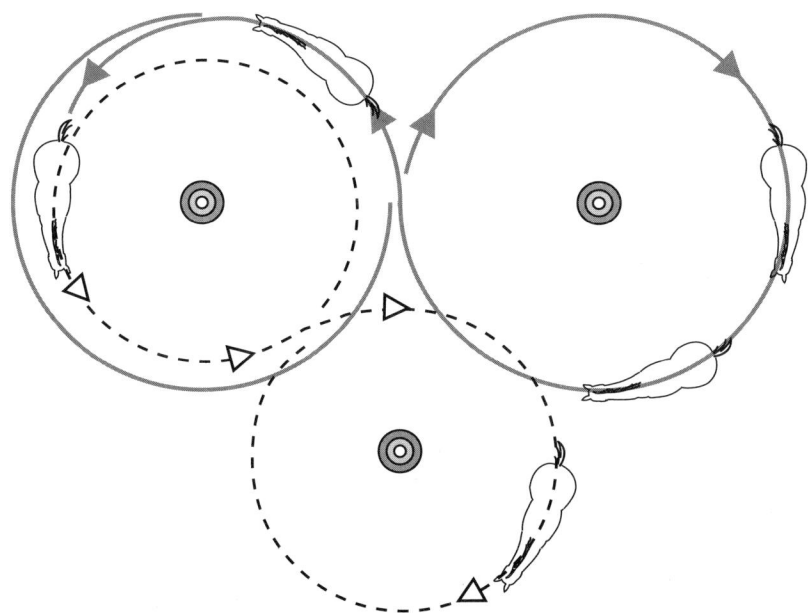

Innenzirkel

Reiten Sie innerhalb des Zirkels um die Pylonen drei kleine Achten – so nahe an den Pylonen wie möglich. Achten Sie darauf, alle Achten gleich groß und mit weichen Übergängen beim Richtungswechsel zu reiten.

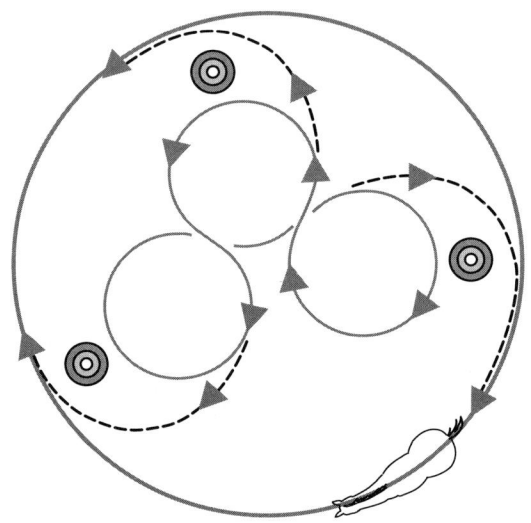

Zirkel und Achten

Reiten Sie innerhalb der Kegel einen großen Zirkel von etwa 18 Meter Durchmesser. Wenn Sie denken, dass Sie eine weiche Richtungsänderung hinkriegen, dann wechseln Sie zu einer Acht um die beiden Pylonen an der Grundlinie des Dreiecks.

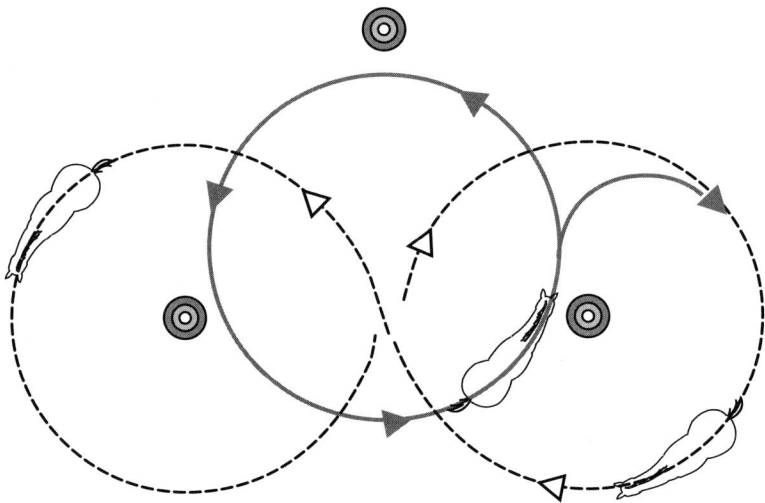

Volten und gerade Linien

Diese Übung kombiniert kleine halbe Volten um die Kegel und gerade Linien zwischen den Kegeln. Achten Sie darauf, dass der Kopf des Pferdes dabei nicht hochkommt und die Nase nicht nach außen gestellt ist.

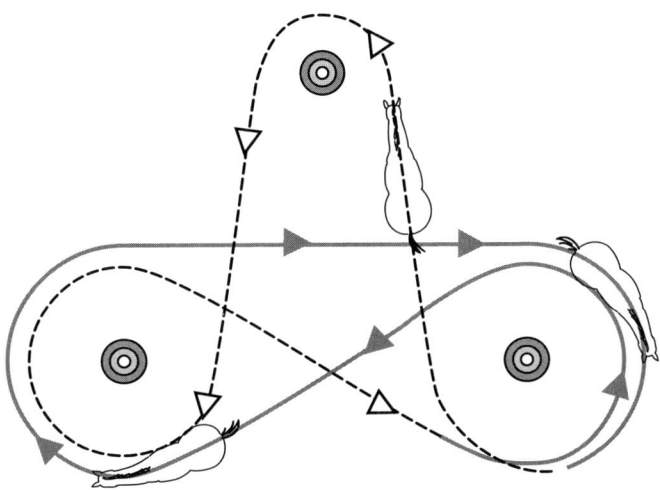

Roll backs

Diese Übung tut allen Pferden gut – speziell jedoch denen, die zu wenig auf der Hinterhand arbeiten. Reiten Sie einen halben oder einen viertel Zirkel um den Kegel herum und fordern Sie dann einen Roll back zum Kegel hin. Der halbe Zirkel hilft uns das Pferd richtig zu stellen und ihm so den Roll back zu erleichtern.

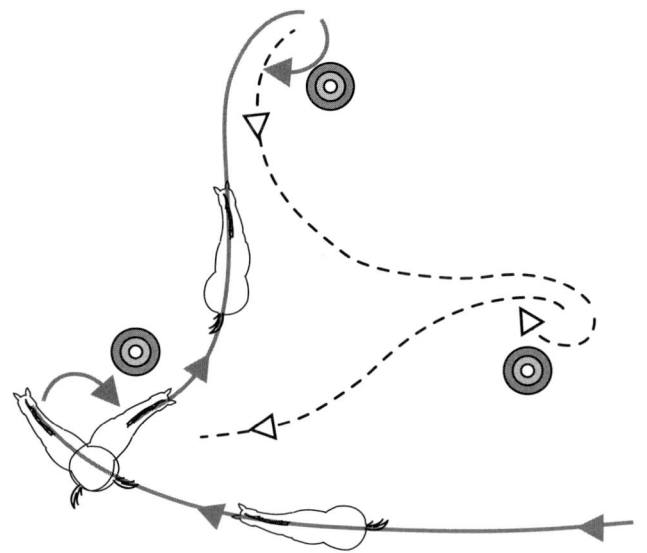

Nochmal Zirkel und gerade Linien

Diese Bahnfigur kombiniert wieder weiche Zirkel und gerade Linien. Obwohl es eine entspannende Übung ist, muss der Reiter dabei seine Aufmerksamkeit stets auf Stellung und Kopfhaltung des Pferdes richten.

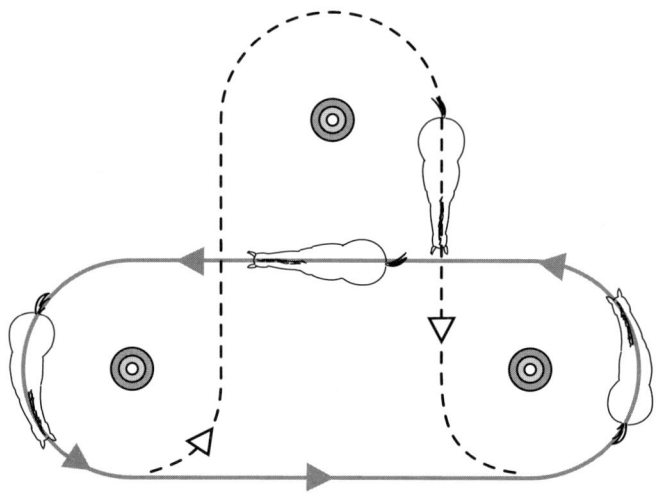

Tempokontrolle

Wir wissen, dass ein Pferd verschiedene Tempi innerhalb der Grundgangarten Schritt, Trab und Galopp gehen kann. Wenn ein Pferd in Erwartung seiner abendlichen Ration angelaufen kommt, dann tut es das vielleicht im gemächlichen Trab. Wenn es dabei jedoch erschrickt, legt es im Tempo zu. Genauso kann das Pferd das Tempo in seinen anderen Gangarten variieren.

Tempokontrolle bedeutet, dass wir das Pferd dazu auffordern, entweder langsamer oder schneller in einer bestimmten Gangart zu laufen. Wenn ein Pferd prinzipiell ein Trabtempo von 30 km/h gehen kann und wir schaffen es nicht, es schneller als 24 km/h zu reiten, haben wir 25 Prozent vom Leistungspotential des Pferdes verschenkt.

Je größer der Unterschied ist zwischen dem langsamsten und dem schnellsten Tempo, das wir beim Pferd in einer Gangart »herausreiten« können, desto besser ist unsere Tempokontrolle. Wir haben dann zum Schluss einen Partner mit zehn Gängen statt nur einen mit drei Gängen.

Der Roundpen bietet sich für diese Übungen wiederum an, weil wir dort das Pferd problemlos kontrollieren und uns ganz auf die Aufgabe konzentrieren können. Im Roundpen kann das Pferd nirgendwo mit uns hinrennen; die Kreisform ohne Ecken macht zudem seine Bewegungen weicher.

Beim Training unseres Pferdes müssen wir zwischen den vorbereitenden Hilfen, den Hilfen selbst sowie einer Verstärkung der Hilfen unterscheiden. Diese Reihenfolge müssen wir auch beibehalten, wenn wir mit dem Pferd arbeiten. Zum Beispiel: Wenn ich mein

Pferd (einhändig) nach rechts lenken will und den linken Zügel an den Hals anlege, dann ist das eine vorbereitende Hilfe. Es ist ein Hinweis, den das Pferd von selbst »mitkriegt«. Eine vorbereitende Hilfe kann zwar gegeben werden, sie kann jedoch nicht gelehrt werden. Sie warnt das Pferd praktisch vor – nach dem Motto »Oh, bald wird er mich auffordern dies und jenes zu tun.« Je mehr Ankündigungen wir machen, umso besser, denn sie machen das Pferd leichter und schneller in seiner Reaktion auf unsere eigentlichen Hilfen. Damit bekommt es immer wieder die Chance, bereits auf minimale Impulse zu reagieren.

Wenn wir die vorbereitende Hilfe geben und keine Reaktion bekommen, werden wir die direkte Hilfe anwenden, was in unserem Beispiel das Annehmen des inneren (rechten) Zügels ist.

Wenn das Pferd diese Hilfe ebenfalls ignoriert, dann werden wir sie verstärken – sei es mit dem Schenkel oder zur Not auch mit dem Sporn, den wir gegen seine Seite drücken.

Die Verstärkung der Hilfe ist meistens etwas unangenehm für das Pferd. Deshalb ist es besonders wichtig, dass wir nach der Vorankündigung immer erst die eigentliche Hilfe geben, bevor wir die Hilfe verstärken.

Verstärkungen sollten nie als eigentliche Hilfe benutzt werden. Andernfalls könnte das Pferd unter Umständen aufhören das zu tun, was wir eigentlich von ihm wollen. Als Beispiel: Wenn wir das Pferd mit klopfenden Schenkeln in den Trab treiben und während es trabt, weiter klopfen, dann wird es das nicht sonderlich mögen und irgendwann aufhören zu traben, weil ihm das dauernde Klopfen mit den Schenkeln unangenehm ist.

Um unserem Pferd nun beizubringen sein Tempo zu variieren, müssen wir eine Hilfe haben, die ihm sagt: »Lauf in dieser Gangart so schnell du kannst.« Diese Hilfe gilt dann für alle Gangarten.

Wir beginnen im Trab. Unsere vorbereitenden Hilfen sind: 1. Wir gehen mit den Händen nach vorne – vom Sattelhorn weg in Richtung Pferdekopf. 2. Wir stellen uns leicht in die Bügel und lehnen uns nach vorne. 3. Wir schnalzen. Wenn das Pferd auf diese vorbereitenden Hilfen nicht durch Zulegen im Tempo reagiert, dann kommen wir zur Hilfe an sich.

Das wird zuerst ein leichter Druck mit beiden Schenkeln sein. Wenn das nicht zum gewünschten Resultat führt, klopfen wir mit beiden Schenkeln härter.

Wenn das Pferd immer noch nicht schneller trabt, kommen verstärkend beide Sporen zum Einsatz, welche das Pferd vermutlich zu einem Satz nach vorne veranlassen werden.

Der schwierigste Teil der Tempokontrolle ist es wiederum, die Geduld aufzubringen, die ganze Prozedur Schritt für Schritt durchzugehen. Wenn wir das Pferd im Roundpen arbeiten, kann es sein, dass es den Weg nach innen abschneiden oder die Richtung wechseln will. Darum müssen Sie sich jetzt nicht kümmern – treiben Sie das Pferd einfach vorwärts. Wenn das Pferd schneller trabt, wird es von selbst außen bleiben. Haben Sie Geduld, denn es kann 15 Minuten dauern, bis das Pferd konstant in eine Richtung läuft. Ziehen Sie nicht am Zügel.

Wenn das Pferd diesen Part gelernt hat, braucht es noch eine Hilfe, die ihm vermittelt: »Lauf in dieser Gangart so langsam, wie du kannst.«

Da das Pferd sowohl ein Trabtempo

von 3 km/h als auch von 14 km/h gehen kann, werden wir ihm eine Hilfe beibringen, die ihm sagt: »Du wirst nun traben, so langsam es geht, ohne in den Schritt zu fallen.«

Egal, ob wir das Tempo verstärken oder verringern – es ist wichtig, dass das Pferd im Trab bleibt.

Erinnern Sie sich an das Spielchen am Anfang des Buches, in dem das Pferd sagt: »Du musst mir im Maul ziehen, damit ich langsamer werde – und wenn du das tust, dann habe ich gewonnen.« Nun – wir müssen jetzt auch einen Weg finden, das Pferd zu verlangsamen ohne im Maul zu ziehen.

Unsere vorbereitenden Hilfen sind: 1. Wir nehmen unsere Hände zurück, so dass sie gleichauf mit dem Sattelhorn stehen (mit Spiel im Zügel). 2. Wir setzen uns im Sattel zurück.

Unsere eigentliche Hilfe wird sein, uns im Sattel zu entspannen. Wenn das nicht hilft das Pferd zu verlangsamen, dann lassen wir uns im Sattel etwas auf- und abwerfen, um seine Aufmerksamkeit zu bekommen, und am Ende nehmen wir den Zügel auf. Eine Verstärkung für diese Hilfe gibt es nicht.

Warum sollte das Pferd nun verlangsamen wollen? Wenn wir im Sattel herumhüpfen, dann wird ihm das wehtun. Wenn wir es vorher eine Weile im Roundpen herumgetrieben haben, so schnell es in dieser Gangart laufen konnte, dann dürfte es jetzt etwas müde sein. Je länger wir warten, bevor wir ihm die Möglichkeit geben das Tempo zu verringern, umso eher wird es die angebotene Chance annehmen.

Nachdem Sie es etwa fünf Minuten im schnellen Trab geritten haben, geben Sie die vorbereitenden Hilfen: Hände zurück und schwer einsitzen. Wenn das Pferd darauf nicht reagiert, entspannen

Sie sich im Sattel, warten zwei Sekunden und lassen sich dann im Sattel werfen.

Das Pferd wird nicht anhalten, es wird sich jedoch zu Ihnen umsehen um herauszufinden, was da vor sich geht. Seine Ohren werden sich nach hinten richten, sein Kopf geht hoch – und sein Tempo ist immer noch unverändert. Lassen Sie es zwei bis drei Runden im Roundpen laufen, bevor Sie wieder nach vorne aufstehen und die Hilfe »Lauf, so schnell du kannst, in dieser Gangart« geben. Wiederholen Sie das drei- oder viermal. Wenn Sie ihm dann das nächste Mal die Chance geben zu verlangsamen und das Pferd hat es immer noch nicht begriffen, dann nehmen Sie die Zügel auf.

Sobald wir merken, dass das Pferd auf die gewünschte Tempoänderung richtig reagiert, sollten wir uns sofort entspannen.

Wenn das Pferd beginnt diese Hilfen zu verstehen und wir die richtigen Antworten bekommen, dann können wir darauf aufbauen. In jedem Training ist es viel schwerer, erste Ergebnisse zu bekommen, als dann auf diesen aufzubauen. Wenn das Pferd z. B. erst einmal drei Tritte rückwärts gegangen ist, ist es viel leichter, ihm weitere sieben Tritte beizubringen, als es war, ihm den ersten Rückwärtstritt abzuringen.

Wenn wir an der Tempokontrolle arbeiten, können wir innerhalb von zwei Stunden große Fortschritte erzielen. Achten Sie dabei aber auf Ihr Pferd, damit Sie es nicht überfordern. Wenn es verschwitzt und müde ist, dann hören Sie auf und machen am nächsten Tag weiter.

Im Galopp werden bei dieser Übung Ausbildungsmängel und Schwächen überdeutlich zu Tage treten, im Schritt werden sie sich dagegen kaum zeigen. Arbeiten Sie deswegen bei dieser Übung über mehrere Wochen im Trab – vom Mitteltrab bis zum langsamen Trab, fast auf der Stelle.

Der Wendepunkt/ Kipp-Punkt

Wenn wir mit einem Pferd einen Roll back gegen den Zaun reiten, dann ist das sehr viel mehr als einfach nur das Pferd gegen die Barriere laufen zu lassen und dann irgendwie in die andere Richtung herumzuwürgen. Der richtig ausgeführte Roll back bringt dem Pferd bei auf der Hinterhand zu arbeiten.

Es gibt einen Punkt – eine Art Wendepunkt –, den wir zur Verbesserung dieser Lektion nutzen können. Das ist der Punkt bei der Wendung zum Zaun, an dem das Pferd eine einmal begonnene Wendung (den Roll back) auf jeden Fall fortsetzt, auch wenn wir den inneren Zügel, der die Wendung einleitet, loslassen.

Diese Lektion wird im schnellen Trab im Roundpen geübt. Bei diesen Übungen müssen sich unsere Hände langsam und stetig bewegen. Wenn wir die Wendung, den »Turn«, fordern und das Pferd dann während der Wendung loslassen, sollte es im Trab wieder herauskommen. Die Bewegung sollte in keiner Phase des Roll back unterbrochen sein. Wenn es statt im Trab im Galopp aus der Wendung kommt, dann lassen Sie es ein paar Sprünge machen und verlangsamen es dann vorsichtig.

Wenn ich das Pferd zu früh loslasse (vor diesem imaginären Wendepunkt), wird es sich wieder gerade stellen und vorwärts laufen statt zu wenden. Wenn ich zu spät loslasse, wird es schwer in der Hand und legt sich evtl. aufs Gebiss. Der richtige Zeitpunkt ist der, an dem das Pferd seinen Turn begonnen hat.

Ein Pferd, das gelernt hat bei seinen Wendungen stark die Hinterhand einzusetzen, wird leicht und korrekt stoppen, wenn wir es dazu auffordern.

Den Wendepunkt benutzen wir auch um den »richtigen Galopp« zu lehren oder mit einem einseitig steifen Pferd zu arbeiten.

Wenn wir diese Lektion üben, dann werden wir schnell merken, dass wir immer weniger Zügelhilfen brauchen um das Pferd zu einem Roll back zu veranlassen.

KAPITEL 13

Die Hilfen für den Handgalopp und den Galoppwechsel

Bevor wir dem Pferd den Handgalopp und den Wechsel beibringen können, sollte das Pferd alle Übungen um die Kegel herum einwandfrei ausführen. Wenn diese Voraussetzung stimmt, werden die meisten der möglichen Fehler erst gar nicht auftauchen. Da das Pferd nicht weiß, was ein Fehler ist, wird es oft denken, es hätte getan, was wir wollten, auch wenn wir das als Fehler werten. Und es wird deswegen den Fehler wieder machen. Damit prägt sich das »Fehlverhalten« schnell ein. Es ist also wesentlich einfacher, wenn der »Fehler«, also eine von uns unerwünschte Reaktion, gar nicht erst passiert. Das verhindern wir, indem wir immer darauf achten, dass das Pferd für den nächstschwereren Ausbildungsschritt auch bereit ist.

Pferde reagieren sehr unterschiedlich, wenn es um den »richtigen« Galopp und den Galoppwechsel geht. Wir haben verschiedene Trainingstechniken zur Auswahl, die sich nach den jeweils speziellen Schwierigkeiten eines bestimmten Pferdes richten.

Wenn wir uns für eine der Techniken entscheiden, sollten wir auch überlegen, ob diese Methode uns nicht später Schwierigkeiten machen könnte. Unerwünschte Verhaltensweisen, wie z. B. mit schlagendem Schweif in den Galopp hineinzustürmen oder durch einen fliegenden Wechsel durchzusausen, sind normalerweise durch die Methode verursacht, die man im Basistraining benutzt hat.

Wir sollten auch nicht von vornherein damit rechnen, dass ein Pferd Schwierigkeiten beim Aufnehmen des richtigen Galopps haben wird – viele haben das nämlich nicht.

Einen ersten Anhaltspunkt, ob ein Pferd tendenziell im richtigen Galopp anspringen wird, bekommen wir auf folgende Weise: Wir befinden uns in einem schnellen Trab auf dem Zirkel und tun erst einmal nicht mehr, als das Pferd dazu aufzufordern, im Tempo zuzulegen. Dazu stellen wir uns leicht in die Steigbügel, geben verbale Kommandos und wenden die anderen Techniken an, die im Kapitel »Tempokontrolle« beschrieben wurden.

Wir wollen den Galopp auf die dem Pferd angenehmste Weise erreichen und dabei nur sehen, ob es von allein den richtigen Galopp aufnimmt. Wenn es auf der rechten Hand korrekt rechts anspringt, lassen wir es ein paar Runden galoppieren. Da wir wollen, dass der Galopp fürs Pferd entspannend ist, sollten wir jetzt noch nicht viel an ihm herumkorrigieren. Später werden wir eingreifen, wenn der Galopp zu schnell oder zu langsam ist – vorerst reicht es, wenn das Pferd möglichst ruhig ein paar Runden galoppiert.

Hilfen für den richtigen Galopp

Wenn das Pferd recht sicher aus dem schnelleren Trab im richtigen Handgalopp anspringt, werden wir die spezielle Hilfe für den Galopp auf dieser Hand etablieren. Zum Beispiel: Wenn wir den Rechtsgalopp wollen, dann ist die Hilfe dafür der Druck mit dem linken Schenkel; kurz bevor das Pferd nun aus dem Trab in den Galopp wechselt, drücken wir deswegen langsam den linken Schenkel ans Pferd. Schenkeldruck sollte immer sacht aufgebaut werden. Ein Klopfen mit dem Schenkel führt meistens nur zu Überreaktionen. Wenn Sie die Galopphilfe auf diese Weise einführen, wird das Pferd meistens mühelos und ohne größeres Theater anspringen. Wir schaffen eine Bedingung – unseren Schenkeldruck auf der linken Seite – und das Pferd antwortet durch Angaloppieren auf der rechten Hand – mit »führendem« rechtem Vorderbein.

Wenn wir das oft genug tun, kommt die richtige Reaktion automatisch.

Es wäre schön, wenn das bei jedem Pferd funktionieren würde – doch das ist leider nicht der Fall.

Wir beginnen also an dieser Stelle mit den verschiedenen Wenn und Aber.

Wir fangen mit einem Zirkel auf der rechten Hand an. Wenn das Pferd sich in einem flotten Trab befindet, drücken wir mit dem linken Schenkel und »fragen« damit nach dem Rechtsgalopp. Wenn das Pferd stattdessen links anspringt, nehmen wir langsam den äußeren Zügel auf und bauen langsam Druck aufs Gebiss auf, bis das Pferd wieder in den Trab fällt. Dann wiederholen Sie die Prozedur zum Angaloppieren. Probieren Sie etwa zehnmal, ob das Pferd den richtigen Galopp aufnimmt. Wenn es das nicht tut, dann nehmen Sie beim elften Mal kurz vorm Angaloppieren den äußeren Zügel etwas an und fordern etwas mehr Tempo. Manchmal reicht das schon für den richtigen Galopp; wenn nicht, verfahren Sie folgendermaßen:

Gehen Sie mit dem Pferd in den Roundpen. Wiederholen Sie die obige Sequenz: Beginnen Sie mit lockerem, nicht aufgenommenem äußeren Zügel, nehmen Sie ihn dann langsam auf und schließlich etwas stärker an. Wenn das Pferd immer noch nicht korrekt anspringt, dann gehen Sie noch einen Schritt weiter.

Sagen wir mal, das Pferd hat Probleme mit seinem Linksgalopp. Beginnen Sie damit, es auf einem Zirkel rechtsherum (im Uhrzeigersinn) zu traben. Fordern Sie das Pferd zu einer Wendung nach links (zum Zaun hin) auf und machen Sie ihm »ein bisschen Dampf«. Ziehen Sie nicht am Zügel um es schneller in die Wendung zu bekommen, sondern benutzen Sie dazu Schenkeldruck. Erinnern Sie sich: Die Zügel geben nur die Richtung an – die Beine sagen dem Pferd, dass es sich bewegen soll.

Bewegen Sie Ihre Hände langsam und stetig. Wenn das Pferd zur Wendung ansetzt, dann drücken (oder klopfen) Sie mit dem Schenkel um es zu beschleunigen. Es sollte dann im (richtigen) Linksgalopp aus der Wendung herauskommen. Wenn das Pferd verlangsamen will, dann halten wir mit Schenkeldruck das Tempo aufrecht. Es macht erst einmal nichts, wenn das Pferd aus der Wendung zu schnell herauskommt. Am Tempo können wir später arbeiten, wenn es richtig im Linksgalopp angesprungen ist.

Wir haben das Pferd nun im Linksgalopp und galoppieren linksherum (gegen den Uhrzeigersinn) im Roundpen. Nehmen Sie nun langsam den äußeren Zügel auf und bauen etwas Druck auf, bis das Pferd wieder in den Trab fällt. Traben Sie ein paar Runden und fordern Sie dann wieder eine Wendung nach rechts zum Zaun. Forcieren Sie das Tempo wie zuvor. Es kommt – hoffentlich – wieder im korrekten Galopp aus der Wendung, diesmal im Rechtsgalopp.

Wenn das Pferd richtig aus der Wendung herauskommt, lassen Sie es ein paar Runden galoppieren, damit es sich an das Gefühl gewöhnt, auf der richtigen Hand zu galoppieren, und beginnt sich damit wohl zu fühlen.

Wenn es nicht im richtigen Galopp herauskommt, dann haben Sie zu spät Tempo gefordert; es trabt dann aus der Wendung statt herauszugaloppieren. In diesem Fall wenden Sie es zurück in die andere Richtung und beginnen von vorn. Lassen Sie es nicht im falschen Galopp weitergaloppieren.

Dieses System funktioniert bei 95 Prozent der Pferde, die Schwierigkeiten beim Handgalopp machen. Mit den restlichen 5 Prozent arbeite ich auf einem quadratischen Trainingsplatz mit etwa 12 Meter Seitenlänge.

Und so gehen Sie dort vor:

Traben Sie das Pferd rechtsherum. Lassen Sie die Zügel locker, es sei denn, das Pferd driftet nach innen. In diesem Fall nehmen Sie den äußeren Zügel auf und führen es zurück zum Zaun.

Fordern Sie dann aus dem Trab den Galopp. Da der Platz eng ist, wird das Pferd nicht gern galoppieren wollen.

Es wird versuchen nach innen auszuweichen. Fordern Sie weiter nachdrücklich den Galopp und versuchen Sie dabei, es möglichst tief in die Ecken zu reiten. Es ist äußerst schwer für das Pferd, in die Ecken hineinzulaufen und dabei im falschen Galopp anzuspringen oder zu bleiben. Diese Methode ist auch in hartnäckigen Fällen fast immer erfolgreich.

Sie müssen jedoch viel Druck ausüben, um das Pferd auf dem quadratischen Platz überhaupt in den Galopp zu bekommen. Nach ein paar Übungen in dieser Form wird es jedoch auch den Galopp auf der Hand richtig aufnehmen, auf der es Schwierigkeiten hatte. Und es wird dabei weder mit dem Schweif schlagen noch in den Galopp hineinstürmen.

Kreuzgalopp

Etwa 25 Prozent aller Pferde gehen manchmal im Kreuzgalopp, bei dem sie vorne rechts und hinten links galoppieren – oder umgekehrt.

Wenn Sie ein Pferd für Turnierprüfungen, in denen viele fliegende Wechsel gefordert werden, ausbilden wollen,

dann sollten Sie versuchen, den Kreuzgalopp frühzeitig auszumerzen. Pferde,
welche von Natur aus Kreuzgalopp
gehen, sind viel häufiger, als die meisten
Leute annehmen. Im Roundpen können
Sie schnell feststellen, ob Ihr Pferd
(oder das Pferd, das Sie kaufen wollen)
dazugehört. Wenn es zwar vorne den
richtigen Galopp aufnimmt, aber hinten falsch ist, dann sollten Sie sich den
Kauf überlegen. Das Problem mit dem
Kreuzgalopp kann zwar gelöst werden
– man braucht aber viel Zeit dazu.

Die Autoreifenübung

Diese Übung lehrt das Pferd auf eine
Hilfe nur seine Hinterhand zu bewegen.
Der schwierigste Teil der Übung ist, die
Vorderbeine des Pferdes in den Reifen
hineinzubekommen. Wir benutzen den
Reifen eines kleinen LKW – ohne Fel-
gen natürlich. Wenn es ein Stahlgürtel-
reifen ist, kontrollieren Sie vorher, ob
das Pferd nicht in losen Drähten hängen bleiben oder sich sonstwie daran
verletzen kann.
Manchmal bekommt man die Vorderbeine des Pferdes am einfachsten in den
Reifen, indem man einen Vorderhuf anhebt und den Reifen darunter schiebt.
Loben Sie das Pferd und stellen Sie
dann seinen anderen Vorderhuf auch in
den Reifen. Wenn es ruhig und entspannt mit beiden Hufen im Reifen
steht, können wir weitermachen.
Der Reifen stellt für die Vorderbeine
des Pferdes eine Barriere dar, während
wir seine Hinterhand relativ leicht bewegen können.
Wir stehen neben dem Pferd und beginnen damit, seinen Kopf leicht in unsere Richtung zu stellen. Gleichzeitig
drücken wir mit dem Finger an einen
Punkt an seiner Seite, an dem sich

normalerweise unser Sporn befinden
würde. Wenn Sie Ihr Pferd so mit dem
Finger anpieksen, dann bleiben Sie
nahe am Kopf stehen, damit es Sie nicht
treten kann. Es sollte dem Finger mit
den Hinterbeinen zur Seite ausweichen.
Wenn es sich bewegt, hören wir auf und
loben es. Wiederholen Sie dies auf der
einen Seite einige Male, gehen Sie dann
auf die andere Seite und fordern Sie das
Gleiche in die andere Richtung.
Wir wollen dem Pferd damit beibringen, dass ein Druck an dieser speziellen
Stelle bedeutet, dass es nur seine Hinterbeine bewegen soll. Das Signal dafür
ist der konstante Druck, den wir dabei
auf seine Seite ausüben. Halten Sie den
Druck konstant, bis es die Hinterhand
wegbewegt.
Wenn es nicht reagiert, verstärken wir
den Druck. Reagiert es immer noch
nicht, nehmen wir den Finger kurz weg
und pieken dann erneut mit mehr
Druck. Dann bleibt die Hand wieder
am Pferd und übt konstanten Druck
aus.
Wir werden herausfinden, dass das
Pferd sich auf immer weniger Druck bewegt, wenn wir ihm die Möglichkeit
dazu geben. Nach ein paar Minuten
wird das Pferd die Hinterhand schon
bewegen, wenn wir nur die Haare an
der Stelle, an der später der Sporn eingesetzt wird, etwas gegen den Strich
bürsten.
Das Pferd wird schnell lernen, dass
es seine Hinterhand so lange bewegen
soll, bis wir den Druck wegnehmen.
Wenn es erst einmal einen Schritt gemacht hat, fordern wir zwei, drei und
immer mehr Schritte, bis es nach beiden
Seiten mit der Hinterhand einen vollen
Kreis beschreibt. Wenn wir den Druck
wegnehmen, sollte das Pferd aufhören
sich zu bewegen.

Zählen Sie die Schritte. Wenn Sie sechs wollen, dann soll das Pferd auch nur sechs gehen. Wenn es mehr macht, dann versuchen Sie nicht es zu stoppen, indem Sie am Führstrick ziehen. Es reagiert im Moment nur übereifrig und wird schnell von allein damit aufhören, mehr Schritte als gefordert auszuweichen.

Ein weiteres Problem kann sein, dass das Pferd anfängt auszuweichen, bevor wir Druck geben, wenn wir auf die andere Seite wechseln. In diesem Fall laufen wir mit der Ausweichbewegung mit und drücken trotzdem mit den Fingern an die Stelle, an der wir später die Hilfe mit dem Bein geben wollen. Wir wollen nicht, dass das Pferd selbst bestimmt, wann es sich bewegen soll. Es soll vielmehr auf unsere Hilfe – den Druck – warten. Doch auch dieses Vorwegnehmen der Reaktion wird schnell wieder aufhören; wir sollten uns darüber nicht viele Gedanken machen.

Andere Schwierigkeiten können sein, dass das Pferd seine Vorderbeine kreuzt und auf die Nase fällt oder dass es aus dem Reifen heraussteigt. Zerren Sie dann nicht am Halfter. Lassen Sie ihm Zeit wieder aufzustehen und dirigieren Sie in Ruhe die Vorderbeine wieder in den Reifen hinein. Beginnen Sie von vorn – es wird schnell begreifen, dass es in Minischritten mit den Vorderbeinen mittrippeln muss um seine Beine nicht zu verknoten.

Wenn wir die Reifenübung beherrschen (meist brauchen wir dazu nicht mehr als zwei Übungstage mit je zwei Stunden), können wir in unserem Programm fortfahren:
Stellen Sie die Vorderbeine des Pferdes in den Reifen und steigen Sie auf seinen Rücken. Absolvieren Sie dann das gleiche Programm wie vom Boden aus. Der Druck kommt statt von unseren Fingern dann von unserem Absatz bzw. Sporn. Drücken Sie sanft um die Hinterhand zum Ausweichen aufzufordern. Wenn das Pferd die von Ihnen gewollte Anzahl von Schritten gemacht hat, nehmen Sie den Druck weg – und es sollte stoppen. Fordern Sie einen Schritt mit der Hinterhand nach rechts, dann einen nach links. Erhöhen Sie die Anzahl der Schritte, bis das Pferd mit der Hinterhand einen vollen Kreis nach beiden Seiten beschreiben kann (Vorhandwendung).

Legen Sie genügend Pausen ein, in denen Sie das Pferd aus dem Reifen heraustreten lassen, damit es sich nicht langweilt.

Seitwärtsbewegung

Die Bewegung, bei der das Pferd – ohne dabei vorwärts oder rückwärts zu gehen – seitwärts tritt, ist eine logische Fortsetzung unserer Reifenübung.

Wir reiten das Pferd aus dem Reifen heraus und halten es an. Jetzt fordern wir es durch Druck mit dem Absatz oder, falls nötig, mit dem Sporn auf der linken Seite auf, seine Hinterhand einen Schritt nach rechts zu bewegen (wie zuvor im Reifen). Wir müssen jetzt damit rechnen, dass es auch einen Schritt vorwärts macht. Wenn es sich nach vorne in Bewegung setzt, dann nehmen Sie den Zügel auf und stoppen es. Geben Sie mit dem Zügel nach, wenn es stoppt, und fordern Sie wieder einen Schritt mit der Hinterhand nach rechts. Wenn es dem seitlichen Druck mit dem Schenkel konstant nachgibt und nach rechts ausweicht ohne die Vorderbeine zu bewegen, dann wiederholen Sie die Übung nach links (mit Druck des rechten Schenkels).

Wenn das klappt, gehen wir einen Schritt weiter. Bewegen Sie die Hinterhand des Pferdes nach rechts, nehmen Sie dabei beide Zügel auf und fordern Sie vom Pferd die Vorderbeine ebenfalls nach rechts zu bewegen. Lassen Sie dabei den linken Schenkel am Pferd. Wenn das Pferd nach vorne tritt, nehmen Sie die Zügel stärker an um die Vorwärtsbewegung zu stoppen. Lassen Sie dann wieder locker, führen es aber trotzdem mit den Zügeln nach rechts. Bald wird das Pferd begreifen, was Sie von ihm wollen.

Um die Seitwärtsbewegung zu perfektionieren lassen Sie erst die Hinterhand zur Seite treten, dann Vor- und Hinterhand gemeinsam, dann stoppen Sie die Vorhand und lassen wieder nur die Hinterhand seitwärts gehen.

Lassen Sie den Reifen auf dem Platz liegen und üben Sie die nächsten zwei Wochen immer kurz mit und ohne Reifen, bevor Sie zum normalen Trainingsprogramm übergehen. Denken Sie daran, eine von Ihnen vorgegebene Anzahl von Schritten zu erzielen. Das wird im fortgeschrittenen Training wichtig werden. Indem wir das üben, etablieren wir einen bestimmten Druckpunkt an der Seite unseres Pferdes. Mit allen anderen dieser Punkte, die wir mit der Zeit hinzufügen, werden wir schließlich in der Lage sein unsere Zügel wegzuwerfen und ohne Handeinwirkung zu reiten.

Wir lehren ein Hilfensystem

Damit wir das Pferd schließlich nur noch mit Schenkelhilfen reiten können, müssen wir uns ein logisches System von Hilfen ausdenken und dem Pferd vermitteln.

Jede Hilfe muss dem Pferd unverwechselbar klar sein und es muss darauf rea-

gieren, egal, ob es gerade ruhig oder aufgeregt ist, sich schnell oder langsam bewegt. Es liegt auf der Hand, dass dies nicht über Nacht funktioniert.

Es gibt Trainingsabschnitte, in denen Erfolge schnell und leicht sichtbar werden, z. B., wenn Sie Ihrem Pferd beibringen sich auf einem eng begrenzten Platz von Ihrem Schenkel wegzubewegen. Wenn Sie die gleiche Übung jedoch mit mehr Raum, Ablenkungen (anderen Pferden), mehr Tempo oder Hindernissen machen, kann die Sache gleich ganz anders aussehen. Seien Sie also vorsichtig damit, wie schnell Sie die Anforderungen an sich und Ihr Pferd steigern wollen und können, und überlegen Sie immer welchen Stressfaktoren Sie und Ihr Pferd sich aussetzen.

Das Hilfensystem, welches ich benutze, mag völlig anders aufgebaut sein als Ihr eigenes. Wie oder wo wir die Hilfe geben, ist von sehr geringer Bedeutung. Es geht vielmehr darum, dass wir konsequent immer die gleichen Hilfen geben und dass wir damit unser Pferd kontrollieren können.

Denken Sie daran, dass das Pferd eine Aufgabe umso länger willig und weich ausführen wird, je weniger es die Hilfen irritieren. Geben Sie also die Hilfen so sanft wie möglich.

Es gibt nun einige Richtungen, in die sich das Pferd bewegen kann, und um es zu kontrollieren, müssen wir in der Lage sein die meisten – wenn nicht alle – dieser Richtungen zu kontrollieren. Das bedeutet, dass wir dem Pferd eine Menge verschiedener Hilfen beibringen müssen. Das Gute dabei ist, dass das Pferd so viele Stellen für die Hilfengebung am Körper hat, wie es Haare hat. So wird Ihnen der Platz für die Hilfen nie ausgehen. Ein weiterer interessanter Aspekt ist, dass die Stellen für die verschiedenen Hilfen nicht weit auseinander liegen müssen. Ziehen Sie die Ansatzpunkte für die Hilfen also nicht allzu weit auseinander. Das Pferd braucht dies für die Unterscheidung nicht und es bringt Sie nur aus einer guten Sitzposition und aus der Balance. Zudem macht es vor Publikum nicht gerade einen eleganten Eindruck.

Da das Pferd eine Menge Bewegungen beherrscht, brauchen wir auch ein gut ausgearbeitetes, fortgeschrittenes System von Hilfen um es komplett zu kontrollieren, und damit es die vielen verschiedenen Manöver, die wir von ihm verlangen, überhaupt ausführen kann.

Die vier Hauptpunkte für die Hilfen.

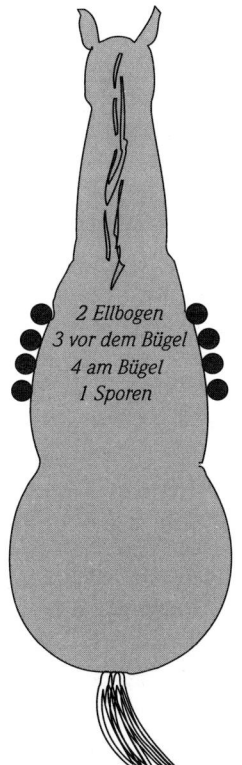

2 Ellbogen
3 vor dem Bügel
4 am Bügel
1 Sporen

Mein Hilfensystem

Das ist das System, welches ich meinen Pferden beibringe. An jeder der beiden Seiten des Pferdes benutzen wir vier Hauptpunkte für die Hilfen: am Ellbogen, vor dem Steigbügel, am Steigbügel und am Sporn. Jeder Punkt kann allein oder in Verbindung mit jedem anderen Punkt benutzt werden um eine bestimmte Hilfe zu lehren. Diese Punkte kommen zu denen, die wir zum Lehren der Gangarten Schritt, Trab und Galopp benutzt haben, dazu.

Wenn Sie diese Hilfen lehren, lehren Sie immer nur eine auf einmal. Vergewissern Sie sich, dass das Pferd die eine gut begriffen hat, bevor Sie die nächste in Angriff nehmen. Egal, ob Sie einmal mit oder ohne Kandare reiten wollen, diese Hilfen werden Ihnen mehr Kontrolle über Ihr Pferd geben und damit zu Ihrer Sicherheit beitragen.

Wir haben dem Pferd die erste Hilfe während der Reifenübungen beigebracht. Das Pferd hat gelernt, dass es nur seine Hinterhand nach rechts oder links bewegen soll, wenn wir am Sporenpunkt drücken (Punkt 1).

Die zweite Hilfe ist die zum Rückwärtsrichten. Der Reiter nimmt beide Unterschenkel nach vorne und tippt durch schnelles Hin- und Herdrehen im Fußgelenk mit den Zehen die beiden Ellbogengelenke des Pferdes an (Punkt 2). Wenn Sie den Ellbogen des Pferdes nicht erreichen können, dann geben Sie einfach mit beiden Beinen gleichzeitig mehrmals hintereinander Druck, wenn Sie das Pferd zum Rückwärtsgehen auffordern. Fahren Sie damit fort, bis Sie möchten, dass das Pferd aufhört rückwärts zu gehen. Diese Hilfe lehren Sie erst, nachdem das Pferd schon gelernt hat auf das Zügelsignal rückwärts zu gehen.

Der nächste Punkt (der Punkt 3 vor dem Bügel) liegt 5 bis 8 Zentimeter hinter dem vorderen Sattelgurt, etwa 3 bis 5 Zentimeter vor dem normal hängenden Steigbügel. Die Hilfe wird dabei mit dem Absatz gegeben. Sie soll dem Pferd sagen, dass es seine Vorhand nach rechts oder links um die Hinterhand herumbewegen soll. Wenn Sie üben, die Schultern des Pferdes in verschiedene Richtungen zu bewegen, verfeinern Sie diese Hilfe. Die Richtung wird vom äußeren Bein des Reiters kontrolliert – das Pferd bewegt sich vom dort ausgeübten Druck weg.

Die letzte Hilfe wird am Punkt 4 (am Steigbügel) gegeben – dort, wo der Bügel normalerweise herunterhängt. Diese Schenkelhilfe bedeutet, dass das Pferd Vor- und Hinterhand gleichzeitig nach rechts oder links bewegen soll; das ist eine reine Seitwärtsbewegung. Diese Hilfe ist sehr schwierig zu lehren und erfordert Geduld vom Reiter. Deswegen sollten wir sie uns zum Schluss vornehmen.

Zudem haben wir unsere Standardhilfen für Schritt, Trab und Galopp, die wir schon früher in diesem Buch abgehandelt haben. Sie können alle am normalen (schon bekannten) Punkt gegeben werden – auch wenn Sie denken, dass dieser Punkt direkt auf einem der eben beschriebenen neuen Hilfenpunkte liegt. Sie werden dem Pferd – unbewusst – einen etwas anderen Impuls geben, wenn Sie die Gangartenhilfen

meinen, und das Pferd wird sie von den eben beschriebenen unterscheiden können.

Diese ersten Hilfen sind einfach zu lehren und jeder kann diese – und noch unzählige andere – dem Pferd beibringen.

Die folgenden Darstellungen zeigen, wie diese Hilfen einzeln und in Verbindung mit anderen verwendet werden. Das schwarz ausgemalte Quadrat zeigt, wo die Hilfe jeweils gegeben wird, und die Pfeile geben die Richtung an, in die sich das Pferd bewegen soll. Die Nummer neben jedem Hilfenpunkt gibt die Reihenfolge an, in der er dem Pferd beigebracht wurde.

Stellen Sie sich vor, der Kopf des Pferdes blickt in Richtung oberer Buchrand. Die Ellbogen des Pferdes befinden sich rechts und links auf Höhe von Punkt 2, die Steigbügel hängen gerade herunter und Ihre Sporen berühren jeweils Punkt 1. Punkt 3 befindet sich links und rechts jeweils 5 Zentimeter vor Punkt 1. Die Hilfen für Punkt 4 sind zuletzt gelehrt worden.

Die genaue Festlegung der Hilfenpunkte bestimmt der Reiter. Wenn Sie einen Unterschied zwischen den Punkten 1 und 4 wahrnehmen, dann ist da auch einer. Nochmal zur Wiederholung: Die Hilfenpunkte müssen nicht weit voneinander entfernt sein, damit ein Pferd die unterschiedlichen Forderungen des Reiters unterscheiden kann.

Die Hinterhand nach rechts bewegen

Die Hinterhand nach links bewegen

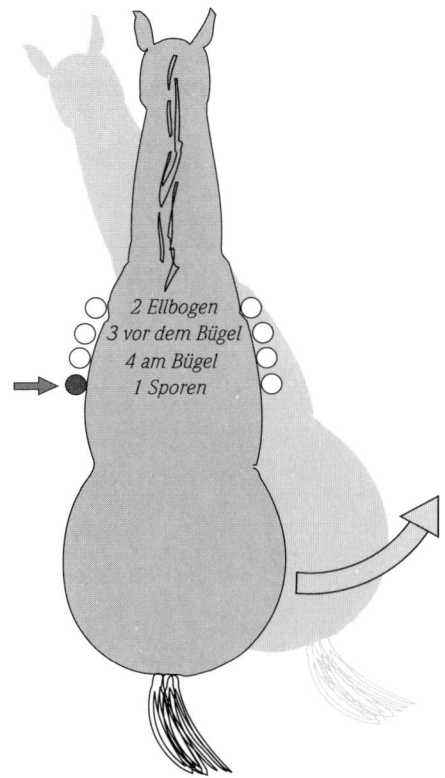

Die Hinterhand nach rechts bewegen.

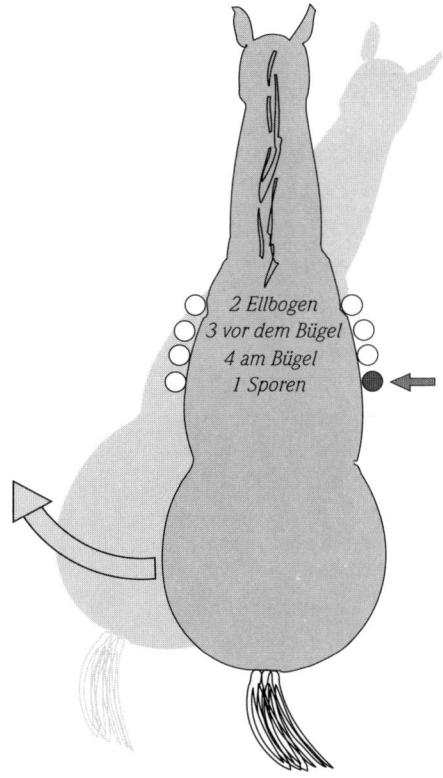

Die Hinterhand nach links bewegen.

Wir bewegen die Hinterhand des Pferdes nach rechts, während die Vorhand auf der Stelle dreht. Die Darstellung zeigt, dass die Hilfe am Punkt 1 (dem Sporenpunkt) auf der linken Seite des Pferdes gegeben wird.

Jetzt bewegen wir die Hinterhand des Pferdes nach links, während die Vorderbeine des Pferdes wieder auf der Stelle treten. Die Hilfe wird am Punkt 1 auf der rechten Seite gegeben.

Rückwärtsrichten

Vorhand nach links bewegen

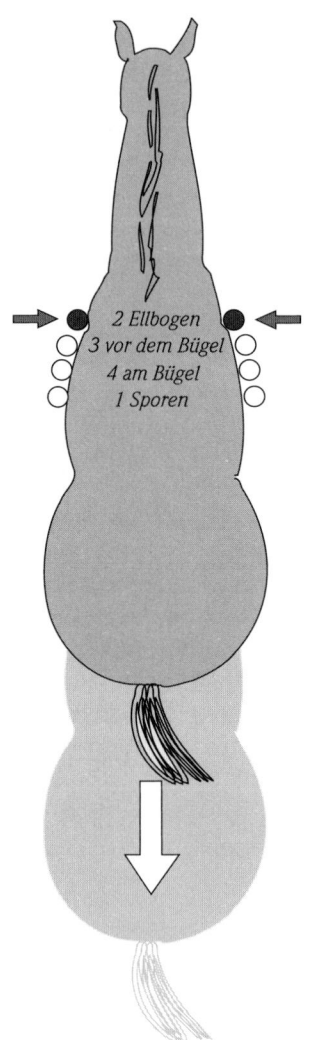

Rückwärtsrichten.

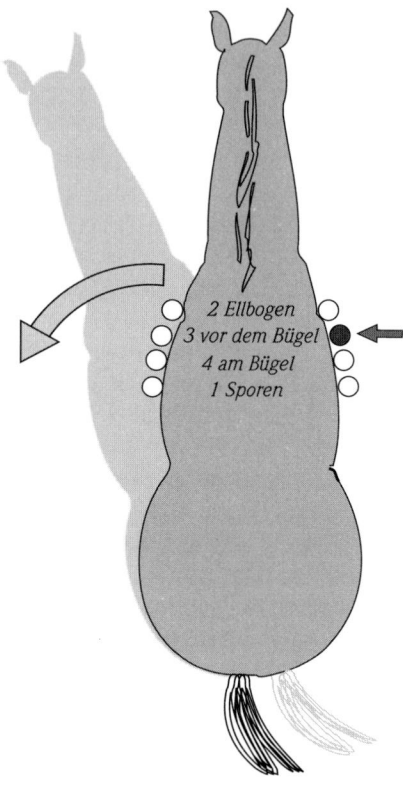

Die Vorhand nach links bewegen.

Hier bewegen wir die Vorhand des Pferdes um die Hinterhand herum (Hinterhandwendung nach links).

Bei dieser Übung richten wir unser Pferd rückwärts, indem wir es mit unseren beiden Fußspitzen am Ellbogenpunkt (2) mehrfach kurz hintereinander antippen. (Es hat dabei vorher schon gelernt auf das Zügelsignal rückwärts zu gehen.)

Vorhand nach rechts bewegen

Seitwärts nach links (Sidepass)

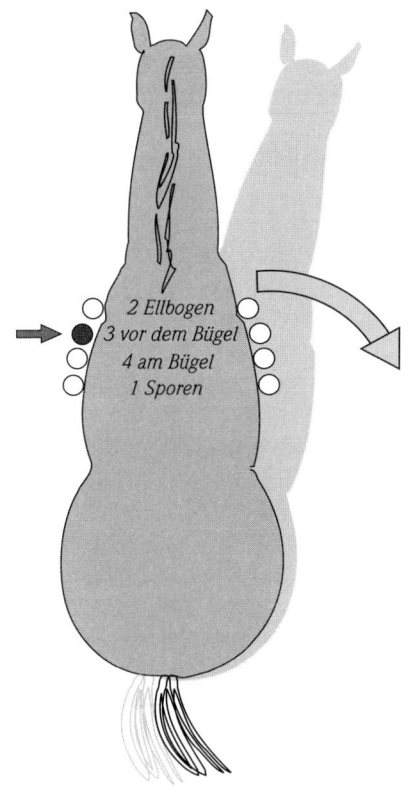

Die Vorhand nach rechts bewegen.

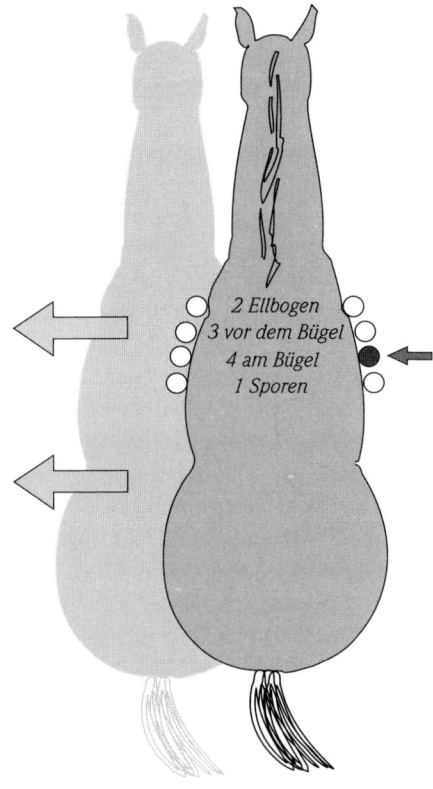

Seitwärts nach links.

Das gleiche Manöver, wie Wendung auf der Hinterhand nach links, jedoch in die andere Richtung.

Das Pferd geht mit Vor- und Hinterhand gleichzeitig nach links.

Seitwärts nach rechts (Sidepass)

Hilfenpunkte kombinieren (diagonal seitwärts)

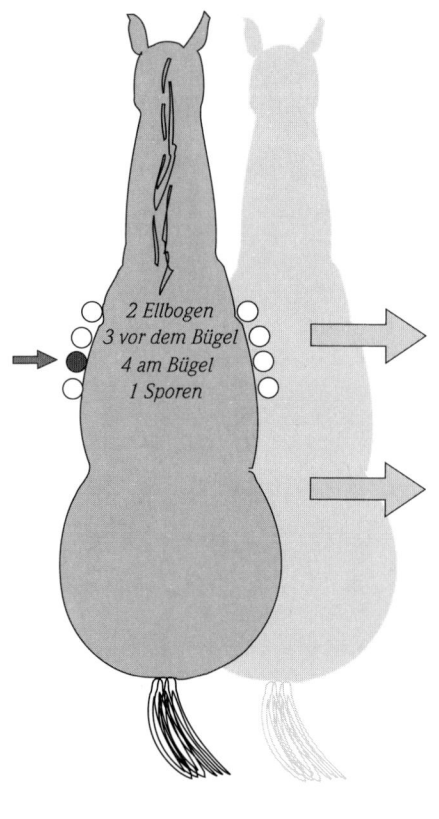

Seitwärts nach rechts.

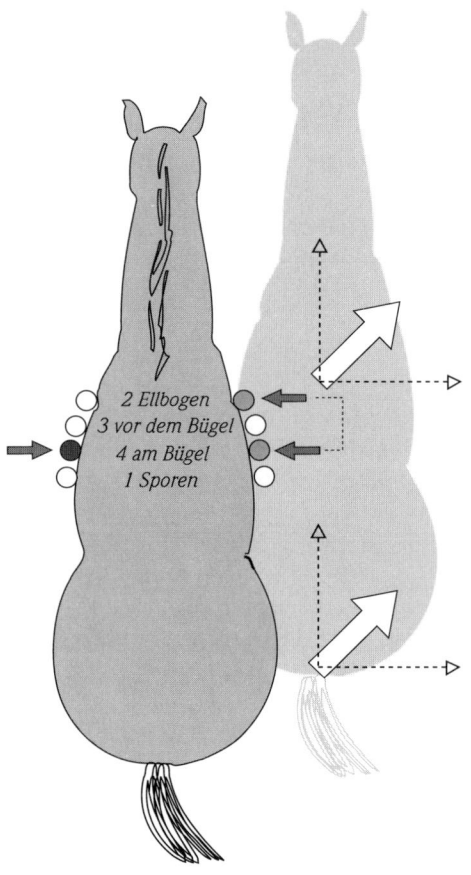

Kombinationen: Diagonale Bewegung vorwärts.

Das Pferd geht mit Vor- und Hinterhand gleichzeitig nach rechts.

Wenn wir verschiedene Punkte kombinieren, können wir eine – wie auch immer geartete – diagonale Vorwärtsbewegung (vorwärts-seitwärts) erzielen. Der Punkt 4 auf der linken Seite signalisiert dem Pferd, sich nach rechts zu bewegen, der Punkt 4 auf der rechten Seite wird ihm dabei eine Vorwärtsbewegung anzeigen. Wenn es sich zu sehr gerade vorwärts bewegt, benutzen wir den Punkt 2 (den Punkt zum Rückwärtsrichten) auf der rechten Seite um dem Pferd eine Verlangsamung der Vorwärtsbewegung zu signalisieren.

Eine andere Kombination

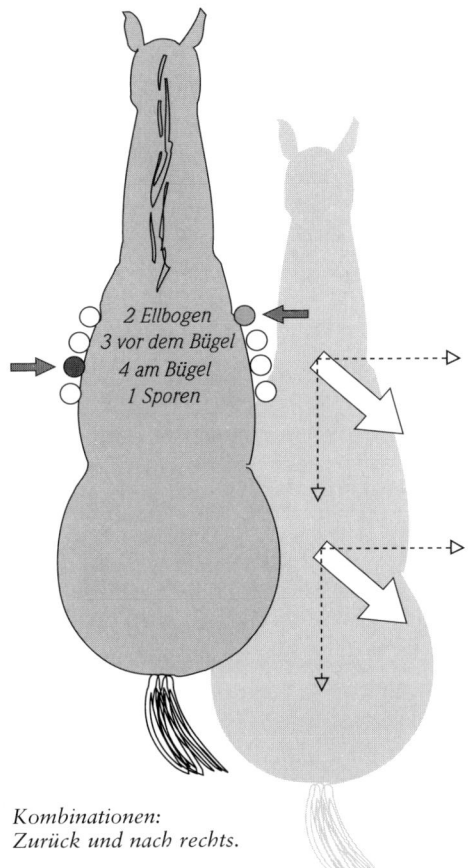

2 Ellbogen
3 vor dem Bügel
4 am Bügel
1 Sporen

*Kombinationen:
Zurück und nach rechts.*

Um das Pferd gleichzeitig rückwärts und nach rechts zu dirigieren, benutzen wir die Kombination aus Punkt 4 auf der linken Seite (um dem Pferd zu signalisieren, dass es mit Vor- und Hinterhand nach rechts gehen soll) und Punkt 2 auf der rechten Seite (um ihm zu sagen, dass es rückwärts gehen soll). Denken Sie daran: Sie müssen nicht meine Hilfen verwenden, sondern können Ihr eigenes System entwickeln, welches konsequent und logisch (ohne Widersprüche in sich) aufgebaut ist und für Sie persönlich Sinn macht. Es kann sein, dass Sie mein System nicht nachvollziehen können, und es mag sein, dass ich Ihres nicht durchschaue, doch unsere Pferde sind schlau genug um uns zu verstehen. Es gibt keine richtigen oder falschen Hilfen, sondern nur ein persönliches Signalsystem zwischen uns und unserem Pferd.

Der fliegende Galoppwechsel

In früheren Kursen hatte ich es immer wieder mit Leuten zu tun, die Schwierigkeiten hatten, Ihrem Pferd den fliegenden Wechsel beizubringen. Fliegender Galoppwechsel meint: Das Pferd wechselt den Galopp ohne den Galopp zu unterbrechen. Ich habe viele Schnellkuren zur Lösung dieses Problems ausprobiert: Biegung der Pferde in verschiedene Richtungen, so dass die Pferde Schwierigkeiten haben sollten, im falschen Galopp zu bleiben; Stangen zum Drübergaloppieren; Tempowechsel und eine Menge anderer Dinge, die das Problem beheben sollten. Ich bin zu der Überzeugung gelangt, dass das beste Rezept einfach ein korrektes Basistraining ist. Damit Pferd und Reiter den fliegenden Galoppwechsel ohne größere Probleme lernen, müssen die Grundlagen stimmen!

Erstens: Das Pferd muss aus dem Schritt und aus dem Trab sicher auf Wunsch des Reiters den Rechts- oder Linksgalopp aufnehmen können. Zweitens: Das Pferd muss auf Kommando gerade gerichtet galoppieren können ohne in den Galopp hineinzustürmen, den Kopf hochzureißen oder sonst ein unerwünschtes Verhalten zu zeigen. Solange diese Voraussetzungen nicht erfüllt sind, ist das Pferd noch nicht reif für den fliegenden Wechsel.

Der Einsatz von Pylonen ermöglicht eine Reihe von Übungen, die uns die Arbeit erleichtern. Durch diese Orientierungshilfen erkennen wir schneller, ob ein Pferd aus einer Drehung herausdriftet, und das Pferd hat dadurch Anhaltspunkte, was als Nächstes kommt. Wir benutzen sie deswegen auch, wenn wir dem Pferd den fliegenden Wechsel beibringen wollen.

Stellen Sie drei Pylone in eine Reihe, jeden etwa 3 Meter vom nächsten entfernt. Alle Wechsel werden in der Nähe des mittleren Kegels stattfinden. Zwei zusätzliche Kegel (A) sollten seitlich etwa 6 Meter vom mittleren Kegel entfernt aufgestellt werden. Diese beiden Kegel werden uns helfen die Gleichmäßigkeit der Zirkel zu beurteilen, die wir reiten. Zwei weitere Kegel (B) platzieren wir – jeweils nochmals 6 Meter von den Kegeln A entfernt – ganz außen. Die Anordnung sieht also folgendermaßen aus:

Beginnen Sie im Trab und arbeiten Sie nur auf der einen Seite der drei Mittelkegel. Reiten Sie so dicht wie möglich an die Mittelkegel und an den äußersten Kegel heran. Wenn Sie sich die Zeichnung ansehen, dann merken Sie, dass unser Kurs die Form eines D hat.

Wenn das Pferd das D traben kann, dann können wir den Handgalopp aufnehmen. Wir tun dies immer nur am mittleren Innenkegel und hüten uns davor, das Pferd zu grob in den Galopp hineinzutreiben. Wir drücken leicht mit dem Schenkel und lassen das Pferd etwa einen halben Zirkel im Galopp, bevor wir es wieder zum Trab durchparieren. Wiederholen Sie das etwa zehnmal, bis das Pferd die Übung perfekt ausführt.

Wenn das auf der einen Hand klappt, wiederholen wir es auf der anderen Hand und auf der anderen Seite der Mittelkegel. Wenn das Pferd seine Sache auf beiden Seiten gut macht, dann beginnen wir den fliegenden Wechsel zu fordern.

Wir parieren dazu nicht in den Trab

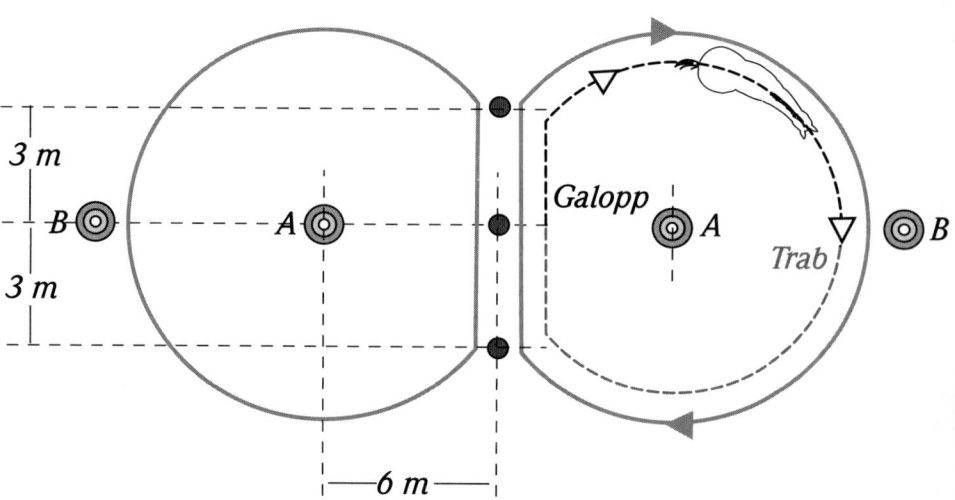

Galopp

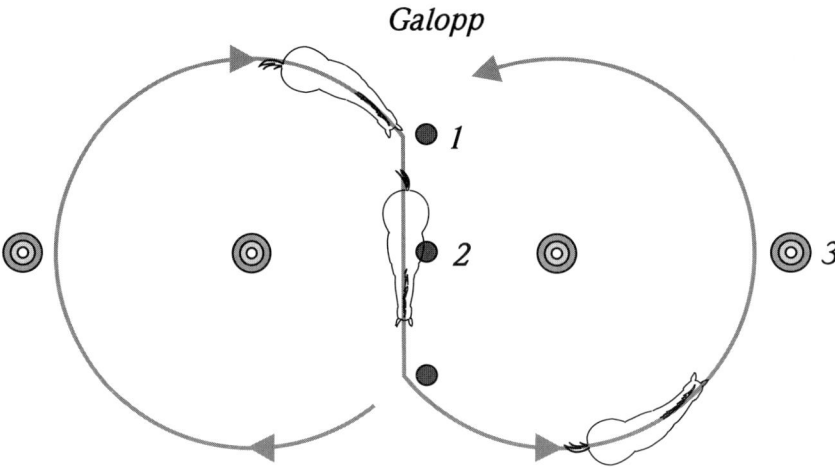

durch, sondern bleiben auf einer Seite für drei bis vier Zirkel im Galopp.

Bei der oben dargestellten Lektion bewegen wir uns im Uhrzeigersinn auf der linken Seite der Innenkegel auf einem rechts abgeflachten Zirkel. Wenn wir bereit sind den Wechsel zu machen und uns im richtigen (Rechts-)Galopp befinden, nehmen wir am Kegel Nr. 1 den linken Zügel vom Hals des Pferdes weg. Wir benutzen beide Zügel um das Pferd gerade zu stellen; damit verhindern wir, dass es den Wechsel hinten nachspringt. Wir schauen in die Richtung, in die wir reiten wollen (nach links nämlich), und nicht auf die Beine des Pferdes. Die Hilfe für den Wechsel geben wir durch einen langsamen Druck mit dem rechten Schenkel bei Kegel Nr. 2 (dem mittleren Kegel). Mit diesen Hilfen reiten wir das Pferd auf einen Zirkel nach links innerhalb des Kegels Nr. 3.

Nachdem wir einige Male so die Richtung gewechselt haben, wird das Pferd beginnen den Galoppwechsel bereits auszuführen, wenn wir nur in die neue Richtung schauen, und nicht auf unseren Schenkeldruck warten. Das wird uns davon abhalten, es mit klopfenden

Schenkeln in den Wechsel hineinzuboxen – was wiederum nur dazu führen würde, dass das Pferd zu schnell wird oder sich aufregt.

Es ist wichtig, dass wir nicht immer den Wechsel ausführen, wenn wir an den inneren Kegeln vorbeireiten. Reiten Sie ein paar Zirkel, bevor Sie einen Wechsel fordern – und dann wieder ein paar Zirkel auf der anderen Hand, bevor der nächste Wechsel kommt.

Wenn das Pferd diese Übung sicher beherrscht, ist es Zeit, die Kegel zu entfernen und die Lektion an verschiedenen Stellen der Reitbahn ohne Kegel zu üben.

Für einen Galoppwechsel im Western-Riding-Stil üben Sie die Galoppwechsel in einer geraden Linie – ohne dass Sie das Pferd ins Gebiss oder in die Hand hineinreiten. Erschrecken Sie das Pferd nicht, indem Sie es plötzlich unsanft mit den Schenkeln überfallen. Nehmen Sie die Vorhand des Pferdes etwas hoch, bevor Sie den Wechsel fordern. Warten Sie mit dieser Art des Wechsels unbedingt, bis das Pferd die zuerst beschriebene Form perfekt beherrscht.

Probleme mit den fliegenden Wechseln

löst man am allereinfachsten, indem man sie gar nicht erst entstehen lässt. Üben Sie also die ersten Schritte so lange, bis sie wirklich sitzen, bevor Sie zu den fortgeschritteneren Lektionen übergehen.

Eine andere Methode des fliegenden Wechsels

Ich beschreibe nachfolgend noch ein anderes Trainingsprogramm für den fliegenden Wechsel. Obwohl es zeitaufwendiger ist, bevorzuge ich es. Das System basiert auf einer Annäherung in gerader Linie an Kegel, die in wechselnden Abständen in einer Reihe stehen. Sagen wir, der erste Kegel steht etwa 9 Meter vom zweiten entfernt, der zweite etwa 12 Meter vom dritten, der dritte ca. 9 Meter vom vierten usw. Wir beginnen die Aufgabe von einem Ende des Platzes aus dem Stand, damit das Pferd die Sache möglichst ruhig und entspannt angeht.

Das Pferd soll im Schritt bis zum ersten Kegel gehen, dann zum zweiten traben und am dritten Kegel rechts angaloppieren. Am vierten Kegel Parade zum Trab, am fünften links angaloppieren, wieder Trab, dann Schritt, anhalten und stehen bleiben. Wenn das Pferd zunehmend besser und routinierter wird in dieser Abfolge, wird es zwischen Rechts- und Linksgalopp bald lieber galoppieren als traben. Es nimmt schließlich den gewünschten (Hand-)Galopp auf, egal, aus welcher Position und Gangart heraus.

Wenn wir das Gefühl haben, dass das Pferd in der Lage ist einen Wechsel zu springen, dann versuchen wir es, indem wir den Trab zwischen dem Rechts- und dem Linksgalopp ganz auslassen. Wenn das Pferd nicht umspringt, halten

wir trotzdem an unserem Programm fest. Wir gehen nur einen Schritt zurück und üben weiter mit ein wenig Trab zwischen den beiden Galopps.

Wir versuchen dabei, dem Pferd die Hilfe für den richtigen Galopp so gut und korrekt zu geben, dass es den von uns gewünschten Galopp aufnimmt, egal, in welcher Gangart es gerade war. Wenn wir also nicht die korrekte Reaktion erhalten, dann gehen wir einen Schritt zurück und festigen die Reaktion auf die Galopphilfe. Nach geduldigem Üben kommt dann der Punkt, an dem wir wieder den fliegenden Wechsel fordern und das Pferd sauber umspringt.

Bei dieser Übung müssen wir darauf achten, dass sich nicht einige unschöne Reitfehler bei uns einschleichen. Erstens wollen wir uns nicht nach vorne lehnen, um zu sehen, ob das Pferd auch im richtigen Galopp ist. Wir können notfalls auf unsere Fußspitzen schauen, wenn wir noch nicht automatisch spüren, in welchem Galopp das Pferd ist: Der Fuß, der vor dem anderen ist, ist normalerweise auf der Seite, auf der das Pferd galoppiert. (Beim Rechtsgalopp ist unser rechter Fuß etwas weiter vorne.) Zweitens widerstehen wir der Versuchung, an den Zügeln zu ziehen, während wir die Hilfe zum Wechsel geben. Wenn das Pferd beim Wechsel zu eilig wird, werden wir es verlangsamen, nachdem es im Tempo zugelegt hat und nicht vorher.

Wir wollen auch nicht auf mögliche Fehler reagieren, bevor das Pferd sie überhaupt gemacht hat: Wenn wir denken, dass das Pferd einen Fehler machen wird, indem es in den Wechsel hineinstürmt, und wir halten es fest, bevor wir überhaupt die Hilfe zum Wechsel geben, dann können wir ziemlich sicher sein, dass das Pferd beim Wechsel schnell wird. Wir verlangsamen es deswegen immer nur, nachdem es tatsächlich beim Wechsel im Tempo zugelegt hat – und zwar mit einer langsamen und weichen Handführung. Wir fixieren mit unseren Augen einen Punkt am Ende der Reitbahn und richten das Pferd auch auf dieses Objekt aus. Das hilft uns, das Pferd während der Wechsel gerade zu halten. Wir wollen keine Wechsel in Schlangenlinien.

Wenn wir den Wechsel in dieser Weise korrekt erarbeitet haben, dann können wir zu fortgeschritteneren Übungen übergehen.

Fortgeschrittene Übungen

Diese Lektionen beinhalten das Reiten von geraden Linien mit fliegenden Wechseln an bestimmten Punkten. Wir beginnen immer aus dem Stand, reiten Schritt, traben dann, galoppieren, fordern an einem Punkt einen Wechsel und beenden die Sequenz dann wieder in umgekehrter Reihenfolge: Trab, Schritt, Stopp und Stehen.

Die Kegel stellen wir in einer Linie so auf, dass immer dort ein Kegel steht, wo wir etwas ändern wollen: entweder die Gangart oder die Art des Galopps. Damit setzen wir uns selbst Ziele und Markierungen für eine punktgenaue Reaktion des Pferdes und verbessern die Koordination und Hilfengebung. Wenn wir die erwünschte Reaktion nicht am vorgegebenen Kegel bekommen, dann wissen wir, woran wir arbeiten müssen.

Die ersten Durchgänge sollten relativ einfach sein – mit nur einem fliegenden Wechsel pro Sequenz. Später können Sie dann mehrere Wechsel hintereinander fordern. Orientieren Sie sich stets

an den Kegeln und stellen Sie sie mit der Zeit immer enger zusammen, bis sie z. B. die korrekten Abstände für eine Western-Riding-Prüfung haben.

Wenn das Pferd diese Lektionen beherrscht, stellen wir die Kegel im Abstand von etwa sechs Galoppsprüngen auf. Das ist eine gute Methode, die Fehler beim Training der fliegenden Wechsel (fast) ausschließt. Nachfolgend zwei Beispiele für kombinierte Lektionen zum Training.

Kegel
    Stopp
    Schritt (6 Meter)
Kegel
    Trab (9 Meter)
Kegel
    Rechtsgalopp (18 Meter)
Kegel
    Trab (9 Meter)
Kegel
    Linksgalopp (18 Meter)
Kegel
    Trab (9 Meter)
Kegel
    Schritt (6 Meter)
    Stopp – Stehen bleiben
Kegel

Wir üben diese Sequenz, bis wir sie konsequent fehlerfrei hinkriegen; dann verkürzen wir allmählich die Trabstrecke zwischen den beiden Galoppsequenzen. Wenn auch das gut klappt, können wir zur nächsten Übung gehen und den fliegenden Galoppwechsel mit einbauen:

Kegel
    Stopp
    Schritt (6 Meter)
Kegel
    Trab (9 Meter)

Kegel
  Rechtsgalopp (18 Meter)
Kegel
  Galoppwechsel zum Linksgalopp/
  18 Meter Linksgalopp
Kegel
  Trab (9 Meter)
Kegel
  Schritt (6 Meter)
  Stopp – Stehen bleiben
Kegel

Üben Sie wieder, bis das Pferd auch diese Übung fehlerfrei bewältigt.

Wir können dann Kegel hinzufügen, bis das Pferd vier Wechsel auf der Linie ausführt. An diesem Punkt stellen wir die Kegel auf der Linie näher zusammen, bis wir schließlich bei zwei Galoppsprüngen zwischen den Wechseln angekommen sind.

Wenn wir die Galopphilfe geben und das Pferd falsch anspringt, dann parieren wir es zum Halten durch und fordern den korrekten Galopp aus dem Schritt. Dabei dürfen wir auf keinen Fall ärgerlich werden, am Zügel zerren oder es mit Sporen oder Schenkeln traktieren.

Denken Sie daran – wir wollen das Pferd während keiner Phase des Trainings für die Wechsel erschrecken oder ängstigen.

KAPITEL 14

Erfolgreiches Verladen

Ein Wildhüter aus Colorado erzählte mir einmal die Geschichte eines Jägers, der – nachdem seine Aufgabe in den Bergen erfüllt war – sein Pferd nicht mehr in den Hänger bekam um heimzufahren. Der Mann versuchte Stunde um Stunde vergeblich, das Pferd in den Hänger zu bugsieren. Schließlich schloss er resigniert die Hängerklappe, nahm dem Pferd das Halfter ab und ließ es in den Bergen frei.

Etwas Ähnliches haben wir alle schon erlebt. Wir waren frustriert, ärgerlich, erschrocken und hilflos, während das Pferd, welches wir verladen wollten, mit allen vier Beinen auf der Erde angewurzelt schien. Manchmal können wir ein widerspenstiges Pferd mit viel Zeit, einigen Freunden, Longen, Seilen, Gerten, Peitschen, Beruhigungsmitteln, mit verbundenen Augen oder einem zweiten Gesellschaftspferd irgendwie in den Hänger manövrieren. Doch gibt es bei all diesen Methoden zwei Probleme. Erstens funktionieren sie nicht zuverlässig, sondern nur in manchen Fällen. Ein Pferd, das den Hänger nicht kennt, wird oft genug gar nicht hineinzubewegen sein, egal, was wir mit ihm anstellen.

Das zweite Problem ist die Sicherheit. Nachdem es ebenso viele Methoden wie widerstrebende Pferde gibt, werden wir die drei Kriterien, mit denen wir die Wirksamkeit und Richtigkeit einer Methode beurteilen können, auch auf das Verladen anwenden.

Sie sind wichtig genug, um sie hier zu wiederholen:

1. Die Prozedur muss sicher für mich sein. Ein 500-Kilo-Tier in eine Box zu verladen, die kaum größer als das Pferd ist, birgt ein großes Risiko. Welche Methode ich auch immer benutze um das Pferd hineinzubugsieren – sie ist keinen Pfifferling wert, wenn ich dabei zum Krüppel werde oder einen Finger verliere.

2. Die Methode muss für das Pferd

sicher sein. Es gilt wieder: Es ist alles wertlos, wenn mein vierbeiniger Partner hinterher wieder zusammengeflickt werden muss oder sich ein Bein gebrochen hat.

3. Das Pferd muss nach der Lektion ruhiger sein als zu Beginn. Der Versuch, ein aufgeregtes oder gar tobendes großes Tier irgendwie in eine enge Metallbox zu bugsieren, trägt nicht dazu bei.

Also sollten wir während der ganzen Verladeprozedur darauf achten, dass das Pferd möglichst ruhig bleibt. Wenn das Pferd Angst hat und sich im Trailer gefangen fühlt, dann stellt es eine Gefahr für sich selbst und alle beteiligten Personen dar. Damit es friedlich im Hänger steht, muss es logischerweise auch draußen schon ruhig sein. Wenn wir das Pferd mit Beruhigungsmitteln vollpumpen, wird es sich beim nächsten Mal an das Verladen kaum erinnern und der ganze Zirkus beginnt von vorne. Wir brauchen also die ruhige Aufmerksamkeit des Pferdes, damit wir uns sicher sein können, dass es auch versteht, was wir ihm beigebracht haben. Seine Wachheit und geistige Klarheit bei der Prozedur sind die Voraussetzung dafür, dass es beim nächsten Verladen willig in den Hänger geht. Wie in unseren anderen Lektionen müssen wir Ziele setzen. Wenn es unser Ziel ist, das Pferd nur irgendwie in den Hänger zu verfrachten, dann können wir die anfangs beschriebenen Methoden weiterhin verwenden. Wir setzen uns jedoch ein höheres Ziel in dieser Übung. Wir wollen, dass das Pferd ruhig in den Hänger geht, ohne dass Mensch oder Tier verletzt oder gefährdet werden. Um das Ziel zu erreichen, müssen wir über bestimmte Dinge nachdenken. Die Konstruktion des Hängers können wir nicht ohne weiteres ändern – wir müssen damit zurechtkommen. Außerdem wollen wir in der Lage sein, das Pferd allein zu verladen. Es zu zweit zu versuchen, macht wenig Sinn, weil wir nicht immer zwei Leute zur Verfügung haben werden. Freunde um Hilfe zu bitten ist zudem gefährlich – immer wenn zwei Personen ein widerspenstiges Pferd in den Trailer bugsieren wollen, ist die Wahrscheinlichkeit, dass einer oder beide Schaden nehmen, relativ groß.

Es ist nicht ganz ungefährlich, vor dem Pferd oder neben ihm auf den freien Platz in den Hänger zu gehen. Wir wollen stattdessen das Pferd vor die Klappe stellen, es dort loslassen und zusehen, wie es ruhig an uns vorbei in den Trailer spaziert.

Wir schlingen auch keine Seile um das Pferd herum. Sie sind gefährlich und wir setzen damit unsere Finger aufs Spiel. Und wir werden ganz sicher keine Seile am Hänger festbinden oder durch den Hänger ziehen, weil wir dann zwischen Seil und Hänger geraten und eingeklemmt werden könnten.

Das Pferd muss ruhig im Hänger stehen, wenn wir die Klappe schließen – und es muss ruhig und langsam rückwärts wieder aussteigen, wenn wir es dazu auffordern.

Und zu guter Letzt besonders wichtig: Wir müssen das Pferd in jedem Moment unter Kontrolle haben, denn es ist möglich, dass wir einen Fehler machen und es stoppen müssen. Das sollte bei jedem einzelnen Schritt – in den Hänger hinein oder aus diesem heraus – möglich sein.

Wir gehen beim Verladen in der gewohnten Manier vor: Wir schaffen mehrmals die gleiche Bedingung und fordern die immer gleiche Reaktion darauf. Das ist der bedeutendste Unterschied zwischen dem einfachen Verladen eines Pferdes und der Methode, das Pferd zu lehren von selbst einzusteigen. Natürlich reagiert jedes Pferd anders. Doch der komplette Lernprozess sollte normalerweise selbst bei den schwierigsten Kandidaten nicht länger als vier Stunden dauern. Unser erstes Ziel kann schon in zehn Minuten erreicht werden. Denken Sie daran: Das Pferd weiß nicht, was unser Ziel ist, deswegen splitten wir die Prozedur wieder in Einzelschritte auf. Wenn Sie aus irgendeinem Grund die Trailerlektion nicht an einem Tag beenden können, dann achten Sie zumindest darauf, mit einem positiven Teilergebnis abzuschließen. Auf diese Weise hat das Pferd keine schlechten Erfahrungen gemacht, und wenn Sie das nächste Mal mit der Übung fortfahren, fällt es Ihnen nicht schwer, es wieder bis zum schon erreichten Punkt zu bringen. Der eine Trainer wird diese Lektion an einem einzigen Tag beenden, ein anderer mag sie über sechs Tage hinziehen.

Die Methode funktioniert hundertprozentig und Sie bekommen damit jedes Pferd in den Hänger, völlig unabhängig von Rasse, Größe, Verfassung oder früheren Erfahrungen.

Ich halte nichts davon, ein Pferd in den Hänger zu locken – deswegen gibt es bei mir kein Futter während der Übung. Im Trailer wartet weder Heu noch Kraftfutter, denn wir wollen das Pferd nicht füttern, sondern ihm beibringen einzusteigen. Wir arbeiten nicht mit Leckerlis, wenn wir ihm das Seitwärtstreten oder den fliegenden Wechsel beibringen, und wir werden es auch beim Verladen nicht tun. Alles, was das Pferd ablenkt – ob das eine Belohnung ist, andere Leute oder ein verkrampfter Muskel –, zieht die Aufmerksamkeit vom Trainer ab.

Die meisten Verladeprobleme resultieren aus einem Führproblem. Wenn Sie vor dem Pferd die Rampe hochgehen und das Pferd folgt Ihnen nicht, sondern bleibt stehen, zieht zurück, schlägt, steigt, beißt, fällt um oder zieht Sie weg, dann liegt Ihr Grundproblem schon im Führen. Ein Pferd, das sich so aufführt, wird so lange die Führung übernehmen, wie es den Trainer dorthin ziehen kann, wohin es will.

Wir beginnen mit dem Training einer Hilfe für die Vorwärtsbewegung, so dass wir nicht mit dem Pferd zusammen in den Hänger laufen müssen. Wenn ein Pferd nach vorne läuft, dann schiebt seine Hinterhand die Vorhand voran. Damit das Pferd lernen kann in den Hänger zu gehen, muss es zuerst lernen an uns vorbeizulaufen. Die Hilfe, die wir etablieren wollen, wird ihm vermitteln: »Beweg dich vorwärts.« Es wird ein bestimmtes Signal sein, welches dem Pferd sagt, dass es nun an der Zeit ist, in den Hänger einzusteigen. Wenn das Tier auf diese Hilfe richtig reagiert, spielt es keine Rolle mehr, ob es in einen Ein- oder Zwei-Pferde-Hänger einsteigt oder in einen großen Transporter.

Die Hilfe signalisiert dem Pferd nicht: »Steig in diesen Hänger«, sondern einfach »Steig ein«. Indem wir ihm eine bestimmte Hilfe fürs Verladen an sich beibringen, bekommen wir eine effektivere und dauerhaftere Reaktion auf unsere Anweisungen.

An diesem Punkt unseres Verladetrainings wird die Hilfe, die wir ihm beibringen, nichts anderes bedeuten als: »Beweg deine Füße.« Im Lauf dieser Lektion kann sie später auch nur »Lehn dich nach vorne, schau nach unten, heb ein Hinterbein oder versuch es« heißen.

Das Signal bedeutet einfach eine Bewegung nach vorne – wir können entscheiden, wie viel oder wie wenig, je nach Situation. Für den Erfolg dieser Übung ist es grundlegend, dass Sie dieses Konzept verstehen und befolgen. Wenn wir die Hilfe lehren, beginnen wir weit entfernt vom Hänger.

Wir wollen, dass das Pferd lernt vorwärts zu gehen, wenn wir unsere Hand in Richtung seiner Hüfte heben. Später wird dieses Signal bedeuten: »Beweg dich vorwärts in den Hänger.«

Um die Hilfe zu geben, benutzen wir eine Dressurgerte, die nicht zu biegsam ist, damit wir das Pferd nicht aus Versehen damit touchieren. Eine steife Gerte ermöglicht es uns, die Bewegung damit sofort zu stoppen. Das ist wichtig, denn das Timing wird ein kritischer Punkt in dieser Übung werden.

Wir stehen auf der linken Seite des Pferdes (das ist meine bevorzugte Seite), dicht neben seiner linken Schulter, etwa auf Höhe seines Halses. Diese Position werden wir auch beim Verladen einnehmen. Das Pferd trägt ein Halfter. Mit der linken Hand zupfen wir am Führstrick und fordern es auf einen Schritt nach vorne zu machen. Wenn es nicht reagiert, dann heben wir die Dressurgerte in Richtung seiner Hüfte. Wenn immer noch keine Reaktion kommt, tippen wir die Hüfte mit dem Ende der Gerte an.

Wenn das Pferd auch während des Antippens nicht vorwärts geht, dann versetzen wir dem Pferd langsame, leichte Schläge mit der Gerte. Die Gerte berührt das Pferd etwa 10 Zentimeter unterhalb des Schweifansatzes über dem Hüftgelenk. Wenn Sie weiter unten am Sprunggelenk antippen, fühlt sich das Pferd eher zum Treten veranlasst. Es kann zwar auch ausschlagen, wenn wir es weiter oben berühren, doch sind seine Schläge dann meist weniger kraftvoll.

Wenn Sie beginnen Ihr Pferd mit der Gerte aufzufordern, gehen Sie ganz sachte vor. Wie immer in unserem Training versuchen wir das gewünschte Resultat mit dem geringsten Aufwand an Druck zu erhalten. Je sensibler das Pferd ist, desto leichter kann die Berührung sein. Ein leichtes Reiben mit der Gertenspitze genügt vielleicht schon um es in Bewegung zu setzen. Wir steigern Frequenz und Stärke der Klapse mit der Gerte so lange, bis es sich in Bewegung setzt. Je länger Sie das Pferd mit der Gerte bearbeiten müssen, umso fester werden auch die Klapse sein, bis es sich in Bewegung setzt. Selbst wenn der letzte Schlag ein schon recht heftiger flinker Hieb sein sollte – Sie müssen das Pferd dazu bringen, einen Schritt vorwärts zu machen.

Zwei Dinge müssen uns zum Thema Bewegung bei dieser Lektion klar sein: Wir können das Pferd nicht davon abhalten herumzuzappeln und das Pferd kann sich nicht dafür entscheiden, sich nicht in Bewegung zu setzen. Wenn wir das noch von der Arbeit im Roundpen im Gedächtnis haben, wissen wir, dass das Pferd seine Füße bewegen muss oder zumindest einen Impuls in der Richtung zeigen soll, z. B. seinen Kopf tief auf die Hängerrampe senken, einen Hinterfuß anheben oder sich nach vorne lehnen. Vorwärtsbewegung ist also nicht immer nur ein Schritt mit einem Vorderbein nach vorne.

Wenn das Pferd während des Gerteneinsatzes tritt, bestrafe ich es normalerweise nicht, denn ich stehe am Hals und bin nicht in Gefahr. Wenn das Treten jedoch gefährlich wird oder das Pferd über Gebühr ablenkt, dann versetzen Sie ihm unter dem Sprunggelenk für jeden Tritt einen harten strafenden Schlag mit der Gerte. Der Schlag unter dem Sprunggelenk soll dem Pferd den Unterschied klarmachen zwischen dem hochangesetzten Signal zum Vorwärtsgehen und dem tiefen Ermahnungsschlag, der ihm deutlich macht, dass es nicht treten soll.

Wenn das Pferd beginnt rückwärts zu gehen, verstärken Sie wieder die Schläge und erhöhen ihre Frequenz. Immer wenn das Pferd einen Vorwärtsschritt macht, stoppen Sie die Gertenschläge sofort und loben es.

Ein weiteres Problem, das während des Lernprozesses auftreten kann, ist, dass das Pferd drängelt, Ihnen zu nahe kommt und Sie womöglich anrempelt. Ein kleiner Stoß, den Ihnen das Pferd bei dieser Gelegenheit versetzt, mag jetzt noch harmlos sein. Wenn Sie aber schließlich am Hänger arbeiten, kann das Pferd Sie mit dieser Unart gegen oder in den Hänger stoßen. Tun Sie also, was Sie können, um solche Probleme zu lösen, so lange Sie noch in sicherer Entfernung vom Hänger sind. Ein strafender Schlag unterhalb der Vorderfußwurzelgelenke oder ein Schlag mit dem Gertengriff an die Schulter oder Seite des Pferdes wird ihm schnell beibringen, dass es mit Drängeln nicht durchkommt. Es ist wichtig, dass wir das Pferd kontrollieren und anhalten können, wenn es nötig ist, so dass es uns nicht überrennt.

Wenn es begriffen hat, dass es sich auf unsere Hilfe vorwärts bewegen soll – normalerweise etwa nach zehn Minuten –, setzen wir uns gemeinsam mit dem Pferd in Richtung Hänger in Bewegung und laufen so nah heran, bis das Pferd von sich aus stehen bleibt.

Wir sollten dem Pferd beibringen, auf der rechten Seite des Hängers einzusteigen. Wenn Sie einen Trailer mit Rampe benutzen, stehen Sie auf der Rampe, wenn Sie das Pferd nahe an die Öffnung herangebracht haben. Wenn Sie auf der rechten Seite arbeiten, ist die Gefahr geringer, dass Sie (bei geteilten Türen) in die offene Trailertür gestoßen werden. Wir können die andere Seite probieren, wenn das Pferd bereits zuverlässig und ruhig einsteigt.

Wie immer im Training wird uns das Pferd sagen, wo wir beginnen können. Wenn es 1,5 Meter vor der Hängerklappe nervös ist, dann ist dort nicht der richtige Ausgangspunkt. Wir führen es zurück und beginnen an einer Stelle, an der es entspannt steht – vielleicht 5 oder 10 Meter vom Hänger entfernt. Die Distanz zum Hänger ist im Moment unwichtig. Wenn das Pferd stoppt, halten wir auch an. Und loben es. Je länger wir nun in dieser »sicheren« Entfernung verharren, desto besser, denn wenn Sie später näher an den Hänger herangehen und das Pferd regt sich auf, dann weiß es, dass es wieder hierher zurückkehren kann um zu entspannen. Das ist eine der einfachsten Lektionen – Sie müssen nur eine gewisse Wartezeit investieren.

Versuchen Sie, nicht ungeduldig zu werden. Warten Sie etwa drei Minuten oder mindestens so lange, bis das Pferd völlig ruhig ist, und fahren Sie dann erst mit dem nächsten Schritt fort. Benutzen Sie für diese Wartezeit ruhig eine Armbanduhr, um nicht vorschnell weiterzumachen. Denken Sie daran: Wenn Sie sich hier Zeit lassen, haben Sie Ihr Pferd nachher schneller im Hänger.

Wenn das Pferd völlig entspannt ist, geben Sie ihm die Hilfe zum Vorwärtsgehen. Heben Sie die Hand in Richtung seiner Hüfte. Wenn es nicht reagiert, tippen Sie es mit der Gerte an und verstärken Sie die Gertenhilfen so lange, bis es sich bewegt. Wenn es rückwärts geht, verstärken Sie Frequenz und Stärke der Gertenhiebe, je weiter es sich vom Hänger entfernt – so lange, bis es einen Schritt nach vorn macht.

Nach diesem Schritt vorwärts hören Sie sofort mit dem Gerteneinsatz auf, egal, wie weit weg sich das Pferd vom Hänger befindet, und gehen mit dem Pferd wieder Richtung Hänger. Wieder stoppen Sie, wenn es stehen bleibt, und streicheln es.

Der Führstrick sollte dem Pferd einmal um den Hals geschlungen werden – Sie halten ihn etwa 15 Zentimeter unterhalb des Hakens. So haben Sie die Nase des Pferdes gut unter Kontrolle – den einzigen Körperteil, den Sie während dieser Lektion kontrollieren müssen. Machen Sie sich keine Gedanken darüber, wie Sie die Beine des Pferdes in den Hänger bekommen. Auch die Frage, ob seine Hinterhand seitlich ausweicht, ist unwesentlich; das Pferd wird sich irgendwann von selbst wieder gerade auf alle vier Beine stellen und der Rest des Körpers wird der Nase folgen. Wenn sich seine Nase an der Vorderwand des Trailer befindet, stehen die Chancen ziemlich gut, dass der Rest des Pferdes nicht weit weg ist.

Nach einer Anzahl von Stop-and-Go-Sequenzen haben wir schließlich die Vorderbeine des Pferdes dicht an der hinteren Einstiegsöffnung des Trailer. Stellen Sie sich das Pferd, den Hänger und sich selbst auf einer Karte vor. Der Trailer steht am oberen Ende der Karte – d. h. im Norden. Das Pferd möchte nun gerne nach Osten, Westen oder Süden gehen, nur nicht nach Norden. Es gibt allerdings noch eine Richtung, in die es gehen kann – nach oben.

Damit haben wir alle »Fluchtwege« bezeichnet, die es einschlagen kann, um nicht nach Norden (in den Hänger) zu müssen. Es wird alle oder ein paar davon ausprobieren.

Wenn es nach Westen ausweicht, versucht es, zwischen Sie und den Trailer zu gelangen und schubst Sie dabei in den Trailer hinein. Wenn das passiert, dann versetzen Sie ihm einen härteren Schlag mit der Gerte auf die Hüfte. Wenn das Pferd Sie überrennen will, gibt es einen Schlag unter die Vorderfußwurzelgelenke.

Wenn es steigt, reagieren Sie auf die gleiche Weise: Harte Schläge unterhalb der Vorderfußwurzelgelenke, immer dann, wenn es in der Luft ist. Schlagen Sie immer unter die Gelenke, denn ein Schlag weiter oben führt nur zu noch höherem Steigen. Wenn Sie Ihr Pferd ungern auf die Beine schlagen wollen, schützen Sie die Beine mit Gamaschen. Ein Schlag auf die Gamaschen gibt ein scheußliches klatschendes Geräusch, das reicht, um die Aufmerksamkeit des Pferdes wiederherzustellen. Wir wollen dem Pferd nicht wehtun, sondern es nur daran erinnern, dass es ein unangenehmes Erlebnis – und sei es nur dieses scheußliche Geräusch – nach sich zieht, wenn es steigt, so dass es diesen Weg als Ausweichmöglichkeit nicht mehr in Betracht zieht.

Wir wollen auch nicht gebissen werden. Wenn das Pferd versucht zu beißen, dann schlagen Sie es wieder unter den Gelenken oder an der Seite, während Sie das Führseil festhalten. Sein Verhalten ist so gefährlich, dass ich in diesem Fall so fest zuschlage, wie ich kann – aber nur drei Sekunden lang. Nach den drei Sekunden bestätige ich ihm durch Streicheln und Beruhigen, dass ich es immer noch mag. Es weiß nun aber, dass es – wieder – einen schweren Fehler begangen hat, der äußerst unangenehme Folgen hatte.

Alle diese Aktionen sind ziemlich gefährlich – wir müssen also schnell und konsequent in unseren Reaktionen sein. Wenn wir seine Fluchtwege einen nach dem anderen eliminieren, bleibt ihm zum Schluss nur noch der gerade Weg nach Norden in den Hänger hinein.

Wenn wir das Pferd mit der Gerte so lange bearbeiten, bis es in den Hänger hineingeht, dann prügeln wir es im Prinzip hinein – das ist jedoch nicht unser Ziel.

An dem Punkt, an dem das Pferd dicht vor dem Hänger steht, vergessen wir erst einmal unsere Arbeit an der Vorhand des Pferdes und konzentrieren uns auf die Hinterhand. Nun müssen wir uns mit weniger Bewegung zufrieden geben. Nochmals zum Verständnis: Die Gertenklapse bedeuten nicht: »Geh in den Hänger«, sondern nur »Beweg dich vorwärts!« Tippen Sie das Pferd an, bis es sich nach vorne lehnt oder irgendeine vorwärts orientierte Bewegung mit der Hinterhand macht. Das kann eine kaum wahrnehmbare Bewegung sein. In diesem Moment muss das Pferd noch keinen Schritt vorwärts machen, aber wir müssen seine Absicht dazu erkennen, seine Tendenz. Belohnen Sie jede Art von Vorwärtsorientierung durch Einstellen des Gertengewedels und durch Loben.

Denken Sie daran: Wir wollen, dass das Pferd möglichst ruhig und entspannt bleibt. Je länger wir es nun loben und streicheln und je länger es mit dem Kopf im Hänger steht, desto besser lernt es, dass der Hänger gar kein so übel Platz ist.

Das Senken des Kopfes ist ein gutes Zeichen dafür, dass das Pferd darüber nachdenkt, in den Hänger hineinzugehen. Wenn Sie diese Reaktion bekommen, können Sie darauf warten, dass das Pferd das Gewicht von einem Hinterbein wegnimmt und dieses schließlich anhebt. Bald wird es einen Schritt mit dem Hinterbein nach vorne machen. Wenn wir das Hinterbein vorwärts bewegt haben und das Pferd es auch vorne lässt, dann können wir am anderen Hinterbein arbeiten. Bearbeiten Sie es, bis das Pferd auch das zweite Hinterbein nach vorne setzt. Auf diese Art wird es schließlich beide Hinterbeine immer weiter an die Vorderbeine heranbewegen.

Je länger Sie sich hierbei Zeit lassen, umso geringer ist die Gefahr, dass sich das Pferd dabei aufregt.

Wenn die Hinterbeine sehr nahe an den Vorderbeinen stehen, wird es dem Pferd immer schwerer fallen, diese Position beizubehalten, denn seine Muskeln werden in dieser Stellung schnell ermüden. Seine Hinterbeine werden schließlich fordern, dass seine Vorderbeine in den Hänger einsteigen. Die meisten Pferde bewegen ein Vorderbein, bevor ihre Hinterbeine zu nahe an die Vorderbeine herankommen.

Wenn das Pferd seine Hinterbeine wieder zurücksetzen will, fordern Sie erneut deren Vorwärtsbewegung. Bei nächster Gelegenheit wird es dann einen Vorderhuf versuchsweise in den Hänger stellen.

Anfangs mag es eine Weile nur mit dem Vorderhuf scharren, dann scharrt es langsamer und schließlich lässt es seinen Huf ein paar Sekunden im Hänger stehen.

Wenn es einen Vorderfuß im Hänger hat, wird es ihn vermutlich am Anfang schnell wieder herausnehmen. Lassen

Sie es ruhig. Es lernt damit, dass es wieder aus dem dunklen Gefängnis herauskann. Indem Sie es wiederholt hinein- und wieder herausgehen lassen, fühlt sich das Pferd nicht gefangen oder in der Falle. Es bleibt ruhig und wir lehren es gleichzeitig mit dem Einsteigen, auch aus dem Hänger auszusteigen. Immer wenn es wieder herausgeht, haben wir eine Gelegenheit, die Hilfen für das Einsteigen zu wiederholen – also beeilen Sie sich nicht bei diesem Trainingsschritt.

Immer wenn Sie so nah an einem 500-Kilo-Tier arbeiten wie beim Verladen, sollten Sie aus Sicherheitsgründen ein wachsames Auge auf die Füße des Pferdes und auf Ihre eigenen haben.

Wiederholen Sie die obige Sequenz, bis das Pferd einen Vorderfuß für längere Zeit im Hänger lässt.

Wenn wir die Zeit, in der das Pferd seinen Vorderfuß im Hänger hat, in Ein-Minuten-Abschnitte einteilen, haben wir zu Beginn den Huf vielleicht 5 Sekunden im Hänger. Die restlichen 55 Sekunden der Minute steht das Bein außen vor dem Hänger. Während dieser 55 Sekunden loben und streicheln wir das Pferd und lassen es ruhig stehen.

Der nächste Schritt ist, dieses Verhältnis umzukehren und den Huf länger im Hänger als draußen zu lassen. Wir verlängern die Zeit im Hänger, bis der Fuß 60 Sekunden drinbleibt. Dieses Hinarbeiten auf eine Minute im Hänger wiederholen wir schließlich mit allen drei verbleibenden Füßen genauso. Das hilft uns nicht nur, geduldig mit dem Pferd zu sein, sondern gibt dem Pferd auch Zeit zur Wiederholung der einzelnen Schritte von »Raus« und »Rein«, die letztendlich die Sicherheit beim Verladen bringen.

Denken Sie daran: Je länger wir das Pferd ruhig im Hänger stehen lassen, desto besser lernt es, dass es völlig okay ist, dort zu stehen. Lassen Sie es so lange stehen, wie Sie können, bevor Sie einen Schritt weitergehen.

Wir werden nun daran arbeiten, beide Vorderbeine in den Hänger hinein- und wieder herauszubewegen – konsequent, beständig, ruhig und sanft. Wenn das mit beiden Vorderbeinen klappt, machen wir langsam weiter. Wenn nur die beiden Vorderbeine im Hänger stehen, dann müssen die Hinterbeine das meiste Gewicht aufnehmen und werden schnell müde. Je länger wir nun das Pferd in dieser Position stehen lassen, desto wahrscheinlicher ist es, dass es auf die Hilfe zum Vorwärtsgehen mit den Hinterbeinen den Vorderbeinen folgt. Wenn das Pferd mit den Vorderbeinen im Hänger steht und mit den Hinterbeinen dicht am Hänger, dann neigen wir dazu, es anzutreiben um die Sache zu einem schnellen Abschluss zu bringen. Widerstehen Sie dieser Versuchung.

Wenn Sie das Pferd mit der Gerte antippen und es geht rückwärts aus dem Hänger heraus, dann tippen Sie weiter, bis es wieder vorwärts geht. Stellen Sie dabei immer die Nase des Pferdes zu sich. Das hält seine Gedanken beim Verladen und seinen Körper in der richtigen Position. Erinnern Sie sich: Wir brauchen nur die Nase des Pferdes zu kontrollieren um es zu verladen. Wir brauchen es nicht im Kreis zu führen um es wieder auf den Hänger auszurichten, auch wenn sein Körper in einem Winkel von 90 Grad zum Hänger steht.

Das Pferd darf auf jedem Level des Trainings dieses »Rein-Raus-Spielchen« wiederholen. Es darf zwanzigmal den einen Fuß in den Hänger stellen und wieder rausnehmen, dasselbe mit dem zweiten Vorderfuß. Dann zwanzigmal mit dem ersten Hinterbein, bevor es das zweite Hinterbein nachsetzt. Manche Pferde marschieren schnell mit beiden Hinterbeinen in den Hänger, wenn erst einmal die Vorderbeine drin sind. Es ist jedoch besser, nach Möglichkeit das erste Hinterbein ein paar Mal rein- und wieder rauszumanövrieren, bevor das letzte Bein folgt.

Wenn das Pferd ein- oder zweimal vollständig im Hänger war, bestehen Sie nicht darauf, dass es danach immer gleich – ohne zu zögern – hineingeht. Damit könnten Sie es überfordern und einiges von Ihrer vorigen Arbeit zunichte machen. Erst nach zehn oder mehr Einstiegserfolgen können wir auf einen zuverlässigeren Partner beim Verladen hoffen.

Fahren Sie mit der Methode fort, bis Sie das Pferd frei in den Hänger hinein- und wieder herausschicken können. Warten Sie außen, wenn es die ersten Male ganz allein hineingeht. Wenn es wieder herauskommt – egal, ob schnell oder langsam –, loben Sie es und lassen es ein, zwei Minuten draußen stehen, bevor Sie es wieder hineinschicken. Arbeiten Sie wieder mit der Ein-Minuten-Methode, doch schließen Sie an diesem Punkt noch nicht die Hängerklappe.

Das Pferd wird vermutlich verschiedene Stadien während der Hängerübungen durchlaufen, z. B. schlecht, gut, richtig schlecht, besser, mäßig und schließlich richtig gut.

Es startet mit »schlecht«, weil es entweder Angst vor dem Hänger hat oder weil es nicht weiß, was wir von ihm wollen. Während dieses Stadiums wird es die verschiedenen Fluchtwege ausprobieren und z. B. steigen, treten,

beißen oder uns wegziehen. Nachdem es etwas gelernt hat und seine Angst überwunden hat, wird es einige Male halb oder ganz in den Hänger gehen. Dieser gute Abschnitt kann zwischen drei und zwanzig Minuten dauern.

Dann entscheidet das Pferd vielleicht, dass es überhaupt keine Lust hat in den Hänger zu gehen, auch wenn es schon drin war. Das ist der wirklich schlechte Abschnitt, in dem es hart kämpft. Es probiert wieder sein Repertoire an Fluchtwegen aus, fügt vielleicht noch andere hinzu und strengt sich noch etwas mehr dabei an als am Anfang. Wir sagen dann insgeheim: »Verdammt, warum haben wir nicht aufgehört, als es noch gut ging?«

Verzweifeln Sie nicht. Verwehren Sie dem Pferd wieder jeden Fluchtweg und beginnen Sie von neuem. Starten Sie mit einem Fuß. In diesem Stadium ist das der schwerste Schritt – machen Sie sich darauf gefasst und bleiben Sie gelassen. Das Pferd wird diese Widerstandsperiode bald überwunden haben. Danach wird es besser einsteigen als zuvor. Seine Besserung wird zudem länger vorhalten.

Es kann allerdings auch sein, dass es eine dritte schlechte Phase hat. Das wird jedoch nur noch ein halbherziger Versuch sein. Danach wird es sein bestes Level erreicht haben – es hat gelernt in den Hänger einzusteigen.

Manche Pferde durchlaufen alle diese Stadien beim Lernen, andere nicht. Die meisten der Pferde mit schlechten Erfahrungen beim Verladen werden die volle Sequenz durchlaufen, bevor sie sich gut verladen lassen.

Nachdem Sie das alles hinter sich haben, sollten Sie in der Lage sein auf die Ladeklappe des Hängers zuzulaufen, das Führseil kurz vorm Hänger loszulassen und dem Pferd zuzusehen, wie es ruhig alleine einsteigt.

Wenn es ruhig drin stehen bleibt, dann gehen Sie in die leere Box neben dem Pferd, nehmen den Führstrick und zupfen daran um das Pferd rückwärts aussteigen zu lassen.

Nach ein oder zwei Minuten fordern Sie es wieder zum Einsteigen auf. Wiederholen Sie das, bis das Pferd nicht nur ohne zu zögern einsteigt, sondern auch auf Ihr Kommando wartet, bis es wieder aussteigt.

Bevor wir das erste Mal die Klappe schließen, müssen wir das Pferd daran gewöhnen, dass es hinter ihm kracht und scheppert, während es dort drinnen steht. Wenn Sie eine geteilte Hängertür haben, lassen Sie den Teil offen, wo das Pferd steht, und klappen Sie den anderen Teil auf und zu – mit möglichst viel Getöse und Krach. Wenn das Pferd dabei zunächst erschrickt und rausläuft, macht das nichts. Erst wenn es sich an die Geräusche hinter ihm gewöhnt hat, können Sie die Klappe oder Tür schließen und es vorsichtig fahren. Sperren Sie das Pferd niemals in den Hänger ein, bevor es gelernt hat ruhig und entspannt darin stehen zu bleiben.

Üben Sie die Verlademethode während der nächsten drei oder vier Tage. Seien Sie entschieden und energisch dabei. Schauen Sie in die Richtung, in die Sie gehen wollen, und nicht aufs Pferd. Wenn Sie zaghaft und zögernd vorgehen und nicht so recht glauben, dass Sie Ihr Pferd da hineinbekommen, ist die Wahrscheinlichkeit groß, dass Ihr Pferd genauso zögernd reagiert.

Wenn Sie mit Ihrem Pferd Schritt für Schritt nach dieser Methode vorgegangen sind, sollten Sie nie wieder Probleme beim Verladen haben.

Verladen des Fohlens

Die Versuchung ein Fohlen einfach in den Hänger hineinzuschieben oder zu ziehen ist groß, besonders, wenn es schon halterführig ist. Bei dieser Methode kann es jedoch zu Verletzungen bei Mensch und Tier kommen – sie entspricht also nicht unseren grundsätzlichen Kriterien.

Die folgende Methode funktioniert bei Jährlingen, auch wenn sie noch kein Halfter kennen. Und die Pferde bleiben dabei entspannt – sowohl im Hänger als auch draußen.

Bugsieren Sie das Fohlen an die Einstiegsluke. Wenn es ein Halfter trägt, entfernen Sie es. Verschränken Sie zusammen mit einem Helfer die Hände hinter dem Fohlen. Schieben Sie es nicht in den Trailer hinein, sondern bleiben Sie nur stehen und hindern Sie das Fohlen daran, rückwärts auszuweichen.

Das Fohlen wird sich rechts und links nach einem Fluchtweg umsehen. Wenn es das tut, sollten Sie und Ihr Helfer jeweils die Nase des Fohlens sanft wieder in Richtung Hänger schieben, so dass es beständig hineinsehen muss. Wenn das Fohlen einen Schritt nach vorne macht, gehen Sie und Ihr Helfer mit nach vorne. Schieben Sie wiederum nicht nach vorne, sondern verhindern Sie nur, dass es rückwärts geht.

Das wird vielleicht eine Viertelstunde dauern – doch dann wird es unverletzt und ruhig im Hänger stehen.

Das Verladen des nicht handhabbaren bzw. des nicht halfterführigen Pferdes

Es ist besser, Pferde, die noch keinen näheren Umgang mit Menschen hatten, aus der Entfernung zu verladen.

Stellen Sie den Hänger rückwärts an den Roundpen. Lassen Sie das Pferd im Roundpen herumlaufen wie in Kapitel 2 beschrieben. Wenden Sie das Pferd mehrmals nach außen zum Zaun hin – nicht nach innen.

Wenn es auf Ihr Kommando wendet und stoppt, dann fordern Sie den Stopp in der Hälfte des Roundpen, an der der Trailer steht.

Wenn es stoppt, vergewissern Sie sich, dass es den Hänger anschaut. Sein Abstand zum Trailer ist nicht von Bedeutung – nur dass es diesen anschaut.

Lassen Sie das Pferd ausruhen, wann immer es sich dem Trailer nähert. Immer wenn es halbwegs entspannt eine Weile in einer bestimmten Distanz stehen bleibt, fordern Sie es auf, näher heranzugehen. Akzeptieren Sie auch einzelne Schritte und lassen Sie das Pferd nach jedem Schritt eine Minute in Ruhe.

Das Pferd wird mehrmals während dieser Prozedur am Hänger vorbeirennen wollen. Immer wenn es das tut, drehen Sie es so schnell wie möglich wieder in Richtung des Hängers. Das verhindert, dass es eine ganze Runde im Roundpen läuft. Es lernt, dass der einzige Platz zum Ausruhen sich in der Nähe des Trailer befindet, mit Blickrichtung auf den Trailer. Dirigieren Sie das Pferd so nahe hin, dass seine Nase sich schon im hinteren Teil des Hängers befindet. Immer wenn das Pferd nun die Nase herausnimmt, treiben Sie es an und lassen es ein paar Mal zum Zaun hin stoppen und wenden. Wenn sich das Pferd mit der Nase im Trailer wohl fühlt, fordern Sie etwas mehr Vorwärtsbewegung – es wird dann mit den Vorderbeinen in den Hänger laufen und irgendwann folgen auch die Hinterbeine.

Wenn es rückwärts aus dem Hänger herausläuft, lassen Sie es wieder viele Wendungen am Zaun machen, bevor Sie es erneut auffordern zum Hänger zurückzukehren. Wiederholen Sie das Ein- und Aussteigen mehrere Male, bis das Pferd dabei ruhig bleibt. Benutzen Sie ein Seil um die Türen des Trailer zu schließen – so sind Sie nicht in Reichweite der Pferdehufe, wenn das Pferd treten sollte, während Sie die Tür schließen. Öffnen und schließen Sie die Tür mit dem Seil mehrere Male. Sie können das Pferd auch noch ein paar Mal aus dem Hänger herauslassen, bevor Sie es schließlich darin einsperren. Das hilft dem Pferd sich an den Hänger zu gewöhnen und vermeidet, dass es anfängt zu toben und sich dabei vielleicht selbst verletzt.

Nachwort

Am Anfang des Buches haben wir darüber gesprochen, wie wichtig es ist, ein Problem genau zu definieren. Wir haben Probleme gelöst, indem wir unser Ziel in eine Reihe von kleinen Schritten oder auch Teilzielen aufgesplittet und an jedem so lange gearbeitet haben, bis wir darauf aufbauen konnten. Indem wir eine bestimmte Bedingung schufen und darauf eine Reaktion bekamen, haben wir nun nicht nur unsere Trainingsziele erreicht, sondern in unserem Pferd auch einen echten Partner gewonnen.

Die letzten zehn Jahre waren eine schöne Zeit – mit vielen Reisen, viel Lehr- und Lernarbeit und vielen netten Leuten, die wir auf unserem Weg getroffen haben. Aus den kleinen Kursen in der Nachbarschaft wurden große Zwei-Tage-Veranstaltungen auf Reitsportanlagen in ganz Amerika. Ich ziehe den Hut vor allen, die das möglich gemacht haben.

Mein besonderer Dank geht an meine Frau Susie. Sie hat stets an mich geglaubt, mich geliebt und mir in guten und schlechten Zeiten geholfen. Oft traf man sie noch um Mitternacht mit dem Hammer in der Hand auf der Leiter an, um ein Plakat zur Ankündigung eines John Lyons Symposiums zu befestigen.

Susie und ich haben einen ganz besonderen Freund, der immer für uns da war, und ich möchte Ihnen die wichtige Rolle, die er in unserem Leben gespielt hat, nicht vorenthalten.

Als wir die Kurse begannen, steckten wir in einer schwierigen finanziellen Situation. Wir kämpften um unsere geliebte Ranch, doch die wirtschaftlichen Prognosen waren schlecht. Wir hatten die Idee mit den Kursen, wussten jedoch, dass es eine Zeit dauern würde, bis wir davon leben konnten. Wenn sie erfolgreich wären, so würde das zudem bedeuten, dass ich lange Zeit von zu Hause weg wäre.

Wir beschlossen es zu wagen, unser Bestes zu tun und die Entscheidung, wie es mit uns und unserer Ranch weitergehen sollte, in Gottes Hände zu legen.

Ich kann Ihnen versichern – es gab Zeiten, da hatten wir kaum genug Geld um das Benzin für die Fahrt zu einem der nächsten Kurse bezahlen zu können. Es kam vor, dass wir auf dem Weg die Veranstalter anriefen und die uns mitteilten, dass sich niemand für den Kurs angemeldet hatte. Oft sah es so aus, als ob wir nicht weitermachen könnten. Doch unsere Stoßgebete wurden erhört – Gott ließ uns nie im Stich und begleitete uns durch diese harte Zeit.

Ermutigt wurde ich auch von den vielen Briefen und Kommentaren von Kursteilnehmern, die mir schrieben, wie sehr ihnen meine Methoden geholfen haben und dass Gott mit uns sei.

Gott hat mir und meiner Familie immer beigestanden. Ich kann die vielen kleinen Wunder, die er für uns bewirkt hat, kaum zählen. Obwohl ich nicht das Paradebeispiel eines Christen bin, möchte ich doch diese Gelegenheit wahrnehmen und Ihnen sagen, dass ich von ganzem Herzen an Gott glaube und daran, dass er Sie und mich auf unseren Lebenswegen unterstützt.

Schließlich und endlich möchte ich mich bei allen bedanken, die die Geduld aufbrachten sich hinzusetzen und dieses Buch zu lesen. Viel Glück bei Ihrem Training.

Gott segne Sie.

John Lyons

Pferdehaltung und Ausbildung

Elwyn Hartley Edwards
Pferderassen
Über 100 Pferde- und Ponyrassen weltweit
Abstammung, Merkmale, Zucht
Kompakter, übersichtlicher und fundierter Ratgeber: die wichtigsten Pferderassen der Welt mit hervorragenden Farbfotos und alles Wissenswerte zu Entwicklungsgeschichte, Exterieur, besonderen Merkmalen, Lebensbedingungen und züchterischen Besonderheiten.

Hilke Holena
Homöopathie für Pferde
Grundlagenwissen, Arzneimittelbilder, Konstitutionstypen, Heilanzeigen
Pferde erfolgreich behandeln mit der klassischen Homöopathie nach Hahnemann: leicht verständliche Einführung in die Grundlagen, die wichtigsten Arzneimittel, Konstitutionstypen bei Pferden, bewährte Arzneien gegen spezielle Beschwerden des Pferdes, Krankheiten von A–Z.

Jackie Budd
Pferde besser verstehen
Neue Erkenntnisse zur Natur des Pferdes
Sprache, Verhalten, Ausbildung
Die Natur des Pferdes besser verstehen – Basis für eine gute Beziehung zwischen Mensch und Pferd: Instinktverhalten und Evolution des Pferdes, Charakterzüge und Verhaltensweisen, Lernverhalten, Intelligenz und Ausbildung.

Kerstin Diacont
Das Westernpferd – Der Westernreiter
Ausrüstung, Haltung und Ausbildung
Einfühlsame, verhaltensgerechte und folgerichtige Ausbildung des Pferdes; westernspezifische Minimalhilfengebung, Sitz und Einwirkung des Reiters in den Grundgangarten; Verstehen der natürlichen Verhaltensweisen und Reaktionen des Pferdes.

Kerstin Diacont
Bodenarbeit mit Pferden
Der neue Weg, Pferde selbst auszubilden und zu korrigieren
Alle Aspekte der Bodenarbeit – vom psychologischen Grundwissen über das Pferdeverhalten bis zur Ausbildungsanleitung mit Übungen aus den Bereichen Dressur und Westernreiten sowie Beispielen zur Korrektur verrittener Pferde.

Mehr Freude am Reiten

Selma Brandl
Harmonie im Sattel
Der richtige Umgang mit dem Pferd, seine artgerechte Haltung, die Ausbildung von Pferd und Reiter in allen Reitweisen – mit vielen Abbildungen, die die Faszination der Pferde und des Reitsports eindrucksvoll vermitteln.

Renate Ettl
Reiten in der freien Natur
Den Ausritt genießen: Vorbereitung auf Schwierigkeiten, die im Gelände vorkommen können, Tipps zur Pferdeausbildung und zur Überwindung alltäglicher Hindernisse und Gefahrenstellen.

BLV Pferdepraxis
Kerstin Diacont
Die Reiterhilfen für Anfänger
Die harmonische Verständigung mit dem Pferd: Grundkenntnisse für die Zusammenarbeit, theoretisches und praktisches Basiswissen über die Hilfengebung (Schenkel-, Gewichts- und Zügelhilfen) für alle Reitstile.

Kerstin Diacont
**Besser Westernreiten
mit George Maschalani**
Profitips für Training und Turnier
Für den fortgeschrittenen Westernreiter mit Turnierambitionen: alle Fragen der Ausbildung und des Trainingsaufbaus im Hinblick auf den Turniereinsatz mit Fehleranalysen und Problemlösungen für die einzelnen Prüfungsanforderungen.

BLV Pferdepraxis
Marina Wieland
Reiten lernen ohne Stress
Natürliche Ausbildung von Pferd und Reiter effektive Hilfengebung
Reitunterricht, der wirklich Spaß macht: Erlernen eines lockeren Sitzes in Übereinstimmung mit den Bewegungen des Pferdes, effektive und logische Hilfengebung, sinnvolles Training für Pferd und Reiter.